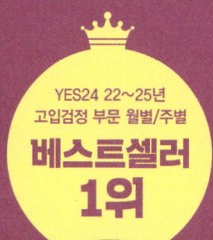

KB243901

EBS
교육방송교재

검스타트
검정고시
중졸 도덕

**2026
최신판**

단원별 개념정리 + 기출문제 체크 + 최신기출 2회분

검스타트 고득점 합격 로드맵

기출이 답이다
최신 기출문제
+ 무료 강의

연습은 실전처럼
온라인 모의고사
+ 상세 해설

빈틈 없는 마무리
시험장에서 보는
5분 정리집

빠른 결과 확인
가답안 문자 예약
+ 자동 채점

시험 안내

중졸 검정고시는 부득이한 이유로 정규 중학교 과정을 마치지 못한 사람들을 대상으로 실시하는 국가 자격 시험으로, 중졸 검정고시에 합격한 자는 중학교를 졸업한 자와 동등한 자격을 인정받습니다.

※ 자세한 사항은 각 시·도별 공고문을 참고하십시오.

❶ 시행 기관

● 시·도 교육청 : 시행 공고, 원서 교부 및 접수, 시험 실시, 채점, 합격자 발표
● 한국교육과정평가원(KICE) : 문제 출제, 인쇄 및 배포

❷ 시험 일정*

구분	공고 기간	접수 기간	시험일	합격자 발표
제1회	1월 말 ~ 2월 초	2월 초 ~ 중순	4월 초·중순	5월 초·중순
제2회	5월 말 ~ 6월 초	6월 초 ~ 중순	8월 초·중순	8월 하순

※ 상기 일정은 시·도 교육청 협의에 따라 변경될 수 있습니다. 반드시 해당 시험 공고문을 참조하세요.

❸ 시험 과목 및 시간표

구분	1교시	2교시	3교시	4교시	중식	5교시	6교시
시간	09:00~ 09:40	10:00~ 10:40	11:00~ 11:40	12:00~ 12:30	중식 12:30~ 13:30	13:40~ 14:10	14:30~ 15:00
	40분	40분	40분	30분		30분	30분
시험 과목	국어	수학	영어	사회		과학	선택 과목

※ 필수 과목 : 국어, 수학, 영어, 사회, 과학(이상 5과목)
※ 6교시 선택 과목은 '도덕, 기술·가정, 체육, 음악, 미술, 정보' 중 1과목(총 6과목 응시)
※ 유의 사항 : 1교시 응시자는 시험 당일 08:40분까지, 2~6교시 응시자는 해당 과목 시험 시간 10분 전까지 지정 시험실에 입실하여야 합니다.

❹ 출제 형식 및 배점

● 문항 형식 : 객관식 4지 택 1형
● 출제 문항 수 및 배점

구분	문항 수	배점
중졸	각 과목별 25문항 (단, 수학은 20문항)	각 과목별 1문항당 4점 (단, 수학은 1문항당 5점)

5 합격자 결정 및 취소

- 전과목 합격 ➡ 100점 만점 기준으로 결시 없이 평균 60점 이상 취득한 자(과락제 폐지)
- 과목 합격 ➡ 과목당 60점 이상 취득 과목
- 합격 취소 ➡ 응시 자격에 결격이 있는 자, 제출 서류를 위조 또는 변조한 자, 부정행위자

6 응시 자격 및 제한

◆ 응시자격 및 응시과목

응시자격	응시과목
초등학교 졸업자 및 이와 동등 이상의 학력이 있는 자	• 국어, 수학, 영어, 사회, 과학 【필수 : 5과목】 • 도덕, 기술 · 가정, 체육, 음악, 미술, 정보【선택 : 1과목】
초등학교 졸업학력 검정고시 합격자	
초 · 중등교육법시행령 제29조의 규정에 의하여 학적이 정원외로 관리되는 자	
보호소년 등의 처우에 관한 법률 시행령 제69조 제2호에 해당하는 자	
3년제 고등공민학교 및 중학교에 준하는 각종학교의 졸업자 또는 졸업예정자	국어, 수학, 영어 【총 3과목】
'92.9.3 이전 사회교육법시행령 제7조 제1항의 규정에 의한 중학교 교육과정에 상응하는 사회교육 과정을 이수한 자	
만 18세 이후에 평생교육법 제23조 제2항에 따라 평가 인정한 학습과정 중 고시과목에 관련된 과정을 교육부장관이 정하는 바에 따라 과목당 90시간 이상 이수한 자	국어, 수학, 영어【3과목】 + 미이수 과목

◆ 응시 자격 제한
  - 중학교 또는 초 · 중등교육법시행령 제97조 제1항 제2호의 학교를 졸업한 자 또는 재학 중인 자 (휴학 중인 자 포함)
  - 공고일 이후 초등학교 졸업자
  - 공고일 이후 '제1호'의 학교에 재학 중 학적이 정원외로 관리되는 자
  - 고시에 관하여 부정행위를 한 자로서 2년이 경과되지 아니한 자

7 제출 서류

- 검정고시 응시원서(소정서식) 1부
- 사진(최근 3개월 이내 촬영한 탈모 상반신 3.5cm × 4.5cm) 2매
- 최종학력증명서 1부(아래에 해당서류 중 한 가지)
  - 초졸 검정고시 합격자 : 초졸 검정고시 합격증서 사본(원본 지참)
  - 중학교 정원외 관리자 : 중학교 정원외 관리증명서(유예증명서 아님)
  - 중학교 면제자 : 중학교 면제증명서
  - 중학교 제적자(의무교육이전) : 중학교 제적증명서
  - 초등학교 졸업 후 상급학교 미진학자 : 검정고시용 초등학교 졸업증명서, 미진학사실확인서
    ※ 졸업증명서는 반드시 검정고시용으로 제출하여야 함
  - 귀국자 : 귀국자 학력 인정 및 제출서류 내용에 따름
- 과목 면제자 : 과목합격증명서, 평생학습이력증명서(해당자에 한함)
- 장애인등록증 사본 또는 복지카드 사본(원본 제시) 1부(장애인으로 등록되어 있는 자에 한함)

8 출제 수준, 세부 출제 기준 및 방향

◆ 출제 수준
- 중학교 졸업 정도의 지식과 그 응용 능력을 측정할 수 있는 수준

◆ 세부 출제 기준 및 방향
- 2015 개정 교육과정에서 출제
- 각 교과의 검정(또는 인정) 교과서를 출제 범위에 활용
  - 가급적 최소 3종 이상의 교과서에서 공통으로 다루고 있는 내용으로 출제
    (단, 국어와 영어의 경우 교과서 외의 지문 활용 가능)
- 문제은행(기출문항 포함) 출제 방식을 학교 급별로 차등 적용
  - 초졸 : 50% 내외, 중졸 : 30% 내외, 고졸 : 적용하지 않음.
  - 출제 비율은 과목에 따라서 달라질 수 있음.
- 출제 난이도 : 최근 5년간 평균 합격률을 고려하여 적정 난이도 유지
- 중졸 검정고시의 '사회' 과목에 역사(한국사만 출제, 세계사 제외)를 포함하여 출제

9 응시자 시험 당일 준비물

◆ 중졸 및 고졸

> (필수) 수험표, 신분증, 컴퓨터용 수성사인펜
> (선택) 아날로그 손목시계, 수정 테이프, 도시락

※ 수험표 분실자는 응시원서에 부착한 동일한 사진 1매를 지참하고 시험 당일 08시 20분까지 해당 고사장 시험 본부
에서 수험표를 재교부 받을 수 있다.

※ 시험 당일 고사장에는 차량을 주차할 수 없으므로 대중교통을 이용해야 한다.

검정고시 온라인 원서 접수, 이렇게 해요!

※ 사전 준비 : 본인의 '공동인증서' 발급 받기

1. 온라인 접수 기간에 시·도 교육청의 검정고시 서비스 사이트에 접속

    http://kged.sen.go.kr

2. 검정고시 전체 서비스 메인 화면에서, 화면 왼쪽의 검정고시 온라인 접수 클릭

3. 왼편의 검정고시 온라인 접수에서 해당하는 '시·도 교육청'을 선택하여 이동

4. 상단의 〈온라인 원서 접수〉 메뉴에서 본인이 희망하는 자격의 검정고시 선택
    ☞ 해당 자격의 원서 접수하기 버튼을 클릭하면 '온라인 원서 접수 페이지'로 이동

5. 성명과 주민등록번호(또는 외국인등록번호)를 입력하고, 원서 접수 허위 사실 기재에 관한 안내
    및 서약서와 개인식별번호 처리 동의에 체크(✓)한 뒤, 인증서 로그인 을 클릭한 후 본인의 공동
    인증서를 통해 로그인

6. 응시자 정보 ➡ 학력 과목 정보 ➡ 고사장 선택 ➡ 접수 완료 순으로 작성

    (1) 응시자 정보에서 본인의 기본 신상 정보와 검정고시 응시 기본 정보를 입력한 후 저장 버튼을
        클릭하여 저장 (*표시는 필수 입력 항목으로, 미입력 시 다음 순서로 진행되지 않음) ➡ 다음 버
        튼 클릭
        • 사진 파일은 100kb 크기 미만의 jpg와 gif 파일만 저장 가능

    (2) 학력 과목 정보에서 응시자 본인의 학력 정보와 과목 응시 정보를 등록, 관련된 서류를 첨부한
        후 저장 버튼을 클릭하여 저장 ➡ 다음 버튼 클릭

    (3) 고사장 선택에서 금회차의 고사장이 조회되며, 고사장별 수용 인원이 도달할 때까지 응시자가
        신청할 수 있음 ➡ 다음 버튼 클릭
        ※ 고사장을 변경할 시에는 상단의 〈원서 조회〉 메뉴에서 '3. 고사장 선택 입력 단계 화면'에서 수정

    (4) 접수 완료에서 이전 단계에서 등록했던 주요 항목을 다시 한번 확인한 후, 제출 버튼을 클릭하
        여, 최종적으로 원서 제출
        ※ 입력을 완료하였으나 제출을 하지 않을 경우 오프라인으로 재접수를 해야만 응시 가능
        ※ 제출 완료한 응시원서에 수정이 필요한 경우, 〈수정후제출〉 버튼을 클릭하여 수정

7. 상단의 〈원서 조회〉 메뉴를 통해 본인이 응시한 검정고시 원서 조회 가능(공동인증서로 로그인)

8. 상단의 〈수험표 출력〉 메뉴에서 수험표 출력 가능(해당 자격의 수험표 출력하기 버튼 클릭)
    ※ 식별이 가능하도록 가급적 컬러프린터로 출력하여 시험 당일 소지할 것

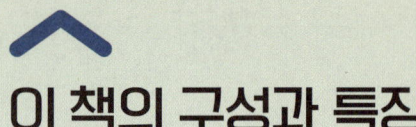

이 책의 구성과 특징

■ 알찬 개념 정리 + 다양한 학습장치

- 해당 단원에서 자주 출제되는 핵심 키워드를 제시하고, 사진 · 도표 등의 시각적 자료를 충분히 활용하여 핵심 이론을 정리하였습니다.
- 실전맛보기 문제, 스피드 체크 OX 문제, 알아두기, 형성평가, 파트별 적중예상문제, 기출문제 체크 등의 다양한 학습 장치를 통해 완벽한 정리가 가능합니다.

EBS 교육방송교재

01 도덕적인 삶

• 사람다운 삶을 살아가기 위해 도덕이 필요한 이유를 이해한다.
• 왜 도덕적으로 살아야 하는지에 대해 스스로 성찰하여 탐구한다.

❯ 인간은 사회적 동물이다
인간은 사회 안에서 서로 관계를 맺고 더불어 살아가며 영향을 주고받는 과정에서 인간다운 인간으로 성장한다는 의미에서 나온 말이다.

❯ 문화
인간이 이루어 낸 행동 양식이나 생활 양식

❯ 본능(本 근본 본, 能 능력 능)
생물체가 태어날 때부터 지닌 능력이나 욕구

❯ 이성(理 이치 이, 性 성품 성)
사람의 생각하는 능력으로서, 옳고 그름, 참과 거짓, 선과 악, 아름다움과 추함 등을 구별하는 능력

❯ 칸트
칸트는 우리에게 이성이 있기 때문에 본능, 충동, 욕망 등에 좌우되지 않고 스스로 도덕 법칙을 만들어 그것에 따를 수 있다고 말하였다.

❯ 도리
사람이 마땅히 행해야 할 일이나 행동

1 사람을 사람답게 만드는 것

1. 사람이란 무엇인가?

(1) 사람의 특성

도구적 존재	자신에게 부족한 능력을 보완하고 … 하는 존재
문화적 존재	자신의 삶을 의미 있고 풍요롭게 … 가고 발전시키는 존재
윤리적 존재	인간은 자신의 행동에 대해 옳고 … 운 삶을 추구하는 존재
이성적 존재	학문적 진리와 바람직한 삶의 … 활용하는 존재
사회적 존재	다른 사람과 더불어 살아가고자 …
종교적 · 유희적 존재	종교 활동을 하고 즐거움을 추구 …

(2) 사람다움

① 사람의 도덕적 특성 : 본능이나 욕구를 넘 … 가고자 한다.

② 사람다움의 핵심은 사람의 도덕성이다.

(3) 사람과 동물의 공통점과 차이점

공통점	본능적인 욕구를 지님.
차이점	동물은 본능에 따라서 정해진 삶을 … 통해 삶을 계획하고 만들어 감. ➜ …

실/전/맛/보/기

다음에서 설명하는 인간의 특성으로 가장 적절한 것은?

인간은 자연적으로 집단을 이루고 산다. 즉, 인간은 원래 홀로 살지 못하고 사람들과 집단을 이루어 살도록 되어 있다. 이 집단이 궁극적으로 국가를 형성하게 된다.

① 이성적 존재 ② 사회적 존재
③ 도구적 존재 ④ 윤리적 존재

2. 사람의 본성을 보는 관점

(1) 사람의 본성에 관한 다양한 입장

성선설	사람의 본성이 본래 선하다고 보는 입장(맹자) ➜ 지나친 욕구나 환경에 의해 악한 행위를 할 수 있음.
성악설	사람의 본성이 본래 악하다고 보는 입장(순자) ➜ 올바른 도리에 따르려는 노력을 통해 악한 본성을 선하게 변화시켜야 함.
성무선악설	사람의 본성이 선하거나 악한 것으로 정해져 있지 않다고 보는 입장(고자) ➜ 사람이 선하게 행동하거나 악하게 행동하는 것은 자신의 선택과 환경에 의해 결정됨.

(2) 사람의 본성을 보는 관점의 공통점

① 사람이 선한 행위를 할 수 있다고 인정한다.

② 사람이라면 누구나 선한 행위를 할 가능성을 지닌다.

➜ 도덕적 삶을 살기 위해 적극적으로 노력해야 한다.

실/전/맛/보/기

… 대한 이론은?

… 히 여기고 자기의 잘못을 부끄러워하며 상대방에게 양 … 있는 착한 마음을 가지고 태어난다.

② 성선설
④ 성무선악설

❯ 맹자의 측은지심
사람들은 모두 '남에게 차마 어찌하지 못하는 마음'을 가지고 있다. 갑자기 어린아이가 우물에 빠지는 것을 보게 되면 누구나 깜짝 놀라 측은한 마음을 가질 것이다. 이것은 어린아이의 부모와 친분을 맺기 위해서도 아니고, 동네 사람들과 친구들에게 칭찬을 받기 위해서도 아니다. 이로 말미암아 본다면 남을 불쌍히 여기는 마음이 없으면 사람이 아니다.

PART 01

실전 맛보기 해설 및 정답
사람은 혼자서는 살아갈 수 없으며, 자신이 속한 사회에서 다른 사람들과 더불어 살아가는 사회적 존재이다. 정답 ②

실전 맛보기 해설 및 정답
제시문은 사람의 본성이 본래 선하다고 보는 맹자의 성선설에 대한 설명이다. 정답 ②

EBS 교육방송교재

PART 01 적중예상문제

정답 및 해설 2p

01 다음에서 언급하는 사람의 특성으로 가장 적절한 것은?

본능이나 욕구에 따라 살아가는 데 만족하지 않고, 도리를 지키며 살아가고자 한다.

① 도덕적 존재 ② 문화적 존재
③ 사회적 존재 ④ 이성적 존재

02 다음에서 설명하는 내용으로 적절한 것은?

도덕적으로 올바른 행동을 하도록 하는 마음의 명령

04 사람다운 사람이 되기 위한 노력으로 적절하지 않은 것은?

① 다른 사람에게 해를 끼치지 않고자 노력한다.
② 무엇이 옳은지 그른지 스스로 판단하고자 노력한다.
③ 자신의 행동을 반성하고 잘못을 고치려고 노력한다.
④ 자신이 추구하는 모든 것을 실현하기 위해 노력한다.

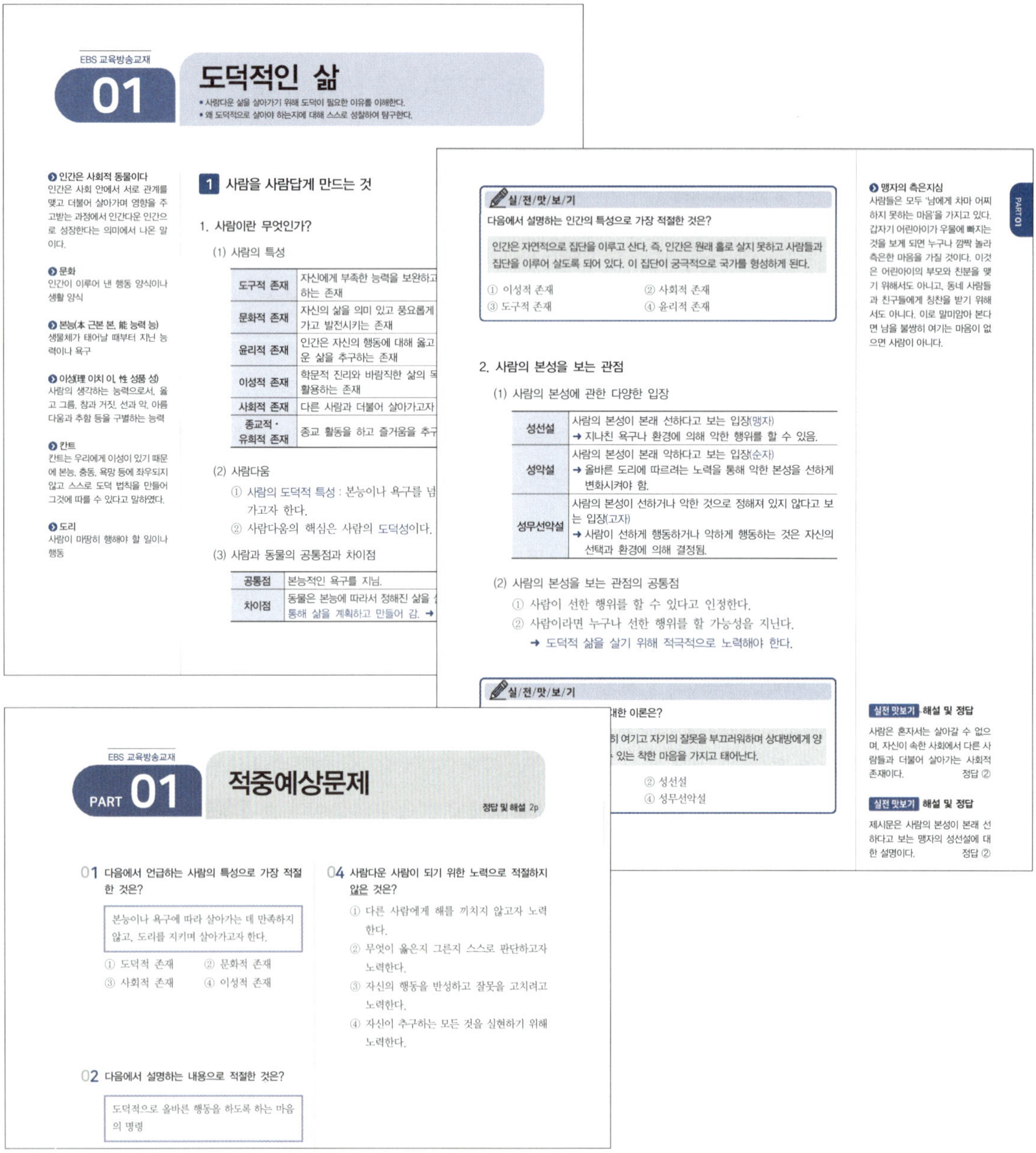

■ 최신기출문제 1, 2회분 + 상세한 해설

2025년 제1회, 제2회 기출문제를 모두 수록하여 기출 유형을 완벽하게 파악할 수 있으며, 왜 정답인지, 왜 오답인지 정확하게 파악할 수 있도록 명쾌한 해설을 수록하였습니다.

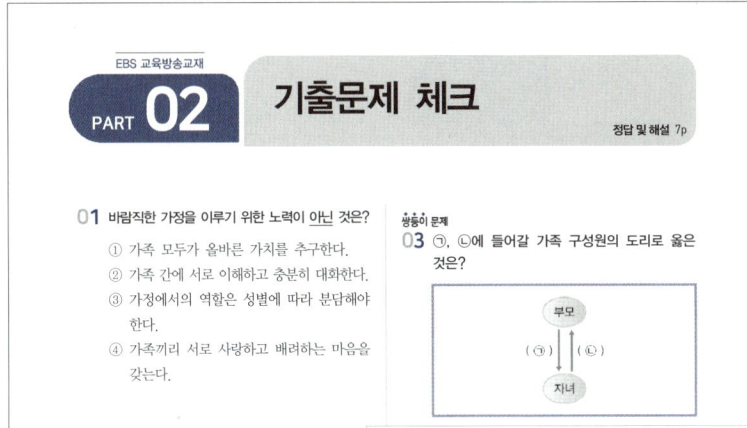

EBS 교육방송교재

PART 02 기출문제 체크

정답 및 해설 7p

01 바람직한 가정을 이루기 위한 노력이 <u>아닌</u> 것은?

① 가족 모두가 올바른 가치를 추구한다.
② 가족 간에 서로 이해하고 충분히 대화한다.
③ 가정에서의 역할은 성별에 따라 분담해야 한다.
④ 가족끼리 서로 사랑하고 배려하는 마음을 갖는다.

활동이 문제

03 ㉠, ㉡에 들어갈 가족 구성원의 도리로 옳은 것은?

부모
(㉠) ↓ ↑ (㉡)
자녀

EBS 교육방송교재

도덕 2025년 제2회 기출문제

정답 및 해설 27p

01 다음은 서술형 평가 문제와 학생 답안이다. 밑줄 친 ㉠~㉣ 중 적절하지 않은 것은?

> 문제 : 사람의 특성에 대해 서술하시오.
>
> 〈학생 답안〉
> 사람은 ㉠ 생각하는 능력을 지닌 이성적 존재이며, ㉡ 욕구와 충동을 조절하며 옳은 것을 선택할 수 있는 도덕적 존재이며, 또한 ㉢ 필요한 도구를 만들어 사용하는 도구적 존재이며, ㉣ 다른 사람과 동떨어져 고립되어 살아가는 사회적 존재이다.

04 다음에서 도덕적인 행동을 하기 위해 A에게 필요한 것은?

> A가 친구의 컵을 실수로 깨뜨렸다. A는 거짓말을 하지 말아야 한다는 것을 알고 있었지만, 누가 컵을 깨뜨렸냐는 친구의 물음에 솔직하게 답하지 못했다.

① 고정관념
② 생명 존중
③ 책임 전가
④ 도덕적 실천 의지

EBS 교육방송교재

도덕 정답 및 해설

PART 01 자신과의 관계

적중예상문제

p.41~45

01	①	02	③	03	②	04	①	05	④
06	④	07	③	08	③	09	②	10	③
11	③	12	②	13	①	14	②	15	②
16	①	17	②	18	②	19	④	20	④

01 정답 ①
사람은 스스로 옳은 것을 선택할 수 있는 도덕적 존재이다. 다른 존재와 달리 사람만이 자신의 행동을 스스로 선택하고 반성할 수 있다.

06 정답 ④
훌륭한 삶을 사는 사람은 자신의 본능을 억제하고 조절하는 노력을 통해 다른 사람들과 더불어 사는 삶을 지향하는 사람으로 모든 감정과 욕구를 제거하는 것은 아니다.

07 정답 ③
제시문의 라스콜니코프는 무엇이 도덕적 행동인지 몰라서 도덕적 행동을 실천하지 못한 사례이다.

08 정답 ③
제시문의 ㉠은 도덕적 민감성, ㉡은 도덕적 상상력에 대한 설명이다.

05 다음 대화에서 교사가 사용한 도덕 원리 검토 방법은?

제가 그 아이에게 욕을 한 이유는 친한 친구 사이이기 때문입니다.

그 친구도 너와 친하다는 이유로 너에게 욕을 해도 괜찮을까?

학생   교사

출제 경향 분석

■ 단원별 출제 빈도(중졸 도덕)

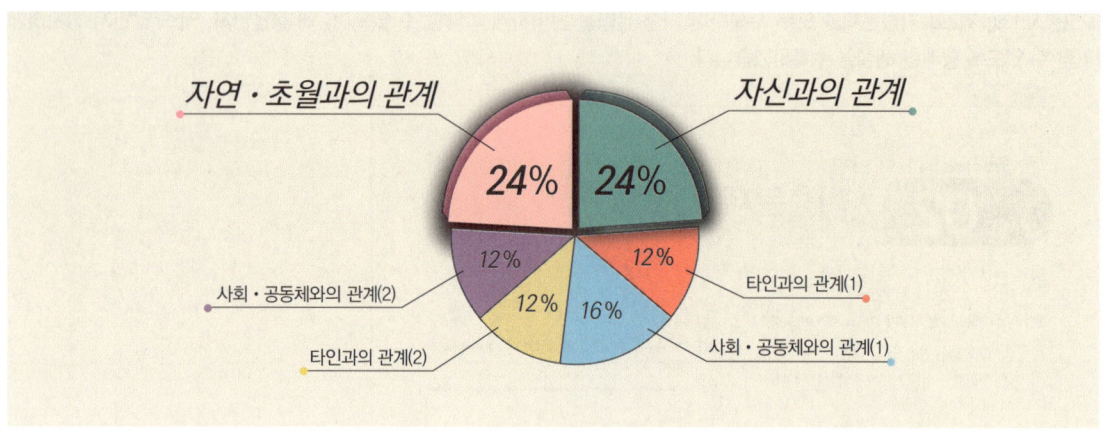

■ 최근 출제 경향

중졸 검정고시 도덕은 매년 비슷한 수준의 난이도로, 전반적으로 평이하게 출제되고 있습니다. 최근 단원별 출제 문항을 살펴보면, 1단원(도덕적 자아 정체성)과 6단원(사회 정의와 윤리적 삶)에서 가장 많은 문항이 출제되고 있는 것이 특징입니다.

하지만 도덕 과목은 매 시험마다 단원별 출제 비율에 변동이 있기 때문에, 특정 단원에만 집중하지 말고 전 범위를 고르게 학습하는 전략이 필요합니다.

■ 도덕, 이렇게 공부해요!

중졸 검정고시 도덕의 난이도는 전반적으로 평이하지만, 핵심 개념을 정확히 이해하지 못하면 헷갈릴 수 있는 문항도 많습니다.

- 핵심 키워드 중심 학습이 우선! 도덕 과목의 대부분 문제는 단원별 핵심 개념 및 용어의 뜻과 의미를 이해하고 있는지를 묻습니다.
- 지문 해석력도 중요! 문제가 쉬워 보여도 지문을 꼼꼼히 읽고 맥락을 파악해야 정확한 선택이 가능합니다. 상식 수준에서 판단하는 문항도 많기 때문에 이해 중심으로 풀이하는 연습을 해보세요.
- 사상가와 핵심 주장 정리는 필수! 대표 사상가들의 이름과 핵심 사상을 한눈에 정리해 두면 시험 직전 빠르게 복습하는 데 큰 도움이 됩니다.
- 전 단원을 고르게 복습! 특정 단원에만 집중하기보다는 모든 단원을 고르게 반복 학습하는 것이 중요합니다. 기출문제를 활용하여 자주 출제되는 개념을 파악하고, 약한 부분은 따로 복습하세요.

■ 기출 분석에 따른 학습 포인트

❶ 자신과의 관계

사람의 특성, 사람의 본성, 정신적 가치, 도덕 판단, 도덕적 성찰, 삶의 목적, 진정한 행복의 의미 등의 주제가 출제되었다.

❷ 타인과의 관계 (1)

가정 내 갈등, 가족 간의 도리, 원활한 대화와 소통, 진정한 우정, 청소년기의 이성 친구, 이웃 간 봉사의 실천 등의 주제가 출제되었다.

❸ 사회 · 공동체와의 관계 (1)

인권의 특성, 사회적 약자의 배려, 양성 평등, 바람직한 다문화 공동체 실현, 세계 시민의 자세 등의 주제가 출제되었다.

❹ 타인과의 관계 (2)

사이버 공간의 특성, 정보화 시대의 도덕적 책임, 평화적 갈등 해결 방법, 폭력에 대처하는 방법 등의 주제가 출제되었다.

❺ 사회 · 공동체와의 관계 (2)

정의로운 국가의 조건, 바람직한 시민의 역할, 시민 불복종의 정당화 조건, 정의로운 사회, 부패 예방, 북한 주민의 생활, 북한 이탈 주민이 겪는 어려움, 통일 한국의 모습 등의 주제가 출제되었다.

❻ 자연 · 초월과의 관계

인간과 자연의 관계, 환경 친화적 삶, 과학 기술의 문제점, 생태중심주의, 마음의 평화를 위한 노력 등의 주제가 출제되었다.

검스타트 합격 스토리!
다음 합격 스토리의 주인공은 바로 당신!

 **K*****

선생님들의 좋은 강의와 교재로 열심히 공부한 결과
고득점(평균 98.86점)을 받았습니다.

검스타트는 검정고시 관련 정보를 다양하게 제공하고 있어
시험 준비에 많은 도움을 받았습니다.
특히 다양한 학습자료가 정말 맘에 들었습니다.

수험생들의 학습을 위해 많은 배려를 하고 있다는 느낌을
받았고, 저렴한 수강료도 좋았지만
수험생의 합격을 위한 진실함이 있다고 느꼈습니다.

이 모든 것들이 검스타트를 선택한 배경이었습니다.

 **동***

전체에서 한 문제 틀렸습니다.
과학에서 아쉽게 틀려서 만점을 못 받았습니다.

첫 관문을 잘 넘었으니 이제 대학 진학이라는 더 큰 목표를
위해 더 열심히 공부하려고 합니다.

강의해 주신 선생님들 정말 감사합니다.
핵심을 잘 정리해 주시고 이해하기 쉽도록
강의를 잘 해주신 덕분에 높은 점수를 받았습니다.

검스타트 최고 ! ! !

 **합****

인강 선택을 위해 제 아들과 상의하고 합격수기가 많은
검스타트를 선택했습니다.

공부한 지 오래되어 기초실력이 없기에
제일 처음 기초강의부터 반복해서 들었습니다.
이어서 이론공부를 시작했습니다.

강의와 교재를 반복해서 공부하다 보니 어느새 틀이
잡혀지고 자신감이 생겼습니다.

이론을 마치고 문제풀이. 기출풀이를 공부하니 검정고시가
그다지 어렵지 않게 느껴졌습니다.

시험을 마치고 채점을 해보니 총점은 합격점수를
충분히 넘었습니다.

 **ㅣ***

50대 중반 주부입니다.
38년 만에 처음으로 도전해 보았는데 혼자 공부하는 거라
처음엔 막막하고 지루하고 어려웠습니다.

검스타트 상담선생님께서 말씀해 주신 대로 쉬운 과목부터
완벽하게 준비해 나갔습니다.
기본강의, 예상문제, 모의고사, 기출문제 순서로 공부했고
무엇보다도 문제를 많이 풀어보았습니다.

특히 핵심총정리가 많은 도움이 되었습니다.
향후 사이버 대학에 도전해보려 합니다.

열심히 강의해 주신 선생님들께 감사드립니다.

 **심****

검스타트와 인연을 맺은 지 1년.

훌륭하신 선생님들의 헌신적인 강의에 힘입어
70 가까운 나이에 중학교 과정과 고등학교 과정을 잘 마쳤고
특히 고등학교 과정은 7과목 중 4과목을
만점을 받을 정도의 성적으로 무사히 마쳤습니다.

이 모두가 검스타트 임직원 여러분과 각 과목 선생님들의
땀과 아낌 없는 희생 덕분이라 생각합니다.

고맙습니다.
이제부터는 대입 준비 열심히 하여 대입에 도전해 보려
합니다.

이젠, 여러분이
합격할 차례입니다!

목차

🏆 100% 합격을 위한 나만의 학습 계획

◆ 『중졸 검정고시 도덕』 학습 진도표

구분		진도 체크(✓)*				
		1회	2회	3회	4회	5회
PART 01 자신과의 관계	01 도덕적인 삶					
	02 도덕적 행동					
	03 자아 정체성					
	04 삶의 목적					
	05 행복한 삶					
	📎 적중예상문제 / 기출문제 체크					
PART 02 타인과의 관계 (1)	01 가정 윤리					
	02 우정					
	03 성 윤리					
	04 이웃 생활					
	📎 적중예상문제 / 기출문제 체크					
PART 03 사회·공동체와의 관계 (1)	01 인간 존중					
	02 문화 다양성					
	03 세계 시민 윤리					
	📎 적중예상문제 / 기출문제 체크					
PART 04 타인과의 관계 (2)	01 정보 통신 윤리					
	02 평화적 갈등 해결					
	03 폭력의 문제					
	📎 적중예상문제 / 기출문제 체크					
PART 05 사회·공동체와의 관계 (2)	01 도덕적 시민					
	02 사회 정의					
	03 북한 이해					
	04 통일 윤리 의식					
	📎 적중예상문제 / 기출문제 체크					
PART 06 자연·초월과의 관계	01 자연관					
	02 과학과 윤리					
	03 삶의 소중함					
	04 마음의 평화					
	📎 적중예상문제 / 기출문제 체크					
PART 07 실전모의고사	제1회 실전모의고사					
	제2회 실전모의고사					
PART 08 2025년 기출문제	제1회 기출문제					
	제2회 기출문제					

*학습 완료한 날짜를 적으셔도 좋습니다.

● 진도 체크(✓) 요령

1회 해당 부분 모두를 정독(精讀)했을 때를 1회로 간주합니다. 단순히 체크(✓)하셔도 좋고 권하는 대로 해당 날짜를 적어 넣으셔도 좋습니다.

2회 해당 부분 모두를 두 번째로 정독했을 때를 2회로 간주합니다. 띄엄띄엄 부분적으로 공부한 것은 해당하지 않습니다. 반드시 해당 부분 모두를 두 번째로 정독했을 경우에만 표시하도록 합니다.

3회 해당 부분에서 취약하거나 중요한 부분을 중심으로 처음부터 끝까지 모두 공부했을 때를 3회로 간주합니다. 실력(이해와 암기)을 키우기 위한 집중 학습에 해당합니다.

4회 3회와 같은 방식으로 취약하거나 중요한 부분을 중심으로 처음부터 끝까지 다시 한번 모두 공부했을 때를 4회로 간주합니다.

5회 시험을 목전에 두고 최종적으로 해당 부분 모두를 정독했을 때를 5회로 간주합니다. 1회에서 4회까지의 학습 과정이 있었기 때문에 1회, 2회보다는 훨씬 빠른 속도로 끝마칠 수 있을 것입니다.

◆ 취약 부분 극복 계획

학습 진도 중에서 자신이 취약하다고 생각되는 부분을 적고, 이를 극복할 수 있는 방안을 고민해 봅니다.

진도 중 취약 부분	극복 방안	극복한 날
예) 시의 비유법들이 잘 구분되지 않는다 (특히 은유법). 어렵다.	예) 교재와 강의에서 비유법 관련 내용이 나올 때마다 초집중한다.	예) 7월 7일(화) 비유법 극복!

◆ 나의 다짐과 소감

본격적인 학습에 앞서 다짐의 말을 적어 봅니다. 또 주변 사람들로부터 응원의 말을 받아 보세요. 물론 스스로에게 하는 응원의 말을 적으셔도 좋습니다. 마지막 포스트잇은 합격 후에 기분 좋게 작성하세요.

● (학습 전) 나의 다짐

● 응원의 말

● 합격 소감

EBS 교육방송교재

중졸 검정고시 도덕

PART

01

자신과의 관계

✪ 이 단원은 인간다운 삶을 살아가는 데 핵심적인 역할을 수행하는 규범 체계인 도덕의 의미를 이해하고 참된 행복의 차원에서 삶의 진정한 목적을 확인하기 위해 설정된 단원이다. 이를 위해 자신의 삶에서 스스로 도덕적 주체가 되어 도덕적 삶의 중요성과 도덕적 행위를 위해 필요한 것을 탐구하고, 삶의 목적과 행복의 의미를 성찰하도록 함으로써 성실한 삶을 살고자 하는 태도를 함양할 수 있도록 한다.

01 도덕적인 삶

- 사람다운 삶을 살아가기 위해 도덕이 필요한 이유를 이해한다.
- 왜 도덕적으로 살아야 하는지에 대해 스스로 성찰하여 탐구한다.

> **인간은 사회적 동물이다**
> 인간은 사회 안에서 서로 관계를 맺고 더불어 살아가며 영향을 주고받는 과정에서 인간다운 인간으로 성장한다는 의미에서 나온 말이다.

> **문화**
> 인간이 이루어 낸 행동 양식이나 생활 양식

> **본능(本 근본 본, 能 능력 능)**
> 생물체가 태어날 때부터 지닌 능력이나 욕구

> **이성(理 이치 이, 性 성품 성)**
> 사람의 생각하는 능력으로서, 옳고 그름, 참과 거짓, 선과 악, 아름다움과 추함 등을 구별하는 능력

> **칸트**
> 칸트는 우리에게 이성이 있기 때문에 본능, 충동, 욕망 등에 좌우되지 않고 스스로 도덕 법칙을 만들어 그것에 따를 수 있다고 말하였다.

> **도리**
> 사람이 마땅히 행해야 할 일이나 행동

1 사람을 사람답게 만드는 것

1. 사람이란 무엇인가?

(1) 사람의 특성

도구적 존재	자신에게 부족한 능력을 보완하고자 도구를 개발하고 활용하는 존재
문화적 존재	자신의 삶을 의미 있고 풍요롭게 만들고자 문화를 이어 나가고 발전시키는 존재
윤리적 존재	인간은 자신의 행동에 대해 옳고 그름을 판단하며, 인간다운 삶을 추구하는 존재
이성적 존재	학문적 진리와 바람직한 삶의 목적을 추구하고자 이성을 활용하는 존재
사회적 존재	다른 사람과 더불어 살아가고자 노력하는 존재
종교적·유희적 존재	종교 활동을 하고 즐거움을 추구하는 존재

(2) 사람다움
  ① 사람의 도덕적 특성 : 본능이나 욕구를 넘어 도리를 지키며 살아가고자 한다.
  ② 사람다움의 핵심은 사람의 도덕성이다.

(3) 사람과 동물의 공통점과 차이점

공통점	본능적인 욕구를 지님.
차이점	동물은 본능에 따라서 정해진 삶을 살아가지만 사람은 이성을 통해 삶을 계획하고 만들어 감. ➡ 열려 있는 존재

✎ 실/전/맛/보/기

다음에서 설명하는 인간의 특성으로 가장 적절한 것은?

> 인간은 자연적으로 집단을 이루고 산다. 즉, 인간은 원래 홀로 살지 못하고 사람들과 집단을 이루어 살도록 되어 있다. 이 집단이 궁극적으로 국가를 형성하게 된다.

① 이성적 존재   ② 사회적 존재
③ 도구적 존재   ④ 윤리적 존재

2. 사람의 본성을 보는 관점

(1) 사람의 본성에 관한 다양한 입장

성선설	사람의 본성이 본래 선하다고 보는 입장(맹자) ➔ 지나친 욕구나 환경에 의해 악한 행위를 할 수 있음.
성악설	사람의 본성이 본래 악하다고 보는 입장(순자) ➔ 올바른 도리에 따르려는 노력을 통해 악한 본성을 선하게 변화시켜야 함.
성무선악설	사람의 본성이 선하거나 악한 것으로 정해져 있지 않다고 보는 입장(고자) ➔ 사람이 선하게 행동하거나 악하게 행동하는 것은 자신의 선택과 환경에 의해 결정됨.

(2) 사람의 본성을 보는 관점의 공통점

① 사람이 선한 행위를 할 수 있다고 인정한다.
② 사람이라면 누구나 선한 행위를 할 가능성을 지닌다.
   ➔ 도덕적 삶을 살기 위해 적극적으로 노력해야 한다.

✎ 실/전/맛/보/기

다음에 해당하는 인간 본성에 대한 이론은?

> 모든 사람은 다른 사람을 불쌍히 여기고 자기의 잘못을 부끄러워하며 상대방에게 양보하고 옳고 그름을 분별할 수 있는 착한 마음을 가지고 태어난다.

① 백지설   ② 성선설
③ 성악설   ④ 성무선악설

▶ 맹자의 측은지심

사람들은 모두 '남에게 차마 어찌 하지 못하는 마음'을 가지고 있다. 갑자기 어린아이가 우물에 빠지는 것을 보게 되면 누구나 깜짝 놀라 측은한 마음을 가질 것이다. 이것은 어린아이의 부모와 친분을 맺기 위해서도 아니고, 동네 사람들과 친구들에게 칭찬을 받기 위해서도 아니다. 이로 말미암아 본다면 남을 불쌍히 여기는 마음이 없으면 사람이 아니다.

실전 맛보기 해설 및 정답

사람은 혼자서는 살아갈 수 없으며, 자신이 속한 사회에서 다른 사람들과 더불어 살아가는 사회적 존재이다.   **정답 ②**

실전 맛보기 해설 및 정답

제시문은 사람의 본성이 본래 선하다고 보는 맹자의 성선설에 대한 설명이다.   **정답 ②**

3. 사람다운 사람이란?

(1) 도덕적인 삶

① 타율적인 행동 : 외부 요인에 따라 행동하는 것

② 타율적인 행동의 문제점 : 도덕적 행동의 지속 불가능, 타인 의존, 맹목적 행동, 책임 회피 등

③ 도덕적인 삶 : 무엇이 옳은지 그른지를 스스로 판단해 옳은 행위를 실천하고, 자신의 행동에 책임을 지는 삶

④ 도덕적인 삶을 위한 노력 : 자신을 반성하고 도덕을 따른다.

(2) 더불어 사는 삶

① 사람은 공동체 속에서 더불어 살아가므로 다른 사람과 원만한 관계를 맺어야 한다.

② 더불어 사는 삶을 추구하면 삶의 행복을 누리는 사람다운 사람이 될 수 있다.

✏️ 실/전/맛/보/기

사람다운 삶에 관한 설명으로 옳지 않은 것은?

① 다른 사람들과 더불어 사는 삶이다.

② 동물적 본능을 억제하고 조절하는 삶이다.

③ 인간이라면 저절로 이룰 수 있는 도덕적인 삶이다.

④ 어려움을 겪는 사람의 고통에 공감하고 도움을 주려는 삶이다.

📝 스/피/드 Check

❶ 본능적인 욕구는 동물만 지니고 있다. ⭕ ❌

❷ '사람다운 사람'이라는 표현은 사람이 이성을 지닌 존재라는 점을 강조한 표현이다. ⭕ ❌

❸ 이성을 통해 옳고 그름을 분별하는 일은 사람다운 삶을 살기 위한 조건 중 하나이다. ⭕ ❌

❹ '사람다운 사람'으로 살기 위해서는 자신의 욕구나 충동을 절제하는 일도 필요하다. ⭕ ❌

왼쪽 여백

❯ '도덕적 존재'로서의 사람

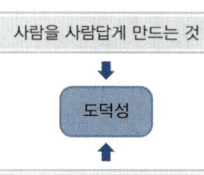

| 사람을 사람답게 만드는 것 |
| ↓ |
| 도덕성 |
| ↑ |
| 사람의 가장 중요한 특성 |

❯ 사람다운 삶

• 맹자 : "사람에게는 마땅한 도리가 있으니, 배불리 먹고 따뜻한 옷을 입고 편안하게 살아도 그 도리를 배우지 않는다면 짐승과 같다."

• 유성룡 : "사람다운 도리가 없어지면 짐승과 같이 된다."

❯ 도덕성

훌륭한 품성, 도덕적인 판단과 행동을 함께 이르는 말

❯ 맹목적

옳고 그름을 따지지 않고 주관이나 원칙 없이 덮어놓고 행동하는 것

실전 맛보기 해설 및 정답

사람다운 삶은 마땅히 해야 하는 것을 알고, 해서는 안 되는 것을 하지 않는 삶이다. 그리고 다른 사람을 사랑하고, 그들의 어려움과 고통에 공감하며 더불어 사는 삶이기도 하다. 그러나 이러한 도덕적인 삶은 저절로 이루어지지 않으며, 우리의 끊임없는 노력이 필요하다. 　　　　　정답 ③

스피드 Check 정답

❶ ✕　　❷ ✕　　❸ ⭕
❹ ⭕

2 도덕의 의미와 필요성

1. 하고 싶은 것과 해야 하는 것

(1) 욕구와 당위

욕구	• 의미 : 무엇을 원하거나 무슨 일을 하고자 바라는 것 • 지나친 욕구 추구의 문제점 : 잘못된 선택이나 행동을 할 수 있음, 다른 사람의 욕구와 충돌하여 갈등이 생길 수 있음.
당위	• 의미 : 마땅히 그렇게 해야 하거나 해서는 안 되는 것 • 역할 : 욕구를 조절하고 어떤 행동이 바람직한지 알 수 있음.

(2) 욕구와 당위의 관계 : 욕구와 당위는 서로 대립하는 경우가 많지만, 올바르게 살아가기 위해서는 욕구와 당위가 조화를 이루려는 노력이 필요하다.

2. 도덕의 의미와 특성

(1) 의미 : 사람으로서 마땅히 지켜야 할 도리

(2) 특성
  ① 옳고 그름을 판단할 수 있는 기준을 제공한다.
  ② 모든 사람에게 보편적으로 적용되는 사회 규범이다.
  ③ 옳은 일을 자발적으로 실천할 수 있도록 돕는다.

(3) 양심
  ① 의미 : 도덕적으로 올바른 행동을 하도록 하는 마음의 명령
    → '내 마음의 재판관', '바른 삶을 인도해 주는 나침반'
  ② 역할 : 우리가 자발적으로 바람직한 행동을 하도록 이끌고, 잘못했을 때에는 죄책감과 부끄러움을 느끼게 한다.

3. 도덕의 필요성

(1) 사람다운 삶의 바탕 : 도덕이 제시하는 규범과 가치, 삶의 이상을 추구함으로써 의미 있고, 인간다운 삶을 살 수 있다.

(2) 더불어 살아가기 위한 바탕 : 도덕적으로 살아감으로써, 질서를 유지하고 조화롭게 더불어 살아갈 수 있다.

❯ **욕구와 당위의 조화**
"나이 일흔에 마음이 하고자 하는 대로 하여도 법도를 넘어서거나 어긋나지 않았다."
– 공자 –

❯ **양심에 관련된 명언들**
"양심은 내 마음의 재판관이다."
– 칸트 –
"모든 사람에게는 자신만의 재판관인 양심이 있다. 그러므로 항상 양심의 소리에 귀를 기울이라."
– 톨스토이 –

❯ **보편적**
모든 사람이나 대상에 두루 통하는 성질

❯ **자발(自 스스로 자, 發 일어날 발)**
남이 시키거나 요청하지 않아도 자기 스스로 나아가 행한다.

❯ **규범(規 법 규, 範 법 범)**
인간이 행동하거나 판단할 때에 마땅히 따르고 지켜야 할 판단의 기준

● 도덕적으로 살아야 하는 이유
• 사람다움의 핵심이기 때문
• 행복한 삶으로 이끌기 때문
• 삶의 의미를 찾게 해 주기 때문

● 진정한 행복을 이루는 삶
• 아리스토텔레스 : 이성을 통해 물질적인 욕구나 감정을 조절하여 중용의 덕을 쌓을 때 진정한 행복을 얻을 수 있다.
• 공자 : 큰 덕을 닦아서 많은 사람과 함께 나누는 어진 사람, 즉 인(仁)을 가진 사람이 진정으로 행복한 사람이라고 볼 수 있다.

실/전/맛/보/기

다음 내용이 공통적으로 설명하는 개념은?

• 내 마음의 재판관
• 바른 삶을 인도해 주는 나침반
• 도덕적인 행동을 하도록 하는 마음의 명령

① 법　　　　　　　　② 예절
③ 관습　　　　　　　④ 양심

스/피/드 Check

❶ 사람으로서 마땅히 지켜야 할 도리를 도덕이라고 한다. ⓞⓧ
❷ 도덕은 옳고 그름을 판단할 수 있는 기준을 제공한다. ⓞⓧ
❸ 도덕은 의미 있는 삶, 사람다운 삶을 사는 데 중요한 바탕이 된다. ⓞⓧ
❹ 도덕은 개인적 의미보다 사회적 의미가 더 중요하다. ⓞⓧ

---

3 내가 도덕적이어야 하는 이유

1. 도덕적이어야 하는 이유

(1) 도덕적인 사람 : 선한 행동을 하고 악을 멀리하며, 자신의 이익을 위해 다른 사람에게 해를 입히려고 하지 않는 사람이다.

(2) 왜 도덕적으로 살아야 하는가에 대해 묻는 이유 : 도덕적 요구가 자신의 이익이나 욕구에 맞지 않는다고 생각할 때 사람들은 왜 도덕적이어야 하는가를 묻게 되는 경우가 있다.

2. 내가 도덕적이어야 하는 이유

(1) 사람다움의 핵심이기 때문
　① 도덕적 행위는 단지 그것이 옳기 때문에 마땅히 해야 하는 것이다.
　　➡ 우리가 마땅히 지켜야 할 의무이며 도리이다.
　② 칸트 : 양심의 명령에 따라 행동하는 것은 당연한 의무이다.

실전 맛보기 해설 및 정답

제시된 내용은 양심에 대한 설명이다.　　　　　　　정답 ④

- - - - - - - - - - - - - - - - - - -

스피드 Check 정답

❶ ○　　❷ ○　　❸ ○
❹ ×

---

(2) 행복한 삶으로 이끌기 때문

　① 도덕적으로 살면 부끄러움 없이 당당하게 살 수 있지만, 비도덕
　　적으로 행동하면 불안을 느끼며 편히 지낼 수 없다.

　② 도덕적으로 행동했을 때 편안함과 뿌듯함을 느끼며, 이때의 행
　　복감은 오래 지속한다.

(3) 삶의 의미를 찾게 해 주기 때문 : 도덕적으로 살아가기 위해 노력함
　으로써 우리의 삶은 비로소 의미를 가지게 된다.

✏️ 실/전/맛/보/기

도덕적으로 살아야 하는 이유로 옳은 것은?

① 서로 간의 갈등을 해결할 수 있으므로
② 본능을 극대화하여 충족시킬 수 있으므로
③ 사람답게 사는 데 필수적 조건이 아니므로
④ 사회적 혼란과 무질서가 증가할 수 있으므로

📝 스/피/드 Check

❶ 서로 배려하고 돕는 도덕적인 삶은 궁극적으로 자신을 위한 일이 될 수도 있다.
　　　　　　　　　　　　　　　　　　　　　　　　　　　　　　　O X

❷ 양심에 따라 옳은 일을 하는 것을 인간으로서 마땅히 해야 하는 의무로 받아들
　일 수 있다.　　　　　　　　　　　　　　　　　　　　　　　　　O X

❸ 가장 행복한 삶은 자기 자신만의 이익을 추구하는 삶이다.　　　　O X

실전 맛보기 해설 및 정답

도덕이 없다면 사람들은 저마다
자기가 하고 싶은 욕구를 우선적
으로 추구하여 사회의 질서가 사
라지고 혼란해질 수 있다.

정답 ①

- - - - - - - - - - - - - - - - - - -

스피드 Check 정답

❶ ○　　❷ ○　　❸ ✕

1 사람을 사람답게 만드는 것

❶ 본능적인 욕구는 동물만 지니고 있다. ⃝ ✕

❷ 사람을 '열려 있는 존재'라고 표현할 수 있는 까닭은, 사람이 본능에 따라 살아가기 때문이다. ⃝ ✕

❸ 사람은 유형·무형의 도구를 만들어 사용함으로써 신체적 한계와 환경적 제약을 극복해 왔다. ⃝ ✕

❹ '사람다운 사람'이라는 표현은 사람이 이성을 지닌 존재라는 점을 강조한 표현이다. ⃝ ✕

❺ 도덕성은 사람을 사람답게 만드는 핵심이라고 할 수 있다. ⃝ ✕

❻ 이성을 통해 옳고 그름을 분별하는 일은 사람다운 삶을 살기 위한 조건 중 하나이다. ⃝ ✕

❼ '사람다운 사람'으로 살기 위해서는 자신의 욕구나 충동을 절제하는 일도 필요하다. ⃝ ✕

2 도덕의 의미와 필요성

❶ 사람으로서 마땅히 지켜야 할 도리를 도덕이라고 한다. ⃝ ✕

❷ 도덕은 옳고 그름을 판단할 수 있는 기준을 제공하여 올바른 것이 무엇인지 알 수 있게 한다. ⃝ ✕

❸ 누가 시켜서 한 것이라도 다른 사람을 돕는 행동은 진정한 도덕적인 행동이라고 할 수 있다. ⃝ ✕

❹ 자발성이란 다른 사람을 배척하는 마음을 뜻한다. ⃝ ✕

❺ 도덕은 의미 있는 삶, 사람다운 삶을 사는 데 중요한 바탕이 된다. ⃝ ✕

❻ 도덕은 개인적 의미보다 사회적 의미가 더 중요하다. ⃝ ✕

❼ 도덕은 자신에게만 유리하거나 이익이 되는 사회 규범이다. ⃝ ✕

❽ 도덕은 사회의 질서 유지와 조화로운 삶을 가능하게 한다. ⃝ ✕

3 내가 도덕적이어야 하는 이유

❶ 착한 사람은 항상 손해를 본다. ⭕❌

❷ 자신의 이익에 집착하면 결과적으로는 항상 자신에게 이익이 된다. ⭕❌

❸ 서로 배려하고 돕는 도덕적인 삶은 궁극적으로 자신을 위한 일이 될 수도 있다. ⭕❌

❹ 양심에 따라 옳은 일을 하는 것을 인간으로서 마땅히 해야 하는 의무로 받아들일 수 있다.
⭕❌

❺ 가장 행복한 삶은 자기 자신만의 이익을 추구하는 삶이다. ⭕❌

❻ 사람은 사회적 존재이므로 사회 속에 더불어 살아갈 때 행복에 다가갈 수 있다. ⭕❌

❼ 함께 잘 살아가는 방법을 고민하고 도덕적으로 올바른 삶을 실천할 때 진정한 행복에 이를 수 있다. ⭕❌

❽ 나의 주변 사람들이 행복하지 못하면 나도 행복하기 어렵다. ⭕❌

⭕❌ 형성 평가 정답

1 사람을 사람답게 만드는 것
❶ × ❷ × ❸ ○ ❹ × ❺ ○ ❻ ○ ❼ ○

2 도덕의 의미와 필요성
❶ ○ ❷ ○ ❸ × ❹ × ❺ ○ ❻ × ❼ × ❽ ○

3 내가 도덕적이어야 하는 이유
❶ × ❷ × ❸ ○ ❹ ○ ❺ × ❻ ○ ❼ ○ ❽ ○

02 도덕적 행동

- 도덕적 사고와 행동이 어긋나는 이유를 알고, 상상력과 민감성의 역할을 이해한다.
- 도덕적 추론의 의미와 과정을 이해하고, 성찰적 삶의 필요성을 설명한다.

❯ 도덕적 사고

무심코 하는 행동이라도 의문을 제기해 보는 것, 그것이 옳은지 그른지를 따져보는 것은 도덕적 행동을 하는 데 있어서 중요하다. 어떤 행위를 하는 데는 이유가 있어야 하고, 행위의 이유는 합당해야 한다. 어떤 합당한 이유나 논리의 법칙을 제시하고, 자신의 신념을 제시하며, 그것들에 대한 이의와 반론을 허용하는 것이 도덕적 사고의 핵심이다.

– 심성보, 『도덕 교육의 새로운 지평』 –

❯ 소크라테스의 지덕복합일설 (知德福合一說)

도덕에 대한 앎을 가진 사람은 도덕적인 실천을 하게 되고 행복한 삶을 살 수 있다.

1 도덕적 사고와 행동

1. 도덕적 지식과 도덕적 사고

(1) 도덕적 지식 : 도덕적 생활을 위한 필수적인 정보

(2) 도덕적 사고 : 무엇이 도덕적 행동인지 판단하기 위해 필요한 사고 능력

(3) 필요성 : 무엇이 옳은 행동인지 알기 위해서는 도덕적 지식을 바탕으로 도덕적 사고를 할 수 있어야 한다.

2. 도덕적 사고가 실천으로 이어지지 않는 이유

(1) 무관심 : 자신과 직접적인 관계가 없는 도덕적 문제 상황에 관심을 기울이지 않기 때문

(2) 이기심 : 자신의 이익을 먼저 생각하는 마음 때문

(3) 용기 부족 : 잘못된 강요를 받거나 비도덕적인 사회 분위기에서 용기가 부족하면 아는 바를 실천하기 어렵다.

✎ 실/전/맛/보/기

도덕적 실천을 어렵게 하는 요인으로 옳지 않은 것은?

① 이기심 ② 용기 부족
③ 도덕적 무관심 ④ 도덕적 상상력

실전 맛보기 해설 및 정답

도덕적 실천을 어렵게 하는 요인으로는 도덕적 무관심, 이기심, 용기 부족 등이 있다. 정답 ④

3. 도덕적 실천 의지

(1) 의미 : 도덕적으로 살아가고자 하는 의지 ➡ 지행일치(知行一致)

(2) 중요성 : 도덕적 실천 의지를 바탕으로, 아는 데 그치지 않고 아는 것을 실천으로 옮길 수 있다.

(3) 도덕적 실천 동기

사랑	다른 사람을 아끼고 배려함.
공감	다른 사람의 감정을 함께 느낌.
선한 의지	옳은 일을 하는 것이 마땅한 의무이므로 이를 실천하고자 함.

(4) 도덕적 실천 의지를 기르기 위한 노력 : 자신의 행동에 대한 반성, 도덕적 행동을 생활화하기 위한 올바른 습관 형성 등

알/아/두/기
소크라테스의 지행합일(知行合一)

아무도 자발적으로 나쁜 행동을 하지 않는다. 아름다운 것과 좋은 것을 아는 사람은 그 반대의 것을 선택하는 일이 결코 없을 것이다. 그리고 아름다운 것과 좋은 것에 대하여 알지 못하면 그것을 행동에 옮길 수 없을 것이며, 만약 아름다운 것과 좋은 것을 추구한다고 해도 실패하게 된다.

– 크세노폰, 『소크라테스 회상』–

해설

제시된 글은 '지행합일(知行合一)'을 강조한 소크라테스의 주장이다. 소크라테스에 따르면, 인간이 나쁜 짓을 하는 것은 순전히 무지하기 때문이다. 그는 덕(德)은 곧 지(知)라고 주장한다. 결국 올바른 행동이란 올바른 지식에서 나오는 것이고, 이는 어떤 것이 옳다고 하는 보편적 기준이 있어야 하는 것이다. 소크라테스는 "너 자신을 알라."와 같은 말을 통해 무지에 대한 자각을 강조했으며, 이러한 자각을 바탕으로 끊임없이 앎을 추구해야 한다고 주장하였다.

실/전/맛/보/기

다음 설명과 관련이 있는 것은?

도덕적 실천 의지를 불러일으켜 도덕적 행동을 실천하게 해주는 것으로 공감, 사랑, 선한 의지 등이 있다.

① 도덕적 문제　　　　② 도덕적 토론
③ 도덕적 실천 동기　④ 도덕적 원리 검사

> **아리스토텔레스**
> "한 마리의 제비가 왔다고 봄이 온 것은 아니다."
> 한 번의 도덕적 행동으로 도덕적인 사람이 되는 것은 아님을 강조한다.

실전 맛보기 해설 및 정답

제시문은 사랑, 공감, 선한 의지의 도덕적 실천 동기에 대한 설명이다.　정답 ③

의미	도덕적 문제 상황에서 자신의 행동이 미치는 영향을 상상할 수 있는 능력
역할	• 다른 사람의 입장에서 이해하고 공감할 수 있음. • 도덕적 행동을 할 가능성이 커짐.

● 역지사지(易 바꿀 역, 地 땅지, 思 생각 사, 之 갈 지)
상대방의 처지에서 생각해 본다.

● 추기급인(推己及人)
자기의 상황으로 미루어 다른 사람의 처지를 생각한다.

● 맹자의 측은지심(惻隱之心)
남을 불쌍하게 여기는 타고난 착한 마음

📝 스/피/드 Check

❶ 무엇이 도덕적 행동인지 판단할 수 있는 능력을 도덕적 사고 능력이라고 한다. Ⓞ Ⓧ

❷ 도덕적 사고를 올바르게 하면 누구나 도덕적 실천을 할 수 있다. Ⓞ Ⓧ

❸ '지행일치'는 도덕적 지식과 사고가 일치함을 의미한다. Ⓞ Ⓧ

❹ 도덕적으로 행동하려면 도덕적 지식, 도덕적 사고 능력, 도덕적 실천 의지 등이 필요하다. Ⓞ Ⓧ

2 도덕적 상상력과 도덕적 민감성

1. 도덕적 민감성과 상상력의 의미와 중요성

(1) 도덕적 민감성 : 어떤 상황을 도덕적 문제로 민감하게 느끼고 도덕적으로 반응할 수 있는 마음
→ 도덕적 민감성이 높은 사람일수록 도덕적으로 행동할 가능성이 높다.

(2) 도덕적 상상력 : 도덕적 문제 상황에서 상대방의 처지를 헤아리며, 도움이 되는 여러 행동을 상상하여 그 결과를 예측해 볼 수 있는 능력

(3) 도덕적 민감성과 상상력의 중요성 : 사소해 보이는 일에도 민감하게 반응하여 도덕적으로 바람직한 행동이 무엇인지 더욱 사려 깊게 생각하게 한다.

2. 도덕적 민감성과 상상력의 역할

(1) 도덕적 문제 인식 : 도덕적 문제를 민감하게 받아들여, 도덕적 행동을 하도록 돕는다.

(2) 공감과 역지사지 : 타인의 고통과 행복에 공감하면서 상대의 처지를 이해할 수 있게 한다.

(3) 다양한 대안 탐색과 결과 예측 : 도덕적 문제를 해결하기 위한 다양한 대안을 탐색하고, 그 대안이 가져올 결과를 예측해 볼 수 있게 한다.

스피드 Check 정답
❶ ○　　❷ ×　　❸ ×
❹ ○

실/전/맛/보/기

다음 사례에서 ○○에게 필요한 자세로 가장 적절한 것은?

> △△는 ○○가 밉다. 왜냐하면 ○○는 △△를 볼 때마다 "너는 머리가 왜 그렇게 크냐?"고 놀리기 때문이다.

① 역지사지　　　　　② 인간소외
③ 아전인수　　　　　④ 자아실현

스/피/드 Check

❶ 도덕적 민감성과 상상력은 도덕적으로 바람직한 행동을 할 수 있도록 돕는다.

◯ ✕

❷ 도덕적 문제가 존재한다는 사실을 인식하지 못하면, 도덕적 행동을 하기도 어렵다.

◯ ✕

❸ 도덕적 민감성과 상상력은 공감이나 배려와는 직접적인 관련성이 없다.

◯ ✕

---

3 도덕적 추론과 비판적 사고

1. 도덕 판단의 의미

(1) 사실 판단 : 사실을 있는 그대로 말하는 판단

→ 참과 거짓을 객관적으로 확인할 수 있다.

(2) 가치 판단 : 어떤 대상의 가치에 대해 내리는 판단으로, 개인의 가치관에 따라 판단의 결과가 달라질 수 있는 판단

→ 어떤 대상의 좋고 나쁨, 옳고 그름, 아름답고 추함 등 대상의 가치에 대해 내리는 판단

(3) 도덕 판단 : 가치 판단 중에서 어떤 사람의 인격이나 행위, 도덕적 상황 등에 관하여 도덕적 관점에서 내리는 판단

→ '옳다.', '나쁘다.', '해야 한다.' 등과 같은 말을 포함

❯ 도덕 판단

• 사실 판단 : '새끼 호랑이 두 마리 있다.'
• 가치 판단 : '새끼 호랑이가 귀엽다.'
• 도덕 판단 : '호랑이를 동물원에 가두는 것은 옳지 않다.'

❯ 도덕 판단의 종류

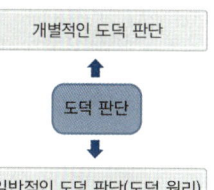

실전 맛보기 해설 및 정답

제시문은 상대방의 입장에서 생각해 본다는 역지사지의 자세가 필요하다. 　　　　　정답 ①

- - - - - - - - - - - - - - - - - - -

스피드 Check 정답

❶ ◯　　❷ ◯　　❸ ✕

삼단 논법

아리스토텔레스에 의해 체계화된 삼단 논법은 두 전제에서 결론이 추론되는 연역적 논증 방법이다.

2. 도덕 판단의 종류

(1) **개별적인 도덕 판단** : 어떤 개인이나 하나의 행위에 관해 내리는 도덕 판단

> **예** '너의 행동은 옳지 않다.', '친구에게 거짓말하는 ○○은 나쁘다.'

(2) **일반적인 도덕 판단(도덕 원리)** : 모든 사람이나 어떤 종류의 행위 전체에 관해 보편적으로 평가하여 내리는 도덕 판단 ➡ 개별적인 도덕 판단의 상황에서 판단의 기준이 된다.

> **예** '거짓말을 해서는 안 된다.', '약속을 지켜야 한다.'

🖉 실/전/맛/보/기

다음 중 도덕 판단에 해당하는 것은?

① 너는 얼굴이 예쁘다.
② 사람은 정직해야 한다.
③ 봄이면 벚꽃이 흐드러지게 핀다.
④ 먹구름이 몰려오는 걸 보니 비가 올 것 같다.

---

3. 도덕적 추론의 의미와 과정

(1) **도덕적 추론의 의미** : 도덕적 문제 상황에서 도덕 원리와 사실 판단을 근거로 구체적인 도덕 판단을 내리는 것

(2) **도덕적 추론의 과정**

① 삼단 논법의 형식 : 대전제(도덕 원리) ➡ 소전제(사실 판단) ➡ 결론(도덕 판단)

📶 알/아/두/기   삼단 논법

• 대전제 : 모든 사람은 죽는다.
• 소전제 : 소크라테스는 사람이다.
• 결 론 : 소크라테스는 죽는다.

해설

삼단 논법에서 대전제는 도덕 원리와 같은 보편적인 판단, 소전제는 사실 판단과 같은 개별적인 판단이다. 삼단 논법은 이러한 대전제와 소전제를 근거로 하나의 결론을 얻어 내는 추론 방법이다.

실전 맛보기 해설 및 정답

① 가치 판단, ③ 사실 판단, ④ 사실 판단   정답 ②

② 타당한 도덕 원리와 사실 판단을 근거로 활용하여 합리적으로 사고할 때 올바른 도덕 판단을 내릴 수 있다.

✎ 실/전/맛/보/기

다음 ㉮~㉰의 도덕적 추론에 대한 설명으로 옳은 것은?

㉮ 법을 어기는 행동을 하는 것은 옳지 않다.
㉯ 어제 철수가 한 무임승차는 법을 어기는 행동이다.
㉰ 어제 철수가 한 무임승차는 옳지 않다.

① ㉮는 사실 판단이다.
② ㉯는 도덕 판단이다.
③ ㉰는 도덕 원리이다.
④ ㉮와 ㉯는 ㉰의 근거이다.

---

4. 비판적 사고의 의미와 필요성

(1) 의미 : 어떤 주장이나 판단을 그대로 받아들이지 않고 그 근거와 사고 과정의 타당성을 합리적으로 검토하는 것

(2) 필요성 : 우리가 내리거나 접하는 모든 도덕 판단이 항상 옳을 수만은 없으므로, 비판적 사고를 바탕으로 도덕적 추론 과정과 그 근거들을 검토해야 한다.

5. 사실 판단의 검토 방법

(1) 정보의 원천 평가 : 제시된 정보의 원천을 살펴보고, 신뢰할 만한 전문가나 객관적인 증거에서 비롯된 것인지 확인한다.

(2) 편견과 오류 검사 : 어떤 정보를 바탕으로 새로운 사실 판단을 내렸을 때, 그 과정에서 편견이나 오류가 없었는지 검토한다.

6. 도덕 원리의 검토 방법

(1) 역할 교환 검사 : 입장을 바꾸어 생각하게 함으로써 도덕 원리의 타당성을 검토하는 방법

갑 : 키가 작은 친구를 '도토리'라고 부르는 것도 문제가 될까?
을 : 키가 작다고 친구를 놀리면 안 돼. 왜냐하면, 너보다 키가 큰 사람이 너를 그렇게 놀려도 좋겠어?

❯ 편견(偏 치우칠 편, 見 볼 견)
공정하지 못하고 어느 한쪽으로 치우친 생각

❯ 오류(誤 그르칠 오, 謬 그르칠 류)
어떤 주장에 대한 근거를 제시할 때 저지르는 잘못

❯ 일상생활에서 나타나는 다양한 오류
• 피장파장의 오류 : 다른 사람이나 상대방의 잘못을 근거로 자신의 잘못을 정당화하려는 오류를 말한다.
  예 나만 거짓말을 하는 것은 아니야. 넌 거짓말한 적 없니?
• 성급한 일반화의 오류 : 특정한 사례만 보고 다른 모든 사례에서도 결과가 같으리라 판단하는 오류를 말한다.
  예 한국에서 온 저 사람은 성실하다. 역시 한국 사람들은 정말 성실하다.
• 대중에 호소하는 오류 : 많은 사람이 받아들인다는 이유로 어떤 주장을 정당하다고 판단하는 오류이다.
  예 이 책은 백만 부가 팔린 인기 있는 책이기 때문에 작품성이 뛰어날 것이다.
• 인신공격의 오류 : 주장하는 사람의 인품, 성격, 직업, 과거 행적 등을 비난함으로써 그 사람의 주장이 잘못되었다고 하는 오류이다.
  예 저 사람의 말은 믿을 수가 없습니다. 왜냐하면, 그는 신을 믿지 않으니까요.

실전 맛보기 해설 및 정답

㉮ 도덕 원리, ㉯ 사실 판단, ㉰ 도덕 판단, 삼단 논법은 이러한 대전제(도덕 원리)와 소전제(사실 판단)를 근거로 하나의 결론(도덕 판단)을 얻어 내는 추론 방법이다.

정답 ④

- 흑백논리의 오류 : 세상의 모든 문제를 흑과 백, 선과 악 등의 두 가지 종류로만 나누어 생각하고 판단하는 오류이다.
  - 예 나를 사랑하지 않는다고요? 당신이 나를 미워한다는 것을 이제야 알게 되다니!

(2) 보편화 결과 검사 : 어떤 도덕 원리를 모든 사람이 받아들였을 때 나타날 수 있는 결과를 예상하여 도덕 원리의 적절성을 검토하는 방법

> 갑 : 무단 횡단을 했더라도 아무도 다치지 않았으면 됐지, 뭐가 문제야?
> 을 : 무단 횡단을 하면 안 되지. 왜냐하면, 모든 사람이 무단 횡단을 한다면 도로가 어떻게 되겠어?

(3) 반증 사례 검사 : 상대방의 도덕 원리에 반대되는 사례를 제시함으로써 도덕 원리가 부적절하다는 것을 지적하는 방법

> 갑 : 나는 후배와 복도에서 부딪쳤을 때, 때려 주는 것이 옳다고 생각해.
> 을 : 그럼, 너의 동생이 선배와 부딪쳤을 때, 구타당해도 된다고 생각하니?

(4) 포섭 검사 : 선택한 도덕 원리를 더 일반적이고 포괄적인 도덕 원리에 따라 판단하는 방법

> 갑 : 나는 숙제할 때 인터넷에 있는 다른 사람의 글을 그대로 인용하는 것은 괜찮다고 생각해.
> 을 : 그럼, 너는 도둑질을 해도 된다고 생각하는 것이니?

✏️ 실/전/맛/보/기

밑줄 친 부분에서 사용한 도덕 원리 검사의 방법은?

> 갑 : 새치기를 하면 어떻게 하니? 질서를 지켜야지.
> 을 : 친구 사이인데 뭐 어때!
> 갑 : 모든 학생이 새치기를 하면 우리 학교가 어떻게 되겠니?

① 적성 검사   ② 반증 사례 검사
③ 역할 교환 검사   ④ 보편화 결과 검사

실전 맛보기 해설 및 정답

제시문은 어떤 도덕 원리를 모든 사람이 받아들였을 때 나타날 수 있는 결과를 예상하여 도덕 원리의 적절성을 검토하는 방법이다.
정답 ④

📝 스/피/드 Check

❶ 가치 판단은 판단을 내리는 사람의 주관적인 생각이 반영되는 판단이다.

⭕ ❌

❷ 올바른 도덕 판단을 내리기 위해서는 도덕 원리와 사실 판단이 모두 참이어야 한다.

⭕ ❌

❸ 도덕 판단을 내릴 때 삼단 논법을 적용하는 것은 적절하지 않다. ⭕ ❌

❹ 같은 도덕 판단이라고 할지라도 각각 다른 도덕 원리와 사실 판단이 사용될 수 있다.

⭕ ❌

❺ 도덕적 추론에서 사실 판단이 옳지 않으면 도덕 판단도 신뢰할 수 없게 된다.

⭕ ❌

❻ 도덕 원리가 타당하지 않으면 올바른 도덕 판단을 내릴 수 없다. ⭕ ❌

❼ 보편화 결과 검사에서는 어떤 도덕 원리를 자신에게 적용했을 때 나타날 결과를 예상하는 것이 핵심이다.

⭕ ❌

❽ 도덕 원리가 생략된 도덕적 추론에서는 도덕 원리를 검토할 수 없다. ⭕ ❌

● **성찰(省** 살필 성, **察** 살필 찰**)**
국어사전에서는 '허물이나 저지른 일들을 반성하여 살핌'이라고 풀이하고 있다.

● **증자(曾子,** B.C.506~B.C.436**)**
중국의 유학자로, 공자의 가르침을 계승하여 그의 사상을 후대에 전한 인물

● **소크라테스**
"너 자신을 알라."
"반성하지 않는 삶은 살 가치가 없다."

● **공자**
"잘못을 고치지 않는 것, 그것이 잘못이다. 잘못을 고치는 것을 꺼려서는 안 된다."

4 도덕적 성찰

1. 도덕적 성찰의 의미와 역할

(1) **의미** : 도덕적 관점에서 자신의 삶을 바라보고 바람직한 삶을 살기 위한 구체적인 방법을 찾는 것

(2) **역할** : 더 나은 인격을 갖추고 바람직한 삶을 살아가도록 돕는다.

🎐 알/아/두/기 증자의 일일삼성(一日三省)

나는 하루에 세 가지 반성을 한다.
① '다른 사람을 정성껏 도와주었는가?'
② '친구의 믿음을 저버린 적은 없는가?'
③ '스승의 가르침을 잘 배웠는가?'

해설
증자는 위와 같은 도덕적 성찰을 통해 항상 성실하고 신중하게 행동함으로써 훌륭한 인격을 지닐 수 있었다고 한다. 이처럼 도덕적 성찰은 우리가 더 나은 인격을 갖추고 바람직한 삶을 살아가도록 돕는다.

스피드 Check 정답

❶ ⭕ ❷ ⭕ ❸ ❌
❹ ⭕ ❺ ⭕ ❻ ⭕
❼ ❌ ❽ ❌

2. 도덕적 성찰의 기준

(1) 보편적인 도덕 원리 : 모든 사람에게 적용할 수 있는 객관적이고 타
    당한 원칙

> 예 "모든 인간은 존엄하다.", "무엇이든지 당신이 남에게 대접을
> 받고자 하는 대로 당신도 남을 대우하라." 등

(2) 성현들의 성품과 덕목 : 도덕적으로 올바르게 살아온 사람들의 성품
    과 그들이 중시하였던 덕목

> 예 공자의 '인(仁)', 그리스도의 '사랑', 석가모니의 '자비' 등

3. 도덕적 성찰의 방법

(1) 전통적인 수양 방법

경(敬)	경은 의식을 집중해 흐트러짐이 없이 매사에 조심하는 것(이황)
참선	잡념을 버리고 마음을 가라앉히는 것(불교)

(2) 일상생활에서의 성찰 방법

① 삶의 지침을 정하고 지키기 : 자기 생활을 반성할 수 있는 지침
    을 정하고 늘 지키기 위해 노력한다.
② 명상하기 : 고요하게 눈을 감고 자신의 행동이나 고민 등에 대
    해 깊이 생각한다.
③ 성찰 일기 쓰기 : 자신의 행동이나 주변에서 일어난 사건 등을
    되돌아보고 그것에 관해 깊이 생각하고 반성할 수 있다.

✏️ 실/전/맛/보/기

다음에서 설명하는 삶의 자세는?

> 나는 매일 첫째, 타인을 정성껏 도왔는가.
> 둘째, 친구의 믿음을 저버린 적은 없는가.
> 셋째, 스승의 가르침을 잘 배웠는가를 되돌아
> 봅니다.

증자

① 행동보다 말이 앞서야 한다.
② 반성하는 삶을 살아야 한다.
③ 부정적인 마음을 가져야 한다.
④ 타인에 대해 무관심해야 한다.

실전 맛보기 해설 및 정답

제시된 자료는 증자의 일일삼성
(一日三省)으로 도덕적 성찰을 통
해 항상 성실하고 신중하게 행동
함으로써 훌륭한 인격을 지닐 수
있음을 의미한다.   정답 ②

✏️ 스/피/드 Check

❶ 도덕적 성찰을 통해 더 나은 인격을 갖추고 바람직한 삶을 살 수 있다. Ⓞ ⓧ

❷ 도덕적 성찰을 할 때 누구나 똑같은 기준을 가지고 성찰에 임해야 한다.

Ⓞ ⓧ

❸ 모두에게 똑같이 적용할 수 있는 객관적이고 타당한 원칙은 도덕적 성찰의 올바른 기준이 될 수 있다. Ⓞ ⓧ

❹ 성찰 일기는 하루의 일과를 빠짐없이 써야만 의미가 있다. Ⓞ ⓧ

스피드 Check 정답

❶ ○   ❷ ×   ❸ ○

❹ ×

1 도덕적 사고와 행동

❶ 무엇이 도덕적 행동인지 판단할 수 있는 능력을 도덕적 사고 능력이라고 한다. ⭕ ❌

❷ 도덕적 사고를 올바르게 하면 누구나 도덕적 실천을 할 수 있다. ⭕ ❌

❸ 자신과 직접적인 관계가 없는 도덕적 문제 상황에 관심을 기울일 필요는 없다. ⭕ ❌

❹ 무관심, 이기심, 용기의 부족 등은 도덕적 행동을 가로막는 장애물이 될 수 있다. ⭕ ❌

❺ '지행일치'는 도덕적 지식과 도덕적 사고가 일치함을 의미한다. ⭕ ❌

❻ 도덕적으로 행동하려면 도덕적 지식, 도덕적 사고 능력, 도덕적 실천 의지 등이 필요하다.
⭕ ❌

❼ 도덕적 지식은 도덕적 생활을 위한 필수적인 정보를 말한다. ⭕ ❌

2 도덕적 상상력과 도덕적 민감성

❶ 어떤 상황을 도덕적 문제로 민감하게 느끼고 도덕적으로 반응할 수 있는 마음을 도덕적 민감성
이라고 한다. ⭕ ❌

❷ 도덕적 민감성이 부족하면 자신의 도움이 필요한 상황을 그냥 지나칠 수 있다. ⭕ ❌

❸ 도덕적 문제 상황에서 최선의 도덕적 행동을 하기 위해 상대방의 입장을 헤아리고, 도움이 되는
행동을 상상하여 그 결과를 예측해 보는 능력을 도덕적 상상력이라고 한다. ⭕ ❌

❹ 도덕적 민감성과 상상력은 도덕적으로 바람직한 행동을 할 수 있도록 돕는다. ⭕ ❌

❺ 도덕적 문제가 존재한다는 사실을 인식하지 못하면, 도덕적 행동을 하기도 어렵다. ⭕ ❌

❻ 역지사지의 자세로 상대의 처지를 이해할 때, 도덕적으로 행동하기 수월해진다. ⭕ ❌

❼ 상대방의 처지가 되어 생각해 보면, 상대를 배려하는 방법도 더 쉽게 찾을 수 있다. ⭕ ❌

❽ 도덕적 민감성과 상상력은 공감이나 배려와 같은 것과는 관련이 없다. ⭕ ❌

3 도덕적 추론과 비판적 사고

❶ 사실 판단은 사실을 있는 그대로 말하는 판단으로, 참과 거짓을 객관적으로 확인할 수 있다. ⓞ ⓧ

❷ 가치 판단은 판단을 내리는 사람의 주관적인 생각이 반영되는 판단이다. ⓞ ⓧ

❸ 도덕 판단 중 모든 사람이나 어떤 종류의 행위 전체에 관해 보편적으로 평가하여 내리는 판단을 개별적인 도덕 판단이라고 한다. ⓞ ⓧ

❹ 도덕 판단은 보통 '옳다.', '나쁘다.', '해야 한다.' 등과 같은 말을 포함한다. ⓞ ⓧ

❺ 올바른 도덕 판단을 내리기 위해서는 도덕 원리와 사실 판단이 모두 참이어야 한다. ⓞ ⓧ

❻ 도덕 판단을 내릴 때 삼단 논법을 적용하는 것은 적절하지 않다. ⓞ ⓧ

❼ 같은 도덕 판단이라고 할지라도 각각 다른 도덕 원리와 사실 판단이 사용될 수 있다. ⓞ ⓧ

❽ 도덕적 추론에서 사실 판단이 옳지 않으면 도덕 판단도 신뢰할 수 없게 된다. ⓞ ⓧ

❾ 인터넷 게시판에 올라온 신문 기사나 설문 조사는 모두 신뢰할 만한 정보이다. ⓞ ⓧ

❿ 다른 사람의 잘못을 근거로 자신의 잘못을 정당화하려는 것은 잘못된 일이다. ⓞ ⓧ

⓫ 도덕 원리가 타당하지 않으면 올바른 도덕 판단을 내릴 수 없다. ⓞ ⓧ

⓬ 어떤 도덕 원리를 자신에게 적용했을 때 나타날 결과를 예상하여 도덕 원리의 적절성을 검토하는 방법은 보편화 결과 검사이다. ⓞ ⓧ

⓭ 입장을 바꾸어 생각하게 함으로써 도덕 원리의 타당성을 검토하는 방법을 역할 교환 검사라고 한다. ⓞ ⓧ

⓮ 도덕 원리가 생략된 도덕적 추론에서는 도덕 원리를 검토할 수 없다. ⓞ ⓧ

4 도덕적 성찰

❶ 도덕적 관점에서 자신의 삶을 바라보고 바람직한 삶을 살기 위한 구체적인 방법을 찾는 것을 도덕적 성찰이라고 한다. ◯ ✖

❷ 도덕적 성찰을 통해 더 나은 인격을 갖추고 바람직한 삶을 살 수 있다. ◯ ✖

❸ 도덕적 성찰을 할 때 누구나 똑같은 기준을 가지고 성찰에 임해야 한다. ◯ ✖

❹ 모두에게 똑같이 적용할 수 있는 객관적이고 타당한 원칙은 도덕적 성찰의 올바른 기준이 될 수 있다. ◯ ✖

❺ 삶의 지침은 자신의 삶의 모습을 꾸준히 성찰할 수 있도록 도와준다. ◯ ✖

❻ 삶의 지침을 정할 때에는 다른 사람이 만든 것을 참고해서는 안 된다. ◯ ✖

❼ 명상을 통해 자신의 내면을 깊이 바라보며, 올바른 삶을 위한 방법을 찾아갈 수 있다. ◯ ✖

❽ 성찰 일기는 하루의 일과를 빠짐없이 써야만 의미가 있다. ◯ ✖

◎✖ 형성 평가 정답

1 도덕적 사고와 행동
❶ ◯　❷ ✖　❸ ✖　❹ ◯　❺ ✖　❻ ◯　❼ ◯

2 도덕적 상상력과 도덕적 민감성
❶ ◯　❷ ◯　❸ ◯　❹ ◯　❺ ◯　❻ ◯　❼ ◯　❽ ✖

3 도덕적 추론과 비판적 사고
❶ ◯　❷ ◯　❸ ✖　❹ ◯　❺ ◯　❻ ✖　❼ ◯　❽ ◯　❾ ✖　❿ ◯
⓫ ◯　⓬ ✖　⓭ ◯　⓮ ✖

4 도덕적 성찰
❶ ◯　❷ ◯　❸ ✖　❹ ◯　❺ ◯　❻ ✖　❼ ◯　❽ ✖

03 자아 정체성

- 자아 정체성의 의미와 역할을 이해한다.
- 도덕적 신념에 따라 행동하려는 실천 의지를 기른다.

1 진정한 나를 찾아서

1. 자아와 자아 정체성

(1) **자아의 의미** : 나를 알고자 하는 과정에서 확인하는 자신의 모습

(2) **자아의 구성 요소**
  ① 개인적 존재로서의 자아 : 신체적 특징, 성격, 가치관, 소망, 능력 등을 통해 이해할 수 있는 자아
  ② 사회적 존재로서의 자아 : 자신이 속한 공동체의 구성원으로서의 자아
  ③ 개인적·사회적 존재로서의 자아를 조화롭게 이해해야 한다.

(3) **자아 정체성** : '나는 이런 사람이다.'라는 자아에 관한 통합적인 생각

(4) **자아 정체성의 중요성**
  ① 자아 정체성이 올바르게 형성되면 자기 자신을 존중할 수 있고, 타인도 존중해야 한다는 것을 알게 된다.
  ② 자신을 이해하는 과정에서 삶의 소중함을 깨닫고 자신의 삶에 대한 책임감을 느낄 수 있다.
  ③ 자신에게 기대되는 사회적 역할이 무엇인지 알고, 사회 전체에 도움을 주는 성숙한 사회적 존재로 성장할 수 있다.

✏️ 실/전/맛/보/기

자아 존중의 중요성에 대한 설명으로 옳지 않은 것은?

① 주체적인 삶을 살 수 있다.
② 자아 존중은 타인 존중의 출발점이 된다.
③ 타인과 비교하여 자기 비하를 하게 된다.
④ 사회 구성원으로서의 역할을 잘 수행할 수 있다.

❯ **자아(自 스스로 자, 我 나 아)**
나를 알고자 하는 과정에서 확인하는 자신의 모습

❯ **자아의 유형**

자아의 유형	자기 표현의 예
신체적 자아	나는 키가 160cm야.
활동적 자아	나는 성적이 우수해.
사회적 자아	난 개방적인 성격이야.
심리적 자아	나의 생활 신조는 다른 사람에게 피해를 주지 않는 거야.

❯ **자아 정체성**
- 자아 : 자기만의 독특한 모습
- 자아 정체성 : 자신의 목표, 역할, 가치관 등에 대해 인식하고 명확히 한 상태 → 주로 청소년기에 형성된다.
- 자아 정체성을 어떻게 확립하느냐에 따라 성인기의 삶도 영향을 받는다. → 따라서 청소년은 긍정적인 자아를 형성하기 위해 끊임없이 노력해야 한다.

실전 맛보기 해설 및 정답

자아 정체성이 올바르게 형성되면 자기 스스로를 존중할 수 있고, 다른 사람들 역시 소중한 존재이며 나와 같이 존중해야 한다는 사실도 알게 된다. **정답 ③**

일반적으로는 자기 인식 및 주체로서의 참모습의 핵심을 도덕성으로 삼고, 이를 소중히 여기는 상태를 뜻한다.

알/아/두/기

거울에 비친 자아

'거울에 비친 자아'란, 거울에 비친 자신의 모습을 통해 외모를 판단하는 것처럼, 주변 사람들이 '나'를 어떻게 생각하는지를 거울삼아 자신을 파악함으로써 자아가 형성된다는 것을 뜻한다.

해설

주변 사람들이 거울이라면 그들이 말하는 '나'는 거울에 비친 자아인 것이다. 청소년기에는 이러한 거울의 역할을 하는 가족과 친구, 선생님 등 주변 사람들과 좋은 인간관계를 맺으면서 자신을 파악하고 긍정적인 자아 정체성을 형성해 나가야 한다.

2. 도덕적 자아 정체성

(1) 도덕적 자아 정체성의 의미 : 도덕적 관점에서 자신을 평가하고 반성하며 도덕적으로 행동할 수 있게 해 주는 바람직한 자아 정체성

(2) 도덕적 자아 정체성 형성의 역할 : 도덕적으로 올바른 삶, 의미 있는 삶을 살 수 있도록 한다.

(3) 도덕적 자아 정체성 점검 : 자신의 모습을 성찰하고, 앞으로 이루어야 할 자신의 도덕적 모습을 그려 보아야 한다.

(4) 올바른 자아 정체성 형성을 위한 노력
① 자신이 진정으로 하고자 하는 것이 무엇인지, 사회 구성원으로서 역할은 무엇인지 등, 자신에 대해 잘 알아야 한다.
② 바람직한 자아 정체성을 형성한 사람들을 본받기 위해 노력하고, 주변 사람들의 조언이나 도움을 받을 수 있다.
③ 다른 사람들이 보는 자신의 모습을 이해하는 자세가 필요하다.
④ 올바른 자아 정체성은 갑자기 형성되는 것이 아니므로 꾸준히 노력해야 한다.

실/전/맛/보/기

도덕적 자아의 역할로 가장 적절한 것은?

① 다른 사람에 대한 의존성을 높인다.
② 본능과 욕망에 따라 행동하게 한다.
③ 자신의 행동에 대해 반성하게 한다.
④ 주로 자존감을 낮추는 역할을 한다.

실전 맛보기 해설 및 정답

도덕적 자아는 도덕적 관점에서 자신을 평가하고 반성하며 도덕적으로 행동할 수 있게 해 주는 바람직한 자아 정체성을 의미한다.
정답 ③

❯ **도덕적 인물의 특징**
① 훌륭한 인격과 성품
② 보편적 가치 추구
③ 용기와 강한 의지
④ 우리 삶의 모범

📝 **스/피/드 Check**

❶ 자아란 나를 알고자 하는 과정에서 확인하는 자신의 모습을 의미한다. [O] [X]

❷ 능력과 소망 등을 통해 사회적 존재로서의 자아만을 확인할 수 있다. [O] [X]

❸ 자아 정체성이란 자아에 관한 통합적인 생각을 의미한다. [O] [X]

❹ 도덕적 자아 정체성은 올바른 삶을 살 수 있도록 돕는다. [O] [X]

2 내가 존경하는 도덕적 인물과 도덕적 신념

1. 존경하고 본받을 수 있는 도덕적 인물

(1) 도덕적 인물을 본받는 삶을 살아야 하는 까닭
  ① 도덕적 자아 정체성을 올바르게 형성하기 위한 방법
  ② 도덕적 삶의 모습을 구체적으로 확립하고 실현할 수 있다.

(2) 도덕적 인물 선정의 범위 : 잘 알려진 인물뿐만 아니라 우리 주변의 부모님, 이웃, 친구까지 포함한다.

(3) 도덕적 인물 선정 시 고려 사항
  ① 그가 추구하는 가치가 도덕적인 가치인가?
  ② 그의 삶의 태도가 다른 사람의 존경을 받을 만한가?
  ③ 그의 삶의 모습이 나의 삶의 방향을 제시하는가?

📚 **알/아/두/기**   군자

● "군자는 옳은 것을 따르지만, 소인은 이익이 되는 것을 따른다."

● "군자는 잘못을 자기 안에서 찾지만, 소인은 남의 탓으로 돌린다."

● "군자는 남의 아름다운 점을 도와서 이루게 하고 남의 악한 점을 못하게 하나, 소인은 오히려 그 반대이다."   - 공자 -

해설
군자(君子)란 학문이 깊고, 도덕적 수양과 실천을 통해 훌륭한 인격을 갖춘 사람을 뜻한다. 군자는 옳고 그름을 판별하여 어떤 상황에서도 도덕적인 의무를 지키는 도덕적인 인물이다.

스피드 Check 정답

❶ ○   ❷ ×   ❸ ○

❹ ○

■ 신념(信 믿을 신, 念 생각할 념)
스스로 옳다고 굳게 믿는 마음

● 보편적 가치
인간의 존엄성, 인권, 자유, 평등,
정의, 복지, 평화 등

● 도덕적 신념을 실천하기 위한
자세
• 도덕적 신념에 비추어 행동을 반
성하기
• 도덕적인 행동을 실천하는 습관
지니기
• 자신의 욕망을 절제하는 자세 지
니기

● 비도덕적 선택의 유혹
우리 자신의 옳지 못한 욕구, 주변
사람들의 부당한 요구, 사회의 잘
못된 관행 등

2. 도덕적 신념

(1) **도덕적 신념의 의미** : 도덕적으로 옳다고 여기는 것을 굳게 믿고 그
것을 실현하려는 강한 의지

(2) 도덕적 신념의 조건

① **보편적 가치와 일치해야 한다.**

② 자신뿐만 아니라 **사회에 기여할 수 있어야 한다.**

(3) 도덕적 신념의 역할

① **도덕적 자아 정체성을 형성하기 위한 방법**

② 가치 있는 삶의 방향을 제시하여, 어떠한 역경에도 굴하지 않고
꿋꿋하게 도덕적 행동을 실천하게 한다.

③ 비도덕적 선택의 유혹에서 벗어나도록 돕는다.

(4) 도덕적 신념의 기준

① 객관적이고 타당한 것이어야 한다.

② 타인에게 도움이 되는 것이어야 한다.

✎ 실/전/맛/보/기

올바른 도덕적 신념을 〈보기〉에서 고른 것은?

보기	
ㄱ. 환경 보호	ㄴ. 인종 차별
ㄷ. 남녀 차별	ㄹ. 생명 존중

① ㄱ, ㄴ   ② ㄱ, ㄹ
③ ㄴ, ㄷ   ④ ㄷ, ㄹ

📝 스/피/드 Check

❶ 도덕적 인물을 선정하여 본받는 것은 도덕적 자아 정체성을 형성하는 데 중요
하다.   Ⓞ Ⓧ

❷ 도덕적 인물은 사랑, 정의, 배려와 같은 도덕적 가치를 추구한다.   Ⓞ Ⓧ

❸ 도덕적 신념은 어떠한 역경에도 굴하지 않고 꿋꿋하게 도덕적 행동을 실천할 수
있도록 돕는다.   Ⓞ Ⓧ

❹ 도덕적 신념은 나 자신에게만 적용할 수 있는 것이어도 된다.   Ⓞ Ⓧ

실전 맛보기 해설 및 정답

도덕적 신념은 보편적 가치와 일
치해야 하며, 자신뿐만 아니라 사
회에 기여할 수 있어야 한다.
정답 ②

스피드 Check 정답

❶ ○   ❷ ○   ❸ ○
❹ ✕

04 삶의 목적

- 가치의 의미를 이해하고, 삶의 목적을 성찰·설정한다.
- 진정한 도덕 공부의 방법을 알고 실천한다.

1 가치의 의미와 바람직한 가치 추구

1. 가치의 의미와 종류

(1) 가치의 의미 : 사람들이 소중하게 생각하여 얻고자 노력하는 대상

(2) 가치의 다양성 : 세상에는 다양한 가치가 존재하며 사람마다 추구하는 가치가 서로 다르다.

(3) 가치의 유형

물질적 가치	그 대상이 특정한 사물에 한정되는 가치 예 의복, 음식, 주택 등
정신적 가치	인간의 정신 활동을 통해 얻을 수 있는 가치 예 지혜로움, 선함, 아름다움, 거룩함 등
도구적 가치	수단으로서 지니는 가치
본래적 가치	그 자체로 목적으로 추구되는 가치 ➜ 아리스토텔레스의 '행복'
보편적 가치	자유, 평등, 생명, 평화, 인류애 등 모든 사람이 소중하다고 여겨 추구하는 가치

2. 바람직한 가치의 추구

(1) 삶과 가치
  ① 살아가기 위해서는 다양한 가치가 필요하다.
    ㉠ 물질적 가치 : 생존을 위해 필요하다.
    ㉡ 정신적 가치 : 사람답게 사는 데 필요하다.
  ② 어떤 가치를 선택하는지에 따라 삶의 모습이 달라지므로 더욱 가치 있는 것, 바람직한 것을 선택해야 한다.

❯ 가치 전도
본래적 가치보다는 도구적 가치를 중요하게 생각하고, 정신적 가치보다는 물질적 가치만을 앞세워 가치의 순서나 위치가 거꾸로 된 상태를 말한다.

❯ 물질 만능 주의

의미	경제적·물질적 가치를 중시하여, 인간이 가져야 할 본연의 가치를 상실하고, 인간을 경시하는 풍조
문제점	• 이기주의 팽배 • 자연 및 사회 공동체 파괴 • 도덕성 상실 및 인간의 존엄성 파괴 • 과소비 풍조 및 천박한 상업주의의 성행

❯ 본래적 가치와 도구적 가치
어떤 가치는 본래적 가치인 동시에 다른 어떤 것의 도구적 가치가 될 수 있다. 예를 들어, '건강'은 본래적 가치이기도 하지만 '행복'이라는 상위의 목적을 위한 수단이 될 수 있다.

◐ 삶의 목적을 설정하기 위한 질문들
• 내가 갖고 싶은 것은 무엇인가?
• 나를 가장 신나게 하는 것은 무엇인가?
• 내가 죽은 뒤 어떤 사람으로 인정받고 싶은가?

◑ '난사람'과 '된 사람'
'난사람'은 사회적 성공과 명예를 얻은 사람이며, '된 사람'은 도덕적으로 훌륭하고 인격적으로 존경받을 만한 사람이다. 우리는 바람직한 삶의 목적을 설정함으로써 '난사람'보다는 '된 사람'이 되려는 노력을 해야 한다.

(2) 궁극적으로 추구할 가치

① 궁극적으로 추구하는 가치가 삶의 모습을 결정한다.

② 물질적 가치를 정신적 가치보다 지나치게 우선하면 도덕적 문제가 일어날 수 있다.

③ 우리가 궁극적으로 추구할 것 : 자신이 참으로 원하는 바람직한 가치와 관련된 의미 있는 삶

✎ 실/전/맛/보/기

행복을 얻기 위해서 필요한 정신적 가치는?

① 돈   ② 주택
③ 사랑   ④ 의복

📝 스/피/드 Check

❶ 사람들이 소중하게 생각하여 얻고자 노력하는 대상을 가치라고 한다. Ⓞ Ⓧ

❷ 돈, 음식, 옷, 집과 같은 가치는 그 자체로 목적이 될 수 없다. Ⓞ Ⓧ

❸ 대부분의 정신적 가치는 아무리 나누어도 줄어들지 않는다. Ⓞ Ⓧ

❹ 그 자체로 귀중하고 목적이 되는 가치를 본래적 가치라고 한다. Ⓞ Ⓧ

---

2 나의 삶의 목적

1. 삶의 목적 설정

(1) 삶의 목적 설정의 중요성

① 잘못된 유혹이나 충동에 빠지지 않고 자신이 원하는 바를 이룰 수 있다.

② 어려움을 만났을 때, 극복할 수 있는 힘이 된다.

(2) 삶의 목적 설정 시 고려해야 할 점

① 자신이 잘할 수 있는 일, 좋아하는 일, 소중히 여기는 가치를 바탕으로 삶의 목적을 설정해야 한다.

② 자신이 설정한 삶의 목적이 다른 사람과 사회에 미칠 영향을 고려해야 한다.

실전 맛보기 **해설 및 정답**

정신적 가치는 인간의 정신 활동을 통해 얻을 수 있는 가치로 지적 가치, 종교적 가치, 미적 가치, 도덕적 가치 등이 있다.   정답 ③

┄┄┄┄┄┄┄┄┄┄┄┄┄┄┄

스피드 Check **정답**

❶ ○   ❷ ○   ❸ ○
❹ ○

2. 삶의 목적 실현

(1) 구체적인 삶의 목적 설정 : 자기 삶의 방향성을 파악하고 분명한 삶의 목적을 설정해야 한다.

(2) 바람직한 목적 : 본래적 가치가 담긴 삶의 목적

(3) 삶의 목적 실현을 위한 계획 세우기 : 삶의 목적을 위해서는 구체적인 계획을 세우고, 앞으로 닥칠 역경이나 어려움 등에 대해서도 생각해 보아야 한다.

✏️ 실/전/맛/보/기

진정한 행복을 얻기 위해 가져야 할 자세로 옳지 않은 것은?

① 바람직한 가치 추구
② 주변과 이웃의 행복에 대한 무관심
③ 올바른 삶의 목적을 정하고 실천하는 의지
④ 자신의 삶을 긍정적으로 바라보는 마음가짐

📝 스/피/드 Check

❶ 삶의 목적을 설정함으로써 잘못된 유혹이나 충동에서 벗어나는 데 도움을 얻을 수 있다. ⓞ ⓧ

❷ 삶의 목적 설정과 고난 극복은 관련이 없다. ⓞ ⓧ

❸ 삶의 목적을 설정할 때 자신이 소중하게 여기는 가치를 고려해야 한다. ⓞ ⓧ

❹ 자신이 잘하는 일도 삶의 목적 설정 시 고려해야 할 점이다. ⓞ ⓧ

실전 맛보기 해설 및 정답

바람직한 삶의 목적을 세우기 위해서는 삶의 목적이 자신뿐만 아니라 다른 사람들과 사회에도 도움을 줄 수 있는 것인지 생각해 보아야 한다. 정답 ②

스피드 Check 정답

❶ ○   ❷ ×   ❸ ○
❹ ○

● 이이(李珥)의 공부론
"공부한다는 것은 일상생활을 하는 가운데 있는 것이다. 만일 평상시에 행동을 공손히 하고, 일을 맡아보는 이를 공경하고, 남을 충실히 대하면 이것을 곧 학문한다고 이름할 수 있다. 책을 읽는 것은 이 이치를 분명히 하려는 것일 뿐이다."
이이에게 있어 공부는 다름 아닌 나의 일상사를 충실히 하는 것이다. 즉, 나의 생활 자체, 가장 쉬운 일부터 실천하는 것이다.

● 공자가 말하는 공부
"옛날에 배우는 사람들은 자신을 위해 배웠고, 오늘날에 배우는 사람들은 남을 위해 배운다(古之學者爲己, 今之學者爲人)."라고 하였는데, 이 문장을 줄여서 '위기지학 위인지학(爲己之學 爲人之學)'이라고 한다.
위기지학은 자기를 위해 배우는 것을, 위인지학은 남에게 알려지기 위해 배우는 것을 뜻한다. 위기(爲己)에서 위(爲)는 '되다, 만들다'의 뜻이 있으므로 위기지학은 '나를 위한 배움'이란 뜻도 된다. 자기를 위한 배움이란 내가 출세하여 명성이나 권력을 얻는 데 도움이 되는 그런 배움이 아니라 배움과 깨달음을 내면에 농축시켜 스스로 덕성을 쌓아 나가는 배움을 뜻한다.

3 도덕 공부의 진정한 의미와 목적

1. 도덕 공부의 의미와 목적

(1) 공부의 의의 : 삶의 목적을 실현하기 위한 대표적인 방법

(2) 공부의 일반적인 의미 : 무엇인가를 이루어 내기 위해 노력하는 모든 활동

(3) 도덕 공부의 의미 : 올바른 인격을 형성하고 도덕적으로 살아가기 위한 공부

(4) 도덕 공부의 목적
  ① 사람으로서의 올바른 도리와 가치의 습득 및 바른 인격의 형성
  ② 본래적 가치에 근거한 올바른 삶의 목적 설정 및 추구

2. 도덕 공부의 방법

(1) 도덕적 지식 습득 및 탐구 : 도덕성 형성을 위해 필요한 개념, 가치, 덕목, 도덕 원리 등을 배우고 이를 바탕으로 다양한 도덕적 문제를 탐구하는 것

(2) 도덕적 실천 : 매 순간 자신이 해야 할 도덕적인 행동을 선택하여 실행하는 것

(3) 도덕적 성찰 : 도덕적 관점에서 자신의 일상을 바라보고 더욱 바람직하게 살기 위한 구체적인 방법을 찾는 것

✎ 실/전/맛/보/기

다음에서 공통으로 설명하는 것은?

- 삶과 관련된 모든 것을 배우고 익히는 것
- 세상에 대한 지식을 넓힘과 함께 인간으로서 갖추어야 할 품성을 기르는 것

① 재능　　　　　　　　② 공부
③ 본능　　　　　　　　④ 자아

실전 맛보기 해설 및 정답
공부는 '무엇인가를 이루어 내기 위해 노력하는 모든 활동'을 뜻한다. 이러한 공부는 어떤 일에 자신의 능력을 최대로 발휘하기 위한 노력의 과정이라고 말할 수 있다.
정답 ②

스/피/드 Check

❶ 도덕 공부를 할 때는 도덕적 지식의 습득을 가장 중점으로 두어야 한다.

Ⓞ Ⓧ

❷ 도덕 공부의 목적과 공자가 말한 위기지학(爲己之學)은 밀접한 관련을 가진다.

Ⓞ Ⓧ

❸ 도덕 공부는 성현들의 도덕적 이론을 습득하는 것이 목적이다.   Ⓞ Ⓧ

❹ 일상생활 속에서 올바른 도리를 실천하는 것도 도덕 공부의 방법이다.

Ⓞ Ⓧ

스피드 Check 정답

❶ ×   ❷ ○   ❸ ×
❹ ○

1 가치의 의미와 바람직한 가치 추구

❶ 우리는 자신이 가치 있다고 여기는 일을 이루기 위하여 노력한다. ⃝ ✕

❷ 사람들이 소중하게 생각하여 얻고자 노력하는 대상을 가치라고 한다. ⃝ ✕

❸ 사람마다 추구하는 가치가 같기 때문에 우리가 살아가는 삶의 방향도 같다. ⃝ ✕

❹ 옷, 음식, 휴대 전화, 진리 등은 모두 물질적 가치에 속한다. ⃝ ✕

❺ 돈, 음식, 옷, 집과 같은 가치는 그 자체로 목적이 될 수 없다. ⃝ ✕

❻ 지속적인 가치보다 일시적인 가치가 바람직한 가치이다. ⃝ ✕

❼ 대부분의 정신적 가치는 아무리 나누어도 줄어들지 않는다. ⃝ ✕

❽ 그 자체로 귀중하고 목적이 되는 가치를 본래적 가치라고 한다. ⃝ ✕

2 나의 삶의 목적

❶ 삶의 목적을 설정함으로써 잘못된 유혹이나 충동에서 벗어나는 데 도움을 얻을 수 있다.
⃝ ✕

❷ 삶의 목적 설정과 고난 극복은 관련이 없다. ⃝ ✕

❸ 삶의 목적을 설정할 때 자신이 소중하게 여기는 가치를 고려해야 한다. ⃝ ✕

❹ 자신이 원하는 삶이라고 하더라도 누군가에게 고통과 피해를 주면 안 된다. ⃝ ✕

❺ 삶의 목적이 실현된 모습을 상상해 봄으로써 자기 삶의 방향성이 어디로 향하는지 알 수 있다.
⃝ ✕

❻ 자신이 잘하는 일도 삶의 목적 설정 시 고려해야 할 점이다. ⃝ ✕

❼ 삶의 목적을 설정함으로써 우리는 삶의 방향을 정할 수 있다. ⃝ ✕

❽ 삶의 목적을 실현하는 데 예상되는 어려움을 예상해 보는 일은 하지 않아도 된다. ⃝ ✕

3 도덕 공부의 진정한 의미와 목적

❶ 공부는 일반적으로 무엇인가를 이루어 내기 위해 노력하는 모든 활동을 뜻한다. ⊙⊗

❷ 도덕 공부를 할 때는 도덕적 지식의 습득을 가장 중점으로 두어야 한다. ⊙⊗

❸ 도덕 공부의 목적과 공자가 말한 위기지학(爲己之學)은 밀접한 관련을 가진다. ⊙⊗

❹ 도덕 공부를 통해 우리는 도구적 가치를 중시하는 삶의 자세를 지닐 수 있다. ⊙⊗

❺ 도덕적 지식 습득은 도덕성 형성을 위해 필요한 개념, 가치, 덕목 등을 배우는 것이다. ⊙⊗

❻ 도덕 공부는 성현들의 도덕적 이론을 습득하는 것이 목적이다. ⊙⊗

❼ 도덕적 성찰과 실천은 지식 습득의 차원에서 한 걸음 더 나아간 도덕 공부의 방법이다. ⊙⊗

❽ 일상생활 속에서 올바른 도리를 실천하는 것도 도덕 공부의 방법이다. ⊙⊗

⊙⊗ 형성 평가 정답

1 가치의 의미와 바람직한 가치 추구
❶ ○ ❷ ○ ❸ ✕ ❹ ✕ ❺ ○ ❻ ✕ ❼ ○ ❽ ○

2 나의 삶의 목적
❶ ○ ❷ ✕ ❸ ○ ❹ ○ ❺ ○ ❻ ○ ❼ ○ ❽ ✕

3 도덕 공부의 진정한 의미와 목적
❶ ○ ❷ ✕ ❸ ○ ❹ ✕ ❺ ○ ❻ ✕ ❼ ○ ❽ ○

행복한 삶

- 진정한 행복의 의미와 중요성을 성찰하고, 좋은 습관 형성과 실천 의지를 기른다.
- 정신적 건강과 사회적 건강을 가꾸기 위한 실천 의지를 함양한다.

◎ 삶의 목적으로서의 행복
아리스토텔레스 : "행복이야말로 우리 삶에서 다른 모든 것이 추구하는 궁극적인 목적"이라고 말한다.

◎ 행복의 조건

객관적 조건	인간다운 삶을 유지하기 위한 건강, 의식주, 교육의 기회 등
주관적 조건	정신적인 풍요로움이나 보람, 성취감 등

◎ 진정한 행복
- 존 스튜어트 밀 : "만족한 돼지보다는 불만족한 사람이 더 낫고, 만족한 바보보다는 불만족한 소크라테스가 더 낫다."
진정한 행복을 위해서 감각적인 즐거움보다는 정신적인 즐거움과 풍요로움을 중시해야 한다.

---

1 진정한 행복

1. 행복의 의미

(1) **삶의 목적으로서의 행복** : 행복은 모든 사람이 한결같이 원하는 삶의 목적임.

(2) **행복의 일반적 의미** : 즐거움이나 만족감을 느끼는 상태

(3) 두 가지 종류의 즐거움(만족감)
  ① 외면적 조건의 즐거움 : 풍족한 삶, 아름다운 외모 등
  ② 내면적 조건의 즐거움 : 평화로운 마음, 보람 등

(4) 동서양 사상가들이 바라본 행복

에피쿠로스	"행복은 고통에서 벗어나 평온한 마음을 가질 때 얻어진다."
아리스토텔레스	"행복은 자기가 가진 가능성을 충분하게 실현할 때 얻어진다."
공자	"행복은 사람을 사랑하는 마음을 실천할 때 얻어진다."
석가모니	"행복은 헛된 욕심과 집착을 버리고 남에게 베풀 때 얻어진다."

2. 진정한 행복의 의미

(1) **진정한 행복**은 감각적인 즐거움처럼 일시적으로 나타났다가 사라지는 것이 아니라 **지속적이어야 한다.**

(2) **자아실현을 통해 행복을 이루고** 다른 사람의 행복에도 이바지할 수 있어야 한다.

(3) 도덕적인 삶을 통해 행복을 이루어야 하고, 다른 사람이 행복한 삶을 살 수 있도록 도와야 한다.

3. 진정한 행복을 얻기 위한 자세

(1) 도덕적인 삶을 바탕으로 행복을 추구해야 한다.

(2) 자신의 삶에 만족하는 긍정적인 삶의 태도를 갖추어야 한다.

(3) 자신의 행복뿐만 아니라 다른 사람이나 사회 전체의 행복에 관해서도 관심을 가져야 한다.

✏️ 실/전/맛/보/기

진정한 행복을 얻기 위한 삶으로 바람직하지 <u>않은</u> 것은?

① 정신적 가치를 추구하는 삶
② 자아실현을 위해 노력하는 삶
③ 다른 사람들과 더불어 사는 삶
④ 감각적인 즐거움만을 추구하는 삶

📝 스/피/드 Check

❶ 행복은 모든 사람이 공통적으로 원하는 삶의 목적이다. Ⓞ Ⓧ

❷ 내면의 풍요로움은 물질적으로 풍족한 삶을 통해 얻을 수 있다. Ⓞ Ⓧ

❸ 진정한 행복은 인간다운 삶을 위한 외면적 조건의 충족과 함께 내면도 풍요로울 때 얻을 수 있다. Ⓞ Ⓧ

❹ 진정한 행복은 외면적 조건을 완벽하게 갖춘다고 해서 얻을 수 있는 것이 아니다. Ⓞ Ⓧ

실전 맛보기 **해설 및 정답**

감각적인 즐거움만을 추구하는 삶은 진정한 행복을 얻기 위한 삶이라고 볼 수 없다. 정답 ④

- -

스피드 Check **정답**

❶ ○   ❷ ×   ❸ ○

❹ ○

2 행복한 삶을 위한 좋은 습관의 필요성

1. 좋은 습관의 의미

(1) 습관의 의미 : 어떤 행위를 오랫동안 되풀이하는 과정에서 저절로 익혀진 행동 방식

(2) 좋은 습관의 의미
① 우리 삶에 긍정적인 영향을 미치는 습관
② 우리의 몸과 마음뿐만 아니라 사고방식, 인격 형성 등에 긍정적인 영향을 주는 습관

2. 좋은 습관의 필요성 → 행복한 삶을 가능하게 한다.

(1) 지속적인 도덕적 실천 : 옳은 행동을 습관화하면 자신의 인격이 성숙된다.

(2) 자아실현 : 좋은 습관을 통해 자신의 잠재 가능성을 발전시켜 자신이 원하는 바를 실현해 나갈 수 있다.

(3) 건강한 삶 : 좋은 습관은 건강한 몸과 마음을 형성하는 데 크게 기여한다.

(4) 좋은 습관을 형성하기 위해 노력할 점
① 자신의 습관을 점검한다.
② 좋은 습관을 꾸준히 실천한다.

알/아/두/기 　　　　　　　　　　　　　　　　벤저민 프랭클린

벤저민 프랭클린은 도덕적으로 훌륭한 사람이 되고자 절제, 근면, 결단 등의 13가지 덕목들을 지키며 살았다. 그는 각각의 덕목을 실천하기 위해 몇 가지씩 규칙을 정하고, 저녁마다 하루 동안의 자신의 행동을 반성하면서 수첩에 기록하는 등 좋은 습관을 갖기 위해 노력했다. 이처럼 프랭클린은 도덕적 덕목을 실천하는 습관을 통해 도덕적 인물로 거듭날 수 있었다. 그는 사람들을 위해 병원과 도서관을 짓는 등 선행을 베풀며 살아갔고, 많은 사람들의 존경을 받는 인물이 되었다.

실/전/맛/보/기

다음 격언이 강조하고 있는 의미는?

> 한 마리 제비가 왔다고 봄이 온 것은 아니며 한 번의 도덕적 행동으로 도덕적인 사람이 되는 것은 아니다.
>
> – 아리스토텔레스 –

① 도덕적 무관심이 필요하다.
② 도덕적 지식을 가져야 한다.
③ 도덕적 사고는 중요하지 않다.
④ 도덕적 행동을 습관화해야 한다.

스/피/드 Check

❶ 습관은 어떤 행위를 오랫동안 되풀이하는 과정에서 저절로 익히게 된 행동 방식을 의미한다. ⓞ ⓧ

❷ 습관은 우리의 행동과 생각에 일시적으로 영향을 끼친다. ⓞ ⓧ

❸ 좋은 습관은 자신의 능력과 소질을 계발하는 것과는 아무런 관련이 없다. ⓞ ⓧ

❹ 좋은 습관은 우리가 건강한 몸을 형성하는 데에만 기여할 수 있다. ⓞ ⓧ

3 정서적 건강과 사회적 건강

1. 건강과 행복의 관계

(1) 건강과 행복 : 행복한 삶을 위한 기본적인 조건이 건강이다.

(2) 건강한 사람 : 신체적 · 정서적 · 사회적 건강을 모두 갖춘 사람

신체적 건강	몸이 튼튼한 상태
정서적 건강	긍정적이고 평안한 마음을 유지할 수 있는 능력이나 상태
사회적 건강	타인의 마음에 공감하고 배려하면서, 다른 이와 조화롭게 살아갈 수 있는 능력이나 상태

(3) 행복한 삶을 위해 건강을 강조한 사상가들
① 플라톤 : 신체적 건강이 균형 있고 조화로운 마음의 상태를 유지하고 행복한 삶을 사는 데 도움을 준다고 본다.

> ❯ 세계 보건 기구(WHO)에서 정의한 건강의 개념
> "건강이란 질병이 없거나 허약한 상태가 아닐 뿐만 아니라 육체적 · 정신적 · 사회적 및 영적 안녕이 역동적이며 완전한 상태이다."

> ❯ 정서의 종류
> • 긍정적 정서 : 기쁨, 감사, 사랑 등 → 우리 삶에 활기를 불어넣고 다른 사람과의 관계를 풍요롭게 해 준다.
> • 부정적 정서 : 짜증, 분노 등 → 스스로를 불안하게 할 뿐만 아니라 다른 사람과의 관계에도 좋지 않은 영향을 줄 수 있다.

> ❯ 플라톤(Platon, B.C.428~B.C.347)
> 보편적인 진리와 도덕을 중시하였던 고대 그리스의 사상가

> ❯ 에피쿠로스(Epicouros, B.C.341~B.C.270)
> 정신적 쾌락의 추구를 중시하였던 고대 그리스의 사상가

실전 맛보기 해설 및 정답

아리스토텔레스의 격언의 내용은 도덕적 행위를 반복하여 좋은 습관을 형성하면 진정한 행복에 도달할 수 있음을 의미한다.
정답 ④

스피드 Check 정답

❶ ○　❷ ×　❸ ×
❹ ×

▶ 에피쿠로스(Epicouros, B.C.341~B.C.270)
정신적 쾌락의 추구를 중시하였던 고대 그리스의 사상가

▶ 정서적 건강과 사회적 건강을 가꾸는 방법
• 자신의 정서를 바르게 이해하기
• 긍정적인 마음가짐 갖추기
• 다른 사람의 정서를 이해하고 존중하기
• 자신의 모습을 성찰하기

▶ 회복 탄력성
자신에게 닥치는 온갖 역경과 어려움을 오히려 도약의 발판으로 삼는 힘

② 에피쿠로스 : 신체의 고통을 최소화하고 정신적인 평화로움을 추구하는 삶을 강조한다.

2. 정서적·사회적 건강을 가꾸는 방법

(1) 긍정적인 마음 갖기 : 역경을 이겨낼 수 있는 힘을 준다.

(2) 다른 사람과 비교하지 않기 : 다른 사람과 자신을 비교하면 자신의 장점을 잃어버리고, 다른 사람에 대한 시기와 질투가 생겨난다.

(3) 상대방의 입장에서 생각하기 : 자기중심적 생각은 다른 사람과의 좋은 관계 형성과 긍정적인 마음을 어렵게 한다.

🖊 실/전/맛/보/기

건강에 대한 적절한 설명으로 옳지 <u>않은</u> 것은?
① 신체적 건강은 몸이 튼튼한 상태를 의미한다.
② 신체적 건강이 뛰어난 사람만이 감정을 잘 조절한다.
③ 정서적 건강이 뛰어난 사람은 부정적인 감정을 쉽게 극복한다.
④ 사회적 건강을 키우기 위해서는 타인의 마음을 공감하고 배려하는 노력이 필요하다.

📝 스/피/드 Check

❶ 건강은 행복한 삶을 위한 기본적인 조건이다. ⭕❌
❷ 정서적 건강은 긍정적이고 평안한 마음을 유지할 수 있는 능력이나 상태를 의미한다. ⭕❌
❸ 긍정적인 마음을 갖는 것은 사회적 건강을 가꾸는 일과는 관련이 적다. ⭕❌
❹ 다른 사람들과의 관계에서 문제가 발생하는 가장 큰 이유 중 하나가 자기중심적인 생각이다. ⭕❌

실전 맛보기 해설 및 정답
정서적으로 건강한 사람은 긍정적이고 편안한 마음을 유지할 수 있는 능력이 뛰어난 사람이다.
정답 ②

스피드 Check 정답
❶ ⭕ ❷ ⭕ ❸ ❌
❹ ⭕

1 진정한 행복

❶ 행복은 모든 사람이 공통적으로 원하는 삶의 목적이다. ⭕ ❌

❷ 내면의 풍요로움은 물질적으로 풍족한 삶을 통해 얻을 수 있다. ⭕ ❌

❸ 진정한 행복은 인간다운 삶을 위한 외면적 조건의 충족과 함께 내면도 풍요로울 때 얻을 수 있다. ⭕ ❌

❹ 진정한 행복은 외면적 조건을 완벽하게 갖춘다고 해서 얻을 수 있는 것이 아니다. ⭕ ❌

2 행복한 삶을 위한 좋은 습관의 필요성

❶ 습관은 어떤 행위를 오랫동안 되풀이하는 과정에서 저절로 익히게 된 행동 방식을 의미한다. ⭕ ❌

❷ 습관은 우리의 행동과 생각에 일시적으로 영향을 끼친다. ⭕ ❌

❸ 좋은 습관은 자신의 능력과 소질을 계발하는 것과는 아무런 관련이 없다. ⭕ ❌

❹ 좋은 습관은 우리가 건강한 몸을 형성하는 데에만 기여할 수 있다. ⭕ ❌

○×형성평가

3 정서적 건강과 사회적 건강

❶ 건강은 행복한 삶을 위한 기본적인 조건이다. ○ ×

❷ 몸과 마음 중 어느 하나만 건강하면 건강한 사람이라고 할 수 있다. ○ ×

❸ 정서적 건강은 긍정적이고 평안한 마음을 유지할 수 있는 능력이나 상태를 의미한다.

○ ×

❹ 올바른 식습관과 규칙적인 운동은 신체적 건강을 가꾸는 데 도움을 준다. ○ ×

❺ 긍정적인 마음을 갖는 것은 사회적 건강을 가꾸는 일과는 관련이 적다. ○ ×

❻ 다른 사람들과의 관계에서 문제가 발생하는 가장 큰 이유 중 하나가 자기중심적인 생각이다.

○ ×

○× 형성 평가 정답

1 진정한 행복
❶ ○　❷ ×　❸ ○　❹ ○

2 행복한 삶을 위한 좋은 습관의 필요성
❶ ○　❷ ×　❸ ×　❹ ×

3 정서적 건강과 사회적 건강
❶ ○　❷ ×　❸ ○　❹ ○　❺ ×　❻ ○

01 다음에서 언급하는 사람의 특성으로 가장 적절한 것은?

> 본능이나 욕구에 따라 살아가는 데 만족하지 않고, 도리를 지키며 살아가고자 한다.

① 도덕적 존재　　② 문화적 존재
③ 사회적 존재　　④ 이성적 존재

02 다음에서 설명하는 내용으로 적절한 것은?

> 도덕적으로 올바른 행동을 하도록 하는 마음의 명령

① 용기　　　　　② 욕망
③ 양심　　　　　④ 이성

03 다음 내용과 같이 주장한 사상가는?

> 누군가 어린아이가 우물에 빠지려고 하는 것을 본다면, 그가 어떤 사람이든 간에 곧바로 달려가서 그 아이를 구하려 할 것이다. 이러한 마음은 태어날 때부터 있는 것이지, 노력의 결과로 생긴 것이 아니다.

① 순자　　　　　② 맹자
③ 묵자　　　　　④ 장자

04 사람다운 사람이 되기 위한 노력으로 적절하지 <u>않은</u> 것은?

① 다른 사람에게 해를 끼치지 않고자 노력한다.
② 무엇이 옳은지 그른지 스스로 판단하고자 노력한다.
③ 자신의 행동을 반성하고 잘못을 고치려고 노력한다.
④ 자신이 추구하는 모든 것을 실현하기 위해 노력한다.

05 내가 도덕적이어야 하는 이유가 될 수 있는 것을 〈보기〉에서 있는 대로 고른 것은?

> ┤ 보기 ├
> ㄱ. 행복한 삶을 살 수 있기 때문이다.
> ㄴ. 도덕은 사람의 의무이기 때문이다.
> ㄷ. 개인에게 항상 유리한 결과를 가져오기 때문이다.
> ㄹ. 나뿐만 아니라 사회 전체에 이익이 될 수 있기 때문이다.

① ㄱ, ㄴ　　　　② ㄱ, ㄷ
③ ㄷ, ㄹ　　　　④ ㄱ, ㄴ, ㄹ

06 훌륭한 삶을 사는 사람의 특성에 관한 설명으로 적절하지 <u>않은</u> 것은?

① 다른 삶과 원만한 관계를 맺고자 노력한다.
② 도덕적 행위를 지속적으로 실천하고자 노력한다.
③ 도덕적 실천을 통해 선한 성품을 지니고자 노력한다.
④ 도덕적 자아를 완성하기 위해 모든 감정과 욕구를 제거하고자 노력한다.

07 다음 글의 라스콜니코프가 비도덕적인 행동을 한 이유로 가장 적절한 것은?

> 라스콜니코프는 돈을 빼앗기 위해 한 노파를 살해한 뒤, '어리석고, 의미 없고, 하찮고, 못되고, 쓸모없는 병든 노파는 사회에 도움이 되지 않으므로 내 행동은 정당해.'라고 생각하였다.
> – 도스토옙스키(Dostoevsky, F. M.), 죄와 벌 –

① 의지가 나약하였기 때문이다.
② 선한 의지를 지녔기 때문이다.
③ 도덕적으로 무지하였기 때문이다.
④ 외부의 그릇된 강요가 있었기 때문이다.

08 ㉠과 ㉡에 들어갈 말을 바르게 짝지은 것은?

> 특정 상황을 도덕적 문제로 민감하게 받아들이는 (㉠)과/와 자신의 도덕적 행동이 미치는 영향을 살피고 타인의 처지를 이해하는 (㉡)은/는 영향을 주고받는다.

	㉠	㉡
①	도덕적 무지	의지의 나약함
②	도덕적 사고	도덕적 상상력
③	도덕적 민감성	도덕적 상상력
④	도덕적 상상력	도덕적 공감

09 밑줄 친 '사실 판단'의 예로 가장 적절한 것은?

> <u>사실 판단</u>은 사실을 그대로 서술한 판단으로, 객관적인 근거로 판단 내용의 참과 거짓을 명확하게 구분할 수 있다.

① 저 학생은 착하다.
② 개나리는 노란색이다.
③ 어려운 처지인 사람을 돕는 것은 옳다.
④ 시험에서 부정행위를 하는 것은 옳지 않다.

10 다음 대화에서 사용된 검토 방법으로 가장 적절한 것은?

> 갑 : 바쁜 일이 있으면 새치기를 할 수도 있다고 생각해요.
> 을 : 모든 사람이 너처럼 행동하면 사회가 어떻게 되겠니?

① 삼단 논법
② 역할 교환 검사
③ 보편화 결과 검사
④ 편견과 오류 검토

11 ㉠과 ㉡에 들어갈 말을 바르게 짝지은 것은?

> "나는 누구인가?"라는 물음을 던지고 답을 찾아가는 주체를 (㉠)(이)라고 한다. (㉡)(이)란 시간이 흘러도 나를 나라고 여기게 해 주는 것으로, 다른 사람과 구별되는 독특한 특성이다.

	㉠	㉡
①	인격	자아 정체성
②	자아	인격
③	자아	자아 정체성
④	인격	자아

12 다음을 통해 알 수 있는 자아의 측면으로 가장 적절한 것은?

> ● 내가 소속되어 있는 집단이나 공동체는?
> ● 가정·학교·사회에서 나의 역할은?

① 개인적 존재로서의 자아
② 사회적 존재로서의 자아
③ 도덕적 존재로서의 자아
④ 이성적 존재로서의 자아

13 자아 정체성에 관한 옳은 설명만을 〈보기〉에서 있는 대로 고른 것은?

> ┤ 보기 ├
> ㄱ. 자아 정체성은 "나는 누구인가?"를 고민하지 않아도 저절로 형성되는 것이다.
> ㄴ. 자아 정체성은 나를 나라고 여기게 해 주는, 다른 사람과 구별되는 독특한 특성이다.
> ㄷ. 자아 정체성을 형성하려면 자신의 소망·능력·의무를 파악하고, 이 세 가지가 조화를 이룰 수 있도록 해야 한다.

① ㄱ, ㄴ
② ㄱ, ㄷ
③ ㄴ, ㄷ
④ ㄱ, ㄴ, ㄷ

14 도덕적 신념의 기준에 해당하는 것을 〈보기〉에서 고른 것은?

┤ 보기 ├
ㄱ. 타인에게 도움이 되는 것인가?
ㄴ. 자신의 이익과 행복을 충족시킬 수 있는가?
ㄷ. 자신이 중요하게 여기는 가치만을 반영하였는가?
ㄹ. 모든 사람에게 적용할 수 있는 객관적이고 타당한 것인가?

① ㄱ, ㄴ ② ㄱ, ㄹ
③ ㄴ, ㄷ ④ ㄷ, ㄹ

15 다음에서 설명하는 가치로 옳은 것은?

눈에 보이지 않지만 우리가 의미 있는 삶을 사는 데 중요한 역할을 하는 것으로 학문, 종교, 예술, 도덕 등과 관련되어 있다.

① 물질적 가치 ② 정신적 가치
③ 도구적 가치 ④ 본래적 가치

16 바람직한 가치에 대한 설명으로 옳지 <u>않은</u> 것은?

① 본래적 가치는 그 자체로 소중하며 수단이 된다.
② 일시적인 가치보다 지속적인 가치를 추구해야 한다.
③ 더 많은 사람이 누릴 수 있는 가치를 추구해야 한다.
④ 본래적 가치를 추구할 때 더욱 의미 있는 삶을 살아갈 수 있다.

17 오늘날 도덕 공부를 하는 이유로 적절하지 <u>않은</u> 것은?

① 인격을 기르기 위해서
② 경제적인 풍요를 누리기 위해서
③ 사회의 발달에 따라 다양한 도덕 문제가 발생하고 있어서
④ 올바른 가치관에 근거해 더 바람직한 삶의 목적을 추구하기 위해서

18 행복에 관한 설명으로 적절하지 <u>않은</u> 것은?

① 사람마다 행복에 관한 생각이 다르다.
② 행복은 객관적인 기준으로 평가할 수 있다.
③ 물질적으로 풍요롭다고 해서 반드시 행복한 것은 아니다.
④ 행복은 지적 만족, 사랑받고 있다는 느낌 등과 같은 정신적 조건의 영향을 받는다.

19 ㉠에 들어갈 알맞은 사상가는?

(㉠)은/는 "행복이야말로 우리 삶에서 다른 모든 것이 추구하는 궁극적인 목적"이라고 주장하였다.

① 공자 ② 맹자
③ 소크라테스 ④ 아리스토텔레스

20 정서적 건강을 지키기 위해 필요한 행동과 태도
로 적절하지 <u>않은</u> 것은?

① 일상의 작은 일에도 감사하는 마음을 표현
한다.

② 자신의 감정과 충동을 조절하기 위해 노력
한다.

③ 자신의 모습을 있는 그대로 인정하는 태도
를 지닌다.

④ 다른 사람보다 뒤처지지 않기 위해 모든
노력을 다한다.

01 다음에서 설명하는 인간의 특성은?

> 인간은 욕구와 충동을 조절하며 자신의 행동을 돌아보고 옳은 행동을 하고자 한다.

① 도구적 존재   ② 윤리적 존재

③ 유희적 존재   ④ 쾌락적 존재

쌍둥이 문제
02 다음에서 설명하는 인간의 특성은?

> 인간은 신체적으로 불리한 조건을 타고났기 때문에 이를 극복하기 위하여 비행기, 자동차 등을 만들어 사용하고 있다.

① 도구적 존재   ② 종교적 존재

③ 정치적 존재   ④ 윤리적 존재

쌍둥이 문제
03 다음 내용이 설명하는 인간의 특성은?

> 인간은 혼자서는 살아갈 수 없다. 다른 사람과 더불어 살아가는 상호적인 관계 속에서 살아야 비로소 인간다운 인간이 된다고 할 수 있다.

① 유희적 존재   ② 도구적 존재

③ 이성적 존재   ④ 사회적 존재

04 ㉠에 들어갈 알맞은 말은?

> 인간의 본성에 관한 입장 중 (㉠)은 인간 자신의 선택과 판단이나 주변 환경에 따라 인간의 본성이 선이나 악으로 달라질 수 있다고 본다.

① 성선설(性善說)

② 성악설(性惡說)

③ 사회계약설(社會契約說)

④ 성무선악설(性無善惡說)

쌍둥이 문제
05 다음 내용과 같이 주장한 사상가는?

> 인간은 누구나 불쌍한 사람을 도와주고자 하는 착한 본성을 가지고 태어납니다.

① 맹자   ② 순자

③ 장자   ④ 묵자

쌍둥이 문제
06 다음에서 설명하는 인간 본성의 관점은?

> 모든 사람은 태어날 때부터 악한 본성을 가지고 태어난다.

① 성선설　　　　② 성악설
③ 백지설　　　　④ 자연발생설

09 도덕에 대한 설명으로 옳은 것만을 〈보기〉에서 모두 고른 것은?

┤ 보기 ├
ㄱ. 옳고 그름에 대한 기준을 제시해 준다.
ㄴ. 사람으로서 마땅히 지켜야 할 도리이다.
ㄷ. 지키지 않을 경우 항상 강제적 처벌이 뒤따른다.

① ㄱ, ㄴ　　　　② ㄱ, ㄷ
③ ㄴ, ㄷ　　　　④ ㄱ, ㄴ, ㄷ

07 다음 내용에서 공통으로 설명하고 있는 개념은?

> ● 마땅히 지니고 실천해야 하는 것이다.
> ● '~ 해야 한다', '~ 해서는 안 된다'로 표현된다.
> ● 욕구를 조절하고 갈등을 예방하는 역할을 한다.

① 경쟁　　　　② 당위
③ 독단　　　　④ 자애

쌍둥이 문제
10 ㉠에 공통으로 들어갈 용어는?

> ● (㉠)은/는 사람으로서 마땅히 지켜야 할 도리이다.
> ● (㉠)은/는 옳고 그름에 대한 기준을 제시해 준다.

① 도덕　　　　② 권위
③ 욕구　　　　④ 독단

쌍둥이 문제
08 다음에서 설명하는 용어는?

> 인간으로서 누구나 마땅히 지키고 실천해야 하는 것으로 "약속을 지켜야 한다.", "생명을 존중해야 한다."와 같이 표현된다.

① 당위　　　　② 독단
③ 욕구　　　　④ 충동

11 다음 사례에서 밑줄 친 부분의 근거로 옳은 것은?

> 예담이는 땅에 떨어진 지갑을 주워 집으로 가져 왔다. 순간적인 욕심에 지갑을 가져왔지만 돌이켜보니 자신이 부끄럽게 느껴져서 경찰서에 가져다주었다.

① 법　　　　② 양심
③ 예절　　　　④ 관습

12 다음 내용이 공통으로 설명하는 것은?

> • 잘못을 저지른 경우 부끄러움을 느끼게 하는 것
> • 바람직한 행동을 실천하도록 이끌어 주는 것

① 양심　　　　　　② 탐욕
③ 편견　　　　　　④ 독단

13 (　　)에 공통으로 들어갈 말은?

> • (　　)을 어길 때 사람들은 스스로 부끄러움을 느낀다.
> • (　　)은 우리로 하여금 잘못된 행동을 거부하고, 옳은 행동을 하도록 이끌어 준다.

① 타율　　　　　　② 양심
③ 편견　　　　　　④ 방관

14 그림 상황에서 (A)가 도덕적 사고를 행동으로 옮기지 <u>못한</u> 이유로 가장 적절한 것은?

① 친구를 도와줄 시간이 부족하기 때문에
② 도움이 필요한 친구와 친하지 않기 때문에
③ 용기 부족으로 실천 의지가 약해졌기 때문에
④ 친구를 도와주어야 한다는 사실을 몰랐기 때문에

15 다음에서 설명하는 용어는?

> 상대방의 처지를 헤아리고 다른 사람에게 도움이 되는 여러 행동을 생각하여 그 결과를 예측하는 능력

① 도덕적 의지
② 도덕적 무관심
③ 도덕적 상상력
④ 도덕적 행동 실천

16 도덕적 상상력의 구성 요소가 <u>아닌</u> 것은?

① 공감
② 도덕적 무관심
③ 도덕적 민감성
④ 행위의 결과 예측

17 다음에서 설명하는 것은?

> 다른 사람의 기쁨과 슬픔 등의 감정에 대하여 자신도 그렇게 함께 느끼는 것

① 질투　　　　　　② 분노
③ 독선　　　　　　④ 공감

쌍둥이 문제
18 다음 대화에 해당하는 도덕적 가치는?

굶주림으로 고통받는 아이들을 보니 불쌍해서 눈물이 나.

그것은 네가 아이들의 감정을 함께 느끼기 때문이야.

① 자유   ② 욕구
③ 공감   ④ 준법

쌍둥이 문제
20 다음 ㉠에 들어갈 문장으로 옳은 것은?

> • 도덕 원리 : 남에게 피해를 주는 것은 옳지 않다.
> • 사실 판단 : 새치기는 남에게 피해를 주는 행동이다.
> • 도덕 판단 : (㉠   )

① 새치기는 옳지 않다.
② 나는 새치기를 한다.
③ 급하면 새치기를 할 수 있다.
④ 새치기는 우리 사회에 필요하다.

쌍둥이 문제
21 다음 일기에서 도덕 판단에 해당하는 문장은?

> ○월 ○일 ○요일
> ① 오늘은 아침부터 비가 내렸다. ② 담임선생님은 감기에 걸리셨는지 기침을 심하게 하셨다. ③ 오늘은 선생님을 내가 도와 드려야겠다는 생각이 들었다. ④ 우선은 교실을 쓸고 칠판을 닦았다.

19 ㉠에 들어갈 말로 가장 적절한 것은?

> • (㉠   ) : 법을 어기는 행동을 해서는 안 된다.
> • 사실 판단 : 무임승차를 하는 것은 법을 어기는 행동이다.
> • 도덕 판단 : 무임승차를 해서는 안 된다.

① 진로 선택   ② 가치 전도
③ 도덕 원리   ④ 자아 실현

22 도덕적 자아상을 형성하는 방법으로 적절한 것은?

① 주변의 충고를 무시한다.
② 훌륭한 인물을 본받는다.
③ 과거의 모습에 집착한다.
④ 물질적 가치만 추구한다.

23 도덕적 성찰이 필요한 이유로 적절하지 <u>않은</u> 것은?

① 인간다운 삶을 누릴 수 있다.
② 올바른 가치관을 가질 수 있다.
③ 물질적 쾌락을 증진시킬 수 있다.
④ 훌륭한 인격을 형성해 갈 수 있다.

24 다음에 해당하는 도덕적 성찰의 방법은?

> 자신의 행동이나 주변에서 일어난 사건 등을 되돌아보고 그것에 대해 깊이 생각하며 기록하는 행위를 통해 자신을 성찰할 수 있다.

① 산책 하기   ② 험담 하기
③ 일기 쓰기   ④ 낮잠 자기

25 다음에서 설명하는 가치는?

> 인간 존엄성, 자유, 평등, 인권 등 시대와 장소를 불문하고 모든 인간에게 보장되어야 하는 기본적 가치

① 쾌락적 가치   ② 보편적 가치
③ 물질적 가치   ④ 수단적 가치

26 ㉠에 들어갈 대답으로 가장 적절한 것은?

① 정신적 가치를 중시해야 합니다.
② 무절제한 욕망을 추구해야 합니다.
③ 이기적인 생활태도를 가져야 합니다.
④ 자신의 잘못을 반성해서는 안 됩니다.

27 자아 정체성을 형성한 사람의 태도로 옳은 것은?

① 자기 삶의 주인으로 살아간다.
② 자신의 잘못을 책임지지 않는다.
③ 자신에게 주어진 역할을 외면한다.
④ 타인에게 보여지는 자신의 모습만을 중시한다.

28 도덕적 신념의 역할로 옳지 <u>않은</u> 것은?

① 반드시 물질적 손해를 입힌다.
② 주변의 부당한 요구를 극복하게 한다.
③ 보다 가치 있는 삶의 방향을 제시해 준다.
④ 어려움에도 꿋꿋하게 도덕적 행동을 실천하게 한다.

29 다음 내용에 대한 설명으로 가장 적절한 것은?

> 쾌락, 재물, 명예를 추구할 것이 아니라 인간을 인간답게 하는 '덕'에 마음을 써야만 행복해질 수 있다.

① 도덕적인 사람은 결코 행복할 수 없다.

② 도덕적 선택과 행위는 행복과 관련이 없다.

③ 도덕적 의무를 무시하는 행위만이 행복을 보장한다.

④ 도덕적인 삶은 참된 행복을 결정하는 중요한 요소이다.

30 다음 설명에 해당하는 것은?

> • 우리의 삶과 관련된 모든 학문과 기술을 배우고 익히는 것을 아우르는 말
> • 인격을 갈고닦아 완성해 가는 수양의 과정

① 흥미

② 놀이

③ 공부

④ 휴식

EBS 교육방송교재

중졸 검정고시 도덕

타인과의 관계 (1)

✪ 오늘날 가정에서 발생하는 갈등을 생각해 보고, 좋은 가족 구성원이 되는 방법을 실천할 수 있다. 그리고 우정의 중요성을 생각해 보고, 친구와 진정한 우정을 맺으려는 태도를 지닐 수 있다. 또한 바람직한 성 윤리를 탐구하고, 이성 친구에게 지켜야 할 예절을 실천할 수 있다. 아울러 공동체 속에서 이웃을 배려하는 태도를 익힐 수 있다.

01 가정 윤리

- 가정에서 발생할 수 있는 갈등을 알고, 이를 해결하려는 태도를 지닌다.
- 가족 사이에 필요한 도리를 알고, 세대 간 올바른 대화와 소통의 방법을 이해한다.

❯ 가정과 가족의 사전상 의미

- 가정 : 한 가족이 생활하는 집. 가까운 혈연관계에 있는 사람들의 생활 공동체
- 가족 : 주로 부부를 중심으로 한, 친족 관계에 있는 사람들의 집단. 또는 그 구성원. 혼인, 혈연, 입양 등으로 이루어진다.

❯ 저출산 · 고령화
사회의 출산율이 낮아지고, 전체 인구 중 65세 이상의 노인 인구 비율이 높아지는 현상

❯ 다양한 가정
- 조손 가정 : 조부모와 손주로 이루어진 가정
- 입양 가정 : 혈연관계가 아닌 법률적으로 친자 관계를 맺어 이루어진 가정
- 한 부모 가정 : 부모 중 한 사람과 자녀로 이루어진 가정
- 다문화 가정 : 다양한 문화적 배경을 지닌 사람들로 이루어진 가정

❯ 가화만사성(家和萬事成)
가정이 화목하면 모든 일이 잘 이루어진다.

---

1 가정의 의미와 소중함

1. 가정의 의미와 역할

(1) 가정의 의미 : 친밀감과 유대감을 바탕으로 가족 구성원이 함께 어울려 살아가는 생활 공동체
  예 입양 가정, 다문화 가정, 조손 가정, 한 부모 가정 등

(2) 가정의 역할
  ① 의식주를 비롯해 생활에 필요한 것을 제공하고, 가족 구성원을 보호한다.
  ② 정서적 안정과 휴식을 제공한다.
  ③ 자녀를 낳고 길러 사회를 유지한다.
  ④ 한 세대의 문화, 예절, 도덕 등을 다음 세대에게 물려준다.

(3) 저출산 · 고령화 현상의 문제점 : 가정으로부터 기대할 수 있는 경제적 · 정서적 지원에 취약한 이들이 생겨난다.

2. 가정에서 발생할 수 있는 갈등

(1) 가정 내 갈등 : 성격과 가치관의 차이, 역할 분담의 문제, 잘못된 의사소통 등으로 갈등이 발생한다.

부부 갈등	가사나 육아 분담 문제, 자녀 양육 방식에 관한 의견 차이로 생기는 갈등
부모 자녀 갈등	소통 방식이 바람직하지 않거나 진로 문제에 관한 의견 차이로 생기는 갈등
형제자매 갈등	서로 예의를 지키지 않거나 존중하지 않아 생기는 갈등

(2) **갈등의 긍정적 측면** : 대화와 소통을 통해 해결하면 서로를 좀 더 이해하는 계기가 된다.

(3) 가정 내 갈등의 바람직한 해결
   ① 갈등을 반드시 부정적으로 생각할 필요는 없다.
   ② 갈등을 더욱 건강하고 행복한 가정을 만드는 계기로 살아야 한다.

✏️ 실/전/맛/보/기

바람직한 가정을 위한 노력이 아닌 것은?

① 예의를 지키고 상호 존중한다.
② 가족 간 대화를 점차 줄여 나간다.
③ 구성원으로서 역할과 책임을 다한다.
④ 함께 할 수 있는 일에 공동으로 참여한다.

📝 스/피/드 Check

❶ 친밀감과 유대감을 바탕으로 가족 구성원이 함께 어울려 살아가는 생활 공동체를 가정이라고 한다. ⃞O ⃞X

❷ 가족 사이에서 세대 간 갈등은 발생할 수 없다. ⃞O ⃞X

❸ 가정 내 갈등은 부정적인 결과만을 일으키므로 갈등을 피하려고 노력해야 한다. ⃞O ⃞X

---

2 가족 사이의 도리와 오늘날의 효

1. 효의 의미와 가족 간의 도리

(1) 가족 간의 도리

효(孝)	자녀가 부모의 은혜에 보답하는 것과 정성을 다해 부모를 공경하는 것
자애(慈愛)	부모가 자녀에게 베푸는 희생적이고 헌신적인 사랑
우애(友愛)	형은 동생을 사랑하고 동생은 형을 공손하게 대하여 서로 존중하는 것
존중과 화합	화목한 가정을 위해 부부가 함께 노력하고 협력하는 것

❯ 효(孝)
한자 孝는 늙으신 부모를 아들이 업고 가는 모습을 나타낸다.

❯ 효의 실천 방법
• 석가모니 : 부모의 마음을 편하게 해 드리는 것이 효의 길이다.
• 공자 : 부모님을 봉양하고 가족의 웃어른을 공경하라.
• 소크라테스 : 네 자식들이 너에게 해 주기 바라는 것과 똑같이 네 부모에게 행하라.

실전 맛보기 해설 및 정답

가족 간 대화가 줄어들면 가정의 정서적 기능이 약화되어 가족 내 갈등이 발생할 수 있다. 정답 ②

- - - - - - - - - - - - - - - - -

스피드 Check 정답

❶ ○ ❷ × ❸ ×

(2) 전통 사회와 오늘날의 효

 ① 공통점 : 부모를 공경하고 그 뜻을 받드는 것이 효의 핵심이라고 생각한다.

 ② 차이점

전통 사회의 효	가족 구성원들의 관계가 수직적이고, 가부장을 중심으로 집안일을 결정함.
오늘날의 효	가족 구성원들의 관계가 수평적이고, 의사소통이 원활함.

2. 가족 간 도리의 실천 방법

(1) 양보하고 배려하기 : 가족 간 도리를 실천하는 가장 기본적인 방법

(2) 예절 지키기 : 예절을 바탕으로 서로 존중할 때 가족 간 사랑을 키울 수 있다.

(3) 대화하고 소통하기

 ① 서로의 이야기에 귀를 기울여, 서로 더 깊이 이해하고 배려와 사랑의 마음을 키울 수 있다.

 ② 소통의 기회를 늘리는 것도 중요하다.

✐ 실/전/맛/보/기

가족 간 지켜야 할 도리로 가장 적절하지 않은 것은?

① 우애(友愛)   ② 자애(慈愛)
③ 효도(孝道)   ④ 애국(愛國)

✐ 스/피/드 Check

❶ 모든 가족 간 도리의 바탕은 사랑이라고 할 수 있다.   Ⓞ Ⓧ

❷ 양보하고 배려하는 자세는 가족 간 도리를 실천하는 기본적인 방법의 하나이다.   Ⓞ Ⓧ

❸ 가깝고 편하다는 이유로 함부로 대하지 않고 예절을 지킬 때, 가족 간의 사랑을 키울 수 있다.   Ⓞ Ⓧ

실전 맛보기 해설 및 정답

가족 간 지켜야 할 도리로는 효, 우애, 자애, 존중과 화합 등이 있다.
정답 ④

- -

스피드 Check 정답

❶ ○ ❷ ○ ❸ ○

3 세대 간 대화와 소통

1. 가족 간 대화와 소통의 중요성

(1) 서로의 마음을 이해할 수 있다.

(2) 가족 간 유대감 형성 및 갈등 예방과 해결에 도움이 된다.

(3) 상대의 입장을 이해하고 배려하면서 자신의 인격을 향상시킬 수 있음. → 긍정적 사회관계 형성에 도움이 된다.

2. 세대 간 원활한 대화와 소통을 위한 방법

(1) 세대가 다른 구성원일수록 대화와 소통이 어려운 경우가 많다.

→ 세대 간 원활한 대화와 소통 방법을 바탕으로 가족 간의 대화와 소통 방법을 익힐 수 있다.

(2) 원활한 대화와 소통을 위한 방법
① 공감적 대화 : 상대의 말을 주의 깊게 들으면서, 상대의 마음에 공감하고 이를 적절히 표현하는 대화 방법
② 긍정적인 의사 표현 : 상대의 긍정적인 부분을 발견하고 인정하면서 대화하는 것
③ 나 전달법 : '나'를 주어로 하여, 자신의 감정에 초점을 두고 이야기하는 대화 방법

✏️ 실/전/맛/보/기

다음 글의 ㉠에 들어갈 말로 옳은 것은?

> 가족은 자신과 가장 가까운 사이이기 때문에 말이나 행동을 마음대로 해도 된다고 생각하기 쉽다. 부모와 자녀 사이라고 하더라도, 서로를 하나의 인격체로 (㉠)하고, 상대방을 먼저 배려하려는 마음을 지녀야 한다.

① 고집   ② 양보
③ 존중   ④ 타협

❯ **소통**
뜻이 서로 통하여 오해가 없다.

❯ **가정에서의 세대 간 대화와 소통의 방법**
• 경청과 공감
• 존중과 배려
• 솔직한 자세와 꾸준한 노력

❯ **대화와 소통의 대표적인 걸림돌**
• 예의 없는 말
• 무관심한 태도
• 억지 부리는 태도
• 위협을 주려는 말
• 상대를 비난하는 말
• 일방적으로 명령하는 말

실전 맛보기 해설 및 정답

가정에서 세대 간 대화와 소통의 방법에는 경청과 공감, 존중과 배려, 솔직한 자세와 꾸준한 노력 등이 있다.   정답 ③

PART 02

⭕❌ 형성평가

1 가정의 의미와 소중함

❶ 친밀감과 유대감을 바탕으로 가족 구성원이 함께 어울려 살아가는 생활 공동체를 가정이라고 한다. ⭕❌

❷ '가화만사성(家和萬事成)'이란 집안이 화목하면 모든 일이 잘 이루어진다는 말이다. ⭕❌

❸ 최근 급격하게 진행되고 있는 저출산·고령화 현상은 우리가 모두 시급히 해결해야 할 과제이다. ⭕❌

❹ 가족 사이에서 세대 간 갈등은 발생할 수 없다. ⭕❌

❺ 가정 내 갈등은 오직 성격과 가치관의 차이 때문에 발생한다. ⭕❌

❻ 가정 내 갈등은 부정적인 결과만을 일으키므로 갈등을 피하려고 노력해야 한다. ⭕❌

2 가족 사이의 도리와 오늘날의 효

❶ 효는 형제를 사랑하고 존경하는 감정이자 이를 표현하는 행동이다. ⭕❌

❷ 오늘날에는 부모님께 경제적 지원을 하는 것으로 자식이 해야 할 도리를 다했다고 볼 수 있다. ⭕❌

❸ 모든 가족 간 도리의 바탕은 사랑이라고 할 수 있다. ⭕❌

❹ 양보하고 배려하는 자세는 가족 간 도리를 실천하는 기본적인 방법의 하나이다. ⭕❌

❺ 가깝고 편하다는 이유로 함부로 대하지 않고 예절을 지킬 때, 가족 간의 사랑을 키울 수 있다. ⭕❌

❻ 가족은 서로를 깊이 이해하고 있으므로 굳이 대화를 나누지 않아도 된다. ⭕❌

3 세대 간 대화와 소통

❶ 오늘날 우리 사회에서는 가족 간·세대 간의 대화와 소통이 필요 없다는 인식이 증가하고 있다. Ⓞ Ⓧ

❷ 가족 간의 갈등이 발생했을 때에도 올바른 대화와 소통이 필요하다. Ⓞ Ⓧ

❸ 대화와 소통은 화목한 가정의 필수적인 요건이지만 가정에서는 저절로 이루어진다. Ⓞ Ⓧ

❹ 공감적 대화는 내가 말하는 내용을 중심으로 대화를 전개할 수 있는 대화 방법이다. Ⓞ Ⓧ

❺ '나 전달법'은 상대방의 말이나 행동이 아닌 '나'를 주어로 하여 나의 감정에 초점을 두고 이야기하는 대화 방법이다. Ⓞ Ⓧ

❻ 가족 간·세대 간 소통을 위해 가족 공통의 관심사를 만들고 함께하는 시간을 갖는 것도 좋은 방법이다. Ⓞ Ⓧ

❼ 가족 간·세대 간 대화와 소통 시 자신의 모습을 점검하고 반성하면서 자신이 노력해야 할 일들을 발견하는 것이 중요하다. Ⓞ Ⓧ

◉⊗ 형성 평가 정답

1 가정의 의미와 소중함
❶ ○ ❷ ○ ❸ ○ ❹ × ❺ × ❻ ×

2 가족 사이의 도리와 오늘날의 효
❶ × ❷ × ❸ ○ ❹ ○ ❺ ○ ❻ ×

3 세대 간 대화와 소통
❶ × ❷ ○ ❸ × ❹ × ❺ ○ ❻ ○ ❼ ○

02 우정

- 진정한 친구의 의미를 알고, 바람직한 친구 관계란 어떤 것인지 설명한다.
- 친구 사이에 발생할 수 있는 문제를 알고, 문제를 해결하려는 자세를 갖출 수 있다.

1 우정의 의미와 소중함

1. 우정의 의미

(1) 의미 : 친구 사이에서 나누는 정신적 유대감이나 정(情)

(2) 청소년기의 우정
① 새로운 사회적 관계를 형성하려는 욕구가 강해진다.
② 친구와 우정을 나누는 일을 중요하게 여긴다.

2. 우정의 중요성

(1) 정서적 안정 : 기쁨과 슬픔을 함께 나누면서 정서적 안정을 얻을 수 있다.

(2) 성숙한 인격 형성 : 친구 간에 서로 모범이 되고자 노력하면서 더욱 성숙한 인격을 형성할 수 있다.

(3) 우정은 이웃과 인류에 대한 사랑의 출발점이 된다.

3. 진정한 친구

(1) 어려울 때 돕는 친구 : 친구의 어려움을 외면하지 않고 도움을 주려는 친구

(2) 신뢰할 수 있는 친구 : 나를 이해하고 믿어 주며, 속 깊은 고민을 터놓고 대화할 수 있는 친구

(3) 비판과 충고를 나눌 수 있는 친구 : 남에게 해를 끼치거나 규칙을 어기는 행동은 하지 않도록 충고하고 좋은 일을 하도록 권할 수 있는 친구

❯ 우정과 관련된 사자성어

- 수어지교(水魚之交) : 물고기가 물이 없으면 살 수 없듯 아주 친밀한 친구 사이
- 금란지교(金蘭之交) : 쇠처럼 단단하고 난처럼 향기로운 친구 사이
- 죽마고우(竹馬故友) : 대나무 말을 함께 탄 친구라는 뜻으로, 어린 시절부터 함께한 친구
- 막역지우(莫逆之友) : 서로 거스르지 않는 친구라는 뜻으로, 아무 허물 없이 친한 친구를 가리키는 말
- 지란지교(芝蘭之交) : 지초(芝草)와 난초(蘭草)의 교제라는 뜻으로, 벗 사이의 맑고도 고귀한 사귐을 이르는 말
- 문경지교(刎頸之交) : 생사를 같이할 수 있는 아주 가까운 사이, 또는 그런 친구를 이르는 말
- 붕우유신(朋友有信) : 벗 사이에 지켜야 할 도리는 믿음에 있다는 말

❯ 화랑도의 세속 오계

- 사군이충(事君以忠) : 임금을 충성으로 섬긴다.
- 사친이효(事親以孝) : 어버이에게 효도를 다한다.
- 교우이신(交友以信) : 믿음으로써 벗을 사귄다.
- 임전무퇴(臨戰無退) : 싸움에 임해서는 물러서지 않는다.
- 살생유택(殺生有擇) : 산 것을 죽일 때는 가려서 한다.

● 선의(善 착할 선, 意 뜻 의)
좋은 뜻

● 진정한 친구
• 선의의 경쟁을 하는 친구
• 서로 협력하는 친구
• 조언을 아끼지 않는 친구
• 서로 배려하고 도움을 주려는
  친구

● 진정한 친구와 관련된 명언
"세 사람이 함께 길을 가면 거기에
는 반드시 나의 스승이 있다. 그 가
운데 나보다 나은 사람의 좋은 점
을 골라 그것을 따르고, 나보다 못
한 사람의 좋지 않은 점을 골라 그
것을 바로잡는다."
― 공자 ―

✏️ 실/전/맛/보/기

우정과 관련된 사자성어로 옳지 않은 것은?

① 지란지교(芝蘭之交)　　　② 죽마고우(竹馬故友)
③ 사친이효(事親以孝)　　　④ 교우이신(交友以信)

📝 스/피/드 Check

❶ 우정은 이웃과 인류에 대한 사랑으로 확장될 수 있다. ⭕❌

❷ 우정은 친구 사이에서 나누는 정신적 고립감이나 정(情)을 의미한다. ⭕❌

❸ 친구 간에 서로에게 모범이 되고자 노력하면서 더욱 성숙한 인격을 형성할 수
　있다. ⭕❌

2 진정한 친구와의 사귐

1. 진정한 친구의 의미와 바람직한 친구 관계

(1) 진정한 친구의 의미 : 나와 친밀하게 오랫동안 사귀어 온 사람으로,
　　마음을 깊게 나눌 수 있는 사람

(2) 바람직한 친구 관계
　① 선의의 경쟁 : 서로 경쟁하면서 각자의 발전을 위해 열심히 노
　　력해야 한다.
　② 협력 : 서로를 격려하고 상대방의 부족한 점을 채워줘야 한다.
　③ 조언을 서로 아끼지 않는 관계 : 진심으로 상대방을 위해서 충고
　　하며, 반대로 충고를 들었을 때는 자신을 성찰하는 자세가 필요
　　하다.
　④ 배려하는 관계 : 친구의 입장을 이해하고 도움을 주려는 태도가
　　필요하다.

실전 맛보기 해설 및 정답

화랑도의 세속 오계 중 사친이효
(事親以孝)는 어버이에게 효도를
다한다는 의미로 우정과는 관련이
없다.　　　　　정답 ③

⋯⋯⋯⋯⋯⋯⋯⋯⋯⋯⋯⋯⋯⋯

스피드 Check 정답

❶ ○　　❷ ×　　❸ ○

2. 진정한 친구를 사귀는 것이 중요한 이유

(1) 친구끼리는 서로 영향을 주고받는데, 이때 서로에게 도움이 되는
　　관계도 있지만 부정적인 영향을 미치는 관계도 있다.

(2) 청소년기는 많은 시간을 친구들과 보내며 친구들의 영향을 많이 받
　　는다.

3. 진정한 친구를 사귀기 위한 자세

(1) 자신이 본받을 만한 친구를 알아보는 안목을 길러야 한다.

(2) 다른 사람에게 좋은 영향을 주는 친구가 될 수 있도록 노력해야 한다.

PART 02

🖊 실/전/맛/보/기

바람직한 친구 관계에 대한 설명으로 옳지 <u>않은</u> 것은?

① 친구 사이의 경쟁에서 가장 중요한 것은 이기는 것이다.

② 친구와 협력할 때 혼자 하는 것보다 좋은 결과를 얻을 수 있다.

③ 친구의 상황을 헤아리면서 도움을 주려는 태도를 보여야 한다.

④ 친구가 자신에게 충고를 해 줄 때는 긍정적으로 받아들이며 자신을 성찰하는 계기로 삼는다.

📝 스/피/드 Check

❶ 나와 친밀하게 오랫동안 사귀어 온 사람으로 마음을 깊게 나눌 수 있는 사람을 진정한 친구라고 한다.　　　　　　　　　　　Ｏ Ｘ

❷ 진정한 친구는 진심으로 상대방을 위해서 충고하고, 필요에 따라 비난도 해야 한다.　　　　　　　　　　　　　　　　Ｏ Ｘ

❸ 친구끼리는 서로 영향을 주고받는데 부정적인 영향을 미치는 관계는 없다.　　　　　　　　　　　　　　　　　　　　Ｏ Ｘ

실전 맛보기　해설 및 정답

바람직한 친구 관계에서는 이기는 것에 집착하지 않고 선의의 경쟁을 통해 서로 성장하려는 자세가 필요하다.　　　　정답 ①

- -

스피드 Check　정답

❶ ○　　❷ ×　　❸ ×

❍ 친구 사이에서 발생한 문제를
  해결하는 방법
• 기본예절 지키기
• 서로의 차이를 이해하고 인정
  하기

❍ 관포지교(管鮑之交)
관중과 포숙아의 사귐이란 뜻으
로, 우정이 아주 돈독한 친구 관계
를 이르는 말

3 진정한 우정을 맺는 방법

1. 기본적인 예절 지키기

(1) 친구 간 예절을 지켜야 하는 까닭 : 예절을 지키지 않으면 친구 상호
간 서운한 마음을 느낄 수 있다.

(2) 친구를 존중하는 마음으로 기본적인 예절을 실천해야 한다.

알/아/두/기   관포지교(管鮑之交)

중국 제나라의 포숙아와 관중은 절친한 사이로 함께 장사를 하게 되었다. 그
런데 관중은 이익을 고르게 나누지 않고 더 많이 가져가기 일쑤였다. 하지만
포숙아는 관중의 집안이 가난한 탓이라며 너그럽게 이해하였다. 한번은 두
사람이 함께 전쟁에 나섰는데 관중은 세 번이나 도망쳤다. 하지만 포숙아는
관중에게는 늙은 어머니가 계시다며 그를 변명해 주었다. 또 포숙아는 자신
이 오를 수 있는 재상의 자리도 관중의 재능을 들어 관중에게 양보하였다. 훗
날 관중은 이렇게 말하였다. "나를 낳아 주신 분은 부모님이지만, 나를 알아
준 사람은 오직 포숙아뿐이다."

– 사마천, 『사기』 –

2. 믿음 쌓아 가기

(1) 친구 간 믿음이 있어야 하는 까닭 : 믿음이 없으면 다툼이 생기기 쉽
고 좋은 관계를 유지하기 어렵다.

(2) 진정한 우정을 쌓아 나가려면 친구를 믿고 그 믿음을 지켜나가야
한다.

3. 관심과 배려 실천하기

(1) 우정을 쌓으며 서로 교류하는 과정에서 서로에 대한 관심과 배려가
필요하다.

(2) 친구의 상황에 관심을 지니고 친구의 마음 깊은 곳까지 배려할 때
진정한 우정을 쌓을 수 있다.

✏️ 실/전/맛/보/기

진정한 친구를 사귀는 자세로 가장 적절한 것은?

① 친구를 경쟁자로 인식한다.
② 친구 사이에는 인사만 하면 된다.
③ 자신보다 뛰어난 사람만 친구로 삼는다.
④ 친구의 모습을 통해서 자신을 성찰한다.

📝 스/피/드 Check

❶ 포숙아는 관중의 사정을 이해하고 끝까지 믿어 주었기 때문에 우정을 쌓고 지켜
나갈 수 있었다. ⃞O ⃞X

❷ 진정한 우정을 맺기를 위해서는 친구의 상황이나 생각에 관심을 가지고 배려하
려는 노력이 필요하다. ⃞O ⃞X

❸ 진정한 우정을 맺으려면 서로에 대한 존중이 바탕이 되어야 한다. ⃞O ⃞X

PART 02

실전 맛보기 **해설 및 정답**

진정한 우정은 친구를 통해 자신
을 성찰하며 인격적으로 성숙해질
수 있어야 한다. 정답 ④

- - - - - - - - - - - - - - - - - - - -

스피드 Check **정답**

❶ ○ ❷ ○ ❸ ○

1 우정의 의미와 소중함

❶ 우정은 이웃과 인류에 대한 사랑으로 확장될 수 있다. ⃝ ✗

❷ 우정은 친구 사이에서 나누는 정신적 고립감이나 정(情)을 의미한다. ⃝ ✗

❸ 기쁨과 슬픔을 함께 나누면서 서로의 고민을 이야기할 수 있는 친구와의 우정을 통해 정서적 안정을 얻을 수 있다. ⃝ ✗

❹ 친구 간에 서로에게 모범이 되고자 노력하면서 더욱 성숙한 인격을 형성할 수 있다. ⃝ ✗

❺ 얼굴만 아는 친구, 공통의 흥미를 가지고 많은 시간을 같이 보내는 친구가 진정한 친구이다. ⃝ ✗

❻ 아무리 진정한 친구여도 내가 손해를 볼 정도로 도와주어서는 안 된다. ⃝ ✗

❼ 진정한 친구라면 서로 신뢰할 수 있어야 한다. ⃝ ✗

❽ 진정한 친구라면 비판과 충고보다는 서로 좋은 일만 공유해야 한다. ⃝ ✗

2, 3 진정한 친구와 우정을 맺는 방법

❶ 진정한 우정은 오랜 시간을 두고 가만히 기다리면 만들어진다. ⃝ ✗

❷ 포숙아는 관중의 사정을 이해하고 끝까지 믿어 주었기 때문에 우정을 쌓고 지켜 나갈 수 있었다. ⃝ ✗

❸ 진정한 우정을 맺기를 위해서는 친구의 상황이나 생각에 관심을 가지고 배려하려는 노력이 필요하다. ⃝ ✗

❹ 소문만으로 친구를 의심하거나 미워하지 않는 확고한 믿음이 있을 때 진정한 우정을 쌓을 수 있다. ⃝ ✗

❺ 친구 간에 서로에 대한 이해와 믿음을 쌓는 일은 노력하지 않아도 된다. ⃝ ✗

❻ 우정은 친구에 대한 관심과 배려를 통해 더욱 깊어진다.　　　　　Ⓞ Ⓧ

❼ 진정한 친구라면 기본적인 예절을 지키지 않아도 된다.　　　　　Ⓞ Ⓧ

❽ 진정한 우정을 맺으려면 서로에 대한 존중이 바탕이 되어야 한다.　Ⓞ Ⓧ

Ⓞ Ⓧ **형성 평가 정답**

1 우정의 의미와 소중함

❶ ○ ❷ × ❸ ○ ❹ ○ ❺ × ❻ × ❼ ○ ❽ ×

2,3 진정한 친구와 우정을 맺는 방법

❶ × ❷ ○ ❸ ○ ❹ ○ ❺ × ❻ ○ ❼ × ❽ ○

성 윤리

03

- 성과 사랑의 관계를 이해하고, 청소년의 성 윤리를 성찰·실천한다.
- 이성 친구 관계에서 필요한 자세를 갖출 수 있다.

◆ 한자 '성(性)'의 의미
성(性)은 마음(心)과 몸(生)이 합쳐진 것이다. 따라서 성을 이해할 때에는 정신적인 것과 육체적인 것을 모두 포함해야 한다.

◆ 성의 다양한 의미
- 섹스(sex) : 생물학적으로 남성과 여성을 구분하는 개념으로 성 행위를 의미하기도 한다.
- 젠더(gender) : 사회적·문화적 성 역할 또는 성 정체성을 의미한다.
- 섹슈얼리티(sexuality) : 성에 대한 인간의 태도, 감성, 가치관, 문화 등을 포괄하는 '성적인 것의 전체'를 의미한다.

◆ 성의 가치

생물학적 가치	생명을 탄생시키며 후손을 남길 수 있음.
쾌락적 가치	인간의 기본적 욕구로 쾌락을 느낄 수 있음.
인격적 가치	동물과 구별되는 특징으로 서로에 대한 사랑과 책임을 확인할 수 있음.

◆ 사랑의 특징
① 열정 : 상대방을 계속 생각하고 그리워한다.
② 친밀감 : 오랜 시간에 걸쳐 만들어지는 것으로, 친한 친구처럼 서로를 잘 이해해 주고 믿어준다.
③ 헌신 : 책임감 있는 자세로 상대방을 존중하고 배려한다.

1 성과 사랑의 의미

1. 청소년기의 성과 사랑

(1) 청소년기의 특징 : 남성과 여성의 특징이 두드러지게 나타나고 이성과 성에 대한 호기심이 증가한다.

(2) 청소년기에 성과 사랑을 바르게 이해해야 하는 까닭 : 성과 사랑을 대하는 태도와 가치관의 밑바탕이 되기 때문이다.

2. 성과 사랑의 다양한 의미

(1) 성의 다양한 의미
① 생물학적 의미 : 자손을 낳으려는 본능 및 생명 탄생
② 쾌락적 의미 : 성적 욕구의 충족을 통한 즐거움
③ 인격적 의미 : 인간에게만 주어지는 것으로, 예절이나 정서적 배려가 밑받침이 되어야 한다. ➔ 사랑과 밀접함.

(2) 사랑의 다양한 의미 : 사랑은 일반적으로 다른 사람을 아끼고 소중히 여기는 마음이지만 더 나아가 숭고하고 아름다운 다양한 가치를 포함할 수 있다.
① 서양에서 본 사랑 : 남녀 간의 정열적인 사랑인 에로스, 친구나 동료에 대한 사랑인 필리아, 조건 없이 베푸는 희생적인 사랑인 아가페 등이 있다.
② 동양에서 본 사랑 : 사람됨의 본질을 이루는 **사랑의 정신인 인 (仁)**, 모든 생명을 사랑하는 마음인 **자비(慈悲)** 등

🖊 실/전/맛/보/기

다음에서 설명하는 사랑의 종류로 옳은 것은?

- 조건 없이 베푸는 사랑
- 부모의 사랑이나 인간에 대한 신의 사랑

① 자비   ② 에로스
③ 필리아   ④ 아가페

📝 스/피/드 Check

❶ 청소년기는 신체적·정신적으로 급격히 성숙해지는 시기이다. Ⓞ Ⓧ

❷ 청소년기에는 이성에 대한 관심이 높아지면서 성에 대한 호기심이 증가한다. Ⓞ Ⓧ

❸ 성의 인격적 의미는 다른 사람에 대한 예절이나 정서적인 배려를 바탕으로 한다. Ⓞ Ⓧ

❹ 사랑 중에는 남녀 간의 사랑이 제일 소중하다. Ⓞ Ⓧ

2 청소년기의 바람직한 성 윤리

1. 청소년기의 성 문제

(1) 음란물 문제 : 성의 의미를 바르게 이해하지 못하도록 하고, 성과 관련하여 잘못된 태도를 지니도록 할 수 있다.

(2) 성폭력 문제
  ① 성폭력 : 상대방에게 성적 수치심을 일으키는 모든 행위
  ② 성폭력은 상대의 인격을 훼손하고 커다란 고통을 준다는 점에서 절대 허용될 수 없다.

(3) 임신과 출산 문제 : 임신과 출산은 태어날 생명과 이성 간 서로에 대한 책임감을 바탕으로 이루어져야 한다.

2. 청소년기의 바람직한 성 윤리

(1) 성 윤리 : 성과 관련된 바람직한 행위 기준으로 인간의 존엄성을 유지하는 요인이 된다.

❯ 청소년기에 경험할 수 있는 성 문제
- 정보 통신 기술의 발달로 성에 대한 왜곡된 정보를 쉽게 접할 수 있다.
- 왜곡된 성적 가치관은 인간을 쾌락을 위한 대상으로 바라보게 할 수 있다.

❯ 바람직한 성 윤리

사랑	성은 사랑을 바탕으로 시작된다는 것을 알아야 함.
존중	자신과 상대방을 존중해야 함.
책임	성과 관련된 행동에는 항상 책임이 따른다는 것을 명심해야 함.

❯ 성 윤리를 실천하기 위한 방안
- 올바른 정보를 접하여 성에 대한 균형 잡힌 시각을 정립해야 한다.
- 성과 관련된 욕구를 긍정적인 활동으로 승화시켜 해소해야 한다.
- 성의 소중함을 느끼고 이를 상대방에게 조심스럽게 표현해야 한다.

실전 맛보기 해설 및 정답

제시문은 조건 없이 베푸는 희생적 사랑인 아가페(agape)를 의미한다.   정답 ④

- -

스피드 Check 정답

❶ ○   ❷ ○   ❸ ○
❹ ×

(2) 바람직한 성 윤리

① 성은 사랑을 바탕으로 시작된다는 것을 알아야 한다.
② 자신과 상대방을 존중해야 한다.
③ 성과 관련한 행동에는 항상 책임이 따른다는 것을 명심해야 한다.

(3) 성 윤리를 실천하기 위한 방안

① 올바른 정보만을 접하면서 성에 대한 균형 잡힌 시각을 정립해야 한다.
② 성과 관련된 욕구를 긍정적인 활동으로 승화시켜 해소해야 한다.
③ 성의 소중함을 느끼고 이를 상대방에게 조심스럽게 표현해야 한다.

✏️ 실/전/맛/보/기

바람직한 성 윤리에 해당하지 <u>않는</u> 것은?

① 사랑　　　　　　　② 쾌락
③ 존중　　　　　　　④ 책임

📝 스/피/드 Check

❶ 청소년이 성에 대해 관심과 호기심을 갖는 것은 큰 문제이다.　　Ⓞ Ⓧ

❷ 음란물을 통해 잘못된 성 정보를 접하면 성에 대한 잘못된 생각이나 태도를 지니게 될 수도 있다.　　Ⓞ Ⓧ

❸ 상대가 성적 수치심을 느끼더라도 장난인 줄 알았다면 성폭력이 아니다.　　Ⓞ Ⓧ

❹ 인간은 성의 인격적 가치만을 추구해야 한다.　　Ⓞ Ⓧ

실전 맛보기 해설 및 정답

성의 쾌락적 측면만을 추구하면 자신을 피폐하게 만들 수도 있으며 인격적이고 아름다운 만남도 어려울 수 있다.　　정답 ②

- - - - - - - - - - - - - - - - - -

스피드 Check 정답

❶ × 　　❷ ○ 　　❸ ×
❹ ×

3 이성 친구와 바람직한 관계를 형성하는 방법

1. 청소년기의 이성 친구와 이성 교제

(1) 청소년기는 성과 사랑을 향한 관심이 늘면서 이성 친구에 대한 관심이 많아지는 시기이다.

(2) 이 시기의 이성 교제도 어른으로 성장하는 과정에서 겪게 되는 자연스러운 경험이다.

(3) 이성 교제의 영향

긍정적 영향	부정적 영향
• 우리의 삶에 활력과 즐거움을 줌. • 자신을 되돌아보며 인격을 성장시키는 데 도움을 줌. • 서로 다른 인격체를 이해하는 기회가 됨.	• 학업에 소홀해질 수 있음. • 다른 친구들과의 우정에 소홀해질 수 있음. • 헤어짐에 대한 두려움, 데이트 비용 등으로 스트레스를 받기도 함.

2. 이성 친구와의 바람직한 관계

(1) 이성 친구 간에 나타날 수 있는 문제 : 차이를 인정하지 못해 겪는 불쾌감이나 갈등, 이성 교제 몰두로 생겨나는 친구 관계나 학업 등의 어려움, 충동적인 행동을 할 가능성 등

(2) 이성 친구와 바람직한 관계를 맺기 위한 자세

① 예절을 지키는 자세 : 존중과 배려를 바탕으로 상대를 인정하고 단정한 옷차림과 올바른 언어 사용 등 기본적인 예절을 지켜야 한다.

② 균형과 조화의 자세 : '미래를 준비하는 일'과 '이성 친구와의 관계'가 균형과 조화를 이루어야 한다.

③ 신중하고 책임감 있는 자세 : 상대의 입장과 미래를 고려하면서 행동해야 한다.

❯ 이성 친구의 의미

넓은 의미	성별이 다른 친구로, 동성 친구와 여러 가지 면에서 다름을 인정하고 서로 배려해야 함.
좁은 의미	이성 교제 중인 상대방을 가리킴.

❯ 이성 친구를 사귈 때 필요한 바람직한 자세
• 이성 친구에 대한 존중과 이해
• 기본적인 예절 준수
• 자신의 일 또는 주위 사람들과의 관계에서 균형과 조화 추구

실/전/맛/보/기

청소년이 이성 교제를 할 때 지녀야 할 바람직한 자세는?

① 상대방의 인격을 존중한다.
② 성역할에 대한 편견을 갖고 대한다.
③ 성적 호기심의 대상으로만 생각한다.
④ 학업을 소홀히 여기고 이성에 집착한다.

스/피/드 Check

❶ 청소년기에 이성 친구에 대한 관심이 높아지는 것은 부자연스러운 일이다.
[O] [X]

❷ 이성 친구와 바람직한 관계를 형성하기 위해서는 균형과 조화의 자세를 가져야
한다. [O] [X]

❸ 이성 친구와의 관계에서 예절은 중요하지 않다. [O] [X]

❹ 바람직한 이성 교제를 위해서는 상대의 사고방식이나 생활 방식에 대한 인정과
이해가 필요하다. [O] [X]

실전 맛보기 해설 및 정답

청소년의 바람직한 이성 교제를
위해서는 존중과 배려를 바탕으로
예절을 지켜야 한다.　　정답 ①

스피드 Check 정답

❶ ✕　　❷ ○　　❸ ✕
❹ ○

1 성과 사랑의 의미

❶ 청소년기는 신체적·정신적으로 급격히 성숙해지는 시기이다. ⓞ ⓧ

❷ 청소년기에는 이성에 대한 관심이 높아지면서 성에 대한 호기심이 증가한다. ⓞ ⓧ

❸ 청소년들은 성과 사랑의 문제에 적절한 대처 방법을 찾지 못하여 힘들어하기도 한다. ⓞ ⓧ

❹ 성은 자손을 낳으려는 본능과 관련이 없다. ⓞ ⓧ

❺ 성은 서로 다른 두 사람의 교류와 관계 형성이라는 측면에서 인격적 의미를 지닌다. ⓞ ⓧ

❻ 성의 인격적 의미는 다른 사람에 대한 예절이나 정서적인 배려를 바탕으로 한다. ⓞ ⓧ

❼ 사랑 중에는 남녀 간의 사랑이 제일 소중하다. ⓞ ⓧ

2 청소년기의 바람직한 성 윤리

❶ 청소년이 성에 대해 관심과 호기심을 갖는 것은 큰 문제이다. ⓞ ⓧ

❷ 음란물을 통해 잘못된 성 정보를 접하면 성에 대한 잘못된 생각이나 태도를 지니게 될 수도
있다. ⓞ ⓧ

❸ 상대가 성적 수치심을 느끼더라도 장난인 줄 알았다면 성폭력이 아니다. ⓞ ⓧ

❹ 청소년기의 임신과 출산 문제는 태어날 생명을 책임지겠다는 마음이 바탕에 있어야 한다.
ⓞ ⓧ

❺ 인간은 성의 인격적 가치만을 추구해야 한다. ⓞ ⓧ

❻ 청소년기는 성의 쾌락적 가치만을 추구하여 자신의 성적 욕망을 충족하는 데 집착하는 시기
이다. ⓞ ⓧ

❼ 성은 그 자체로 소중하다. ⓞ ⓧ

❽ 우리 조상들은 성을 존엄한 것으로 생각하면서 고결함과 절제가 요구되는 것으로 여겼다.
ⓞ ⓧ

3 이성 친구와 바람직한 관계를 형성하는 방법

❶ 청소년기에 이성 친구에 대한 관심이 높아지는 것은 부자연스러운 일이다. ◯ ⊗

❷ 청소년기 이성 친구와의 만남은 삶의 활력을 불어넣어 줄 수 있다. ◯ ⊗

❸ 청소년기 이성 친구와의 만남을 통해 서로 부족한 점을 보완하면서 인격을 성장시킬 수 있다.
◯ ⊗

❹ 이성 교제에 지나치게 집착할 경우 친구 관계나 학업 등 일상생활에서 여러 가지 어려움이 생겨날 수 있다. ◯ ⊗

❺ 이성 친구와 바람직한 관계를 형성하기 위해서는 균형과 조화의 자세를 가져야 한다. ◯ ⊗

❻ 이성 친구와의 관계에서 예절은 중요하지 않다. ◯ ⊗

❼ 이성 친구와의 즐거운 관계를 위해 다른 인간관계에 소홀해도 된다. ◯ ⊗

❽ 바람직한 이성 교제를 위해서는 상대의 사고방식이나 생활 방식에 대한 인정과 이해가 필요하다. ◯ ⊗

◎⊗ 형성 평가 정답

1 성과 사랑의 의미
❶ ◯   ❷ ◯   ❸ ◯   ❹ ⊗   ❺ ◯   ❻ ◯   ❼ ⊗

2 청소년기의 바람직한 성 윤리
❶ ⊗   ❷ ◯   ❸ ⊗   ❹ ◯   ❺ ⊗   ❻ ⊗   ❼ ◯   ❽ ◯

3 이성 친구와 바람직한 관계를 형성하는 방법
❶ ⊗   ❷ ◯   ❸ ◯   ❹ ◯   ❺ ◯   ❻ ⊗   ❼ ⊗   ❽ ◯

04 이웃 생활

- 이웃의 의미와 범위를 알고, 이웃과의 관계에서 필요한 도덕적 자세를 이해한다.
- 공동체 속에서 이웃 배려와 봉사를 실천한다.

1 다양한 이웃과 이웃의 소중함

1. 이웃의 의미

(1) 전통 사회에서의 이웃

① 대부분 같은 동네 사람들을 이웃이라고 하였고, '이웃사촌'이라는 말처럼 서로 잘 알고 가깝게 지낸다.

② 농사일을 하면서 많은 노동력이 필요할 때는 함께 힘을 모았고, 서로 협동하면서 상부상조의 전통이 발달한다.

③ 자연스럽게 공동체 의식을 느끼고, 이웃 간의 예절과 웃어른에 대한 공경을 배울 수 있었다.

(2) 현대 사회에서의 이웃

① 사회가 복잡해지고 생활 영역이 넓어지면서 이웃의 형태가 다양해졌고, 교통이 편리해지고 통신 기술이 발달하면서 이웃의 범위도 넓어진다.

② 생활 영역을 마을에서 국가, 세계, 가상공간으로까지 확대하면 수많은 사람들이 나의 이웃이 될 수 있다.

2. 이웃의 소중함

(1) 힘들고 어려울 때 서로 돕는다. ➡ 멀리 있는 친척보다 가까운 이웃이 낫다.

(2) 기쁨과 슬픔을 함께 나눈다. ➡ 좋은 이웃과 함께 하면 삶이 풍요롭고 행복하다.

(3) 더불어 사는 삶의 의미를 배울 수 있다. ➡ 독거노인, 장애인 등 우리들이 관심을 가져야 할 어려운 이웃을 돕는 도덕적 행위가 필요하다.

◐ 이웃사촌
서로 이웃에 살면서 정이 들어 사촌형제나 다를 바 없이 가까운 이웃

◐ 상부상조(相 서로 상, 扶 도울 부, 相 서로 상, 助 도울 조)
서로서로 돕는 행위

◐ 상부상조의 전통

계	친목을 꾀하면서 주로 경제적인 도움을 받는 모임
두레	마을 단위의 공동 노동 조직
품앗이	일손이 부족할 때 이웃에게 도움을 요청하고 일로써 갚아주는 것
향약	조선 시대의 향촌 자치 규약

◐ 향약의 4대 덕목
① 덕업상권 : 좋은 일은 서로 권한다.
② 과실상규 : 잘못은 서로 교훈하고 고쳐준다.
③ 예속상교 : 사람을 교제할 때는 예를 다한다.
④ 환난상휼 : 어려움을 당하면 서로 돕는다.

◐ 천만매린(千萬買隣)
'천만금을 주고 이웃을 산다'는 말로 좋은 이웃을 얻는 것은 참으로 힘든 일이라는 것을 알려주는 말

❷ 이웃을 배려하는 방법
- 이웃에게 관심을 가져야 한다.
- 이웃에게 양보하는 자세를 가져
  야 한다.
- 이웃에 대한 기본예절을 지켜야
  한다.

❷ 봉사의 의미와 특성

봉사의 의미	어려움을 겪고 있는 이웃들이 도움이 필요할 때, 우리가 그들을 돕고자 하는 배려 행위
봉사의 특성	• 자발적인 활동 • 대가를 바라지 않는 행동 • 지속적으로 이루어지는 활동

❷ 봉사의 4가지 특성
- **자발성** : 자신의 판단 아래 스스로 보고 듣고 생각하고 판단해서 실천에 옮기는 것
- **이타성** : 자원봉사의 동기나 과정, 결과에 있어 자원봉사자 자신의 이익이나 명예를 먼저 생각하지 않고 도움 대상자를 먼저 생각하는 것
- **무대가성** : 자원봉사를 하면서 일어나는 여러 가지 소요 경비를 자원봉사 활동에 참여하는 자원봉사자가 스스로 부담하는 것
- **지속성** : 일회성이나 일시적인 활동으로 끝나지 않고 일정 기간 동안 계속하는 것

✏️ 실/전/맛/보/기

다음에서 설명하는 상부상조의 전통은?

> 농민들이 농번기에 농사일을 공동으로 하기 위하여 부락이나 마을 단위로 만든 조직

① 계 　　　　　　　　　② 두레
③ 향약 　　　　　　　　④ 품앗이

📝 스/피/드 Check

❶ 전통 사회에서는 대부분 같은 동네에 사는 사람들을 이웃으로 여겼다.
　　　　　　　　　　　　　　　　　　　　　　　　　　　　○ ✕

❷ 오늘날에는 교통과 통신의 발달로 이웃이 사라지고 있다.
　　　　　　　　　　　　　　　　　　　　　　　　　　　　○ ✕

❸ 어려운 이웃을 돕는 도덕적 행위를 통해 더불어 사는 삶의 의미를 배울 수 있다.
　　　　　　　　　　　　　　　　　　　　　　　　　　　　○ ✕

---

2 이웃과의 관계에서 필요한 도덕적 자세

1. 이웃 간 무관심과 다툼

(1) 이웃을 향한 관심은 적어지고, 무관심은 늘어나면서 층간 소음이나 주차 문제 등 이웃 간 다툼이 빈번해진다.

(2) 사회 문제가 되기도 하고, 우리 삶의 안정과 평화를 해치며, 더불어 사는 공동체를 만들기도 어렵게 한다.

2. 이웃 간 관심과 배려의 필요성

(1) **바람직한 공동체 형성** : 이웃 간에 관심을 두고 작은 일에서부터 배려를 실천할 때 서로 도움을 주고받는 바람직한 공동체를 만들 수 있다.

(2) **도덕적 성숙** : 이웃에 대한 관심과 배려를 실천하는 과정에서 **자신의 인격을 가꾸고 도덕적으로 성숙한 사람으로 성장**할 수 있다.

3. 이웃 간 봉사의 실천

(1) 봉사는 이웃을 향한 관심과 배려를 더욱 적극적으로 실천하는 방법의 하나이다. ➡ 봉사를 통해 더 많은 이웃에게 따뜻한 위로와 실질적인 도움을 전할 수 있다.

(2) 봉사 시 유의점
  ① '함께한다'라는 마음으로 해야 한다.
  ② 대가를 바라지 말고 자발적으로 해야 한다.
  ③ 시간과 노력을 들여 지속적으로 해야 한다.

🖊 실/전/맛/보/기

이웃에게 봉사하는 바람직한 자세로 옳지 <u>않은</u> 것은?

① 봉사를 받는 사람을 존중해야 한다.
② 봉사 후 자신의 행동을 평가하고 성찰한다.
③ 큰 만족감을 주는 봉사들 위주로 활동한다.
④ 이웃을 도우면서 어떤 대가를 바라지 않는다.

📝 스/피/드 Check

❶ 오늘날에 생활 공간이 다양해지고 생활 영역도 넓어지면서 이웃이라는 개념이 사라지고 있다. ⓞ ⓧ

❷ 오늘날에는 이웃 간 무관심이나 다툼이 사회 문제가 되기도 하고 있다. ⓞ ⓧ

❸ 봉사를 실천할 때는 '함께한다'는 마음가짐보다 '도와준다'는 마음가짐이 중요하다. ⓞ ⓧ

❹ 봉사는 돈이나 대가를 바라지 말고, 시간과 노력을 들여 지속적으로 해야 한다. ⓞ ⓧ

실전 맛보기 해설 및 정답

봉사는 우리 주변의 어려운 이웃들에게 큰 힘과 위로가 될 수 있는 것으로 모든 활동이 의미가 있는 것이다. 정답 ③

스피드 Check 정답

❶ ✕ ❷ ○ ❸ ✕
❹ ○

1 다양한 이웃과 이웃의 소중함

❶ 전통 사회에서는 대부분 같은 동네에 사는 사람들을 이웃으로 여겼다. ○✕

❷ 오늘날에는 교통과 통신의 발달로 이웃이 사라지고 있다. ○✕

❸ 오늘날 이웃이란 직접적·간접적 교류를 나누며 더불어 사는 사람들을 모두 이르는 말이다. ○✕

❹ 서로 마음의 문을 열고 소통하려고 노력할 때 서로에게 따뜻한 이웃이 될 수 있다. ○✕

❺ 우리는 삶의 곳곳에서 다양한 이웃과 관계를 맺고 살아간다. ○✕

❻ 힘들고 어려울 때 우리를 도와줄 수 있는 사람은 가족밖에 없다. ○✕

❼ 어려운 이웃을 돕는 도덕적 행위를 통해 더불어 사는 삶의 의미를 배울 수 있다. ○✕

2 이웃과의 관계에서 필요한 도덕적 자세

❶ 오늘날에 생활 공간이 다양해지고 생활 영역도 넓어지면서 이웃이라는 개념이 사라지고 있다. ○✕

❷ 오늘날에는 이웃 간 무관심이나 다툼이 사회 문제가 되기도 하고 있다. ○✕

❸ 이웃 간 관심과 배려를 실천하면서 자신의 인격을 가꿀 수 있다. ○✕

❹ 이웃 간의 갈등은 해결할 수 없는 문제이다. ○✕

❺ 이웃에 대한 배려를 적극적으로 실천하는 방법 중 하나가 봉사이다. ○✕

❻ '십시일반'이라는 말과 같이 주변에 있는 사람들이 힘을 모아 돕는다면 어려운 이웃에게 커다란 도움을 줄 수 있다. ○✕

❼ 봉사를 실천할 때는 '함께한다.'라는 마음가짐보다 '도와준다.'라는 마음가짐이 중요하다. Ｏ Ⓧ

❽ 봉사는 돈이나 대가를 바라지 말고, 시간과 노력을 들여 지속적으로 해야 한다. Ｏ Ⓧ

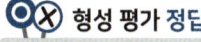 **형성 평가 정답**

1 다양한 이웃과 이웃의 소중함

❶ ○   ❷ ✕   ❸ ○   ❹ ○   ❺ ○   ❻ ✕   ❼ ○

2 이웃과의 관계에서 필요한 도덕적 자세

❶ ✕   ❷ ○   ❸ ○   ❹ ✕   ❺ ○   ❻ ○   ❼ ✕   ❽ ○

01 가정의 역할로 옳지 <u>않은</u> 것은?

① 인간으로서의 도리를 배운다.
② 친밀감과 유대감을 느낄 수 있다.
③ 정서적 안정과 편안함을 제공한다.
④ 사회 구성원으로서 필요한 전문적 지식을
배운다.

03 (가), (나)에 나타난 가족 간의 도리를 바르게 제시한 것은?

> (가) 형과 아우는 부모가 남겨 준 몸을 함께 받았으니, 한 몸과 같은 것이다.
> (나) 우리의 몸은 부모로부터 물려받은 것이다. 감히 상하게 하거나 훼손하지 않는 것이 그 시작이다.

	(가)	(나)
①	우애	효
②	자애	우애
③	자애	경로
④	경로	효

02 다음에서 설명하는 가정의 유형으로 옳은 것은?

> 혈연은 아니지만 법률적으로 부모와 자식 관계를 맺고 살아가는 가정

① 조손 가정
② 입양 가정
③ 미혼모 가정
④ 다문화 가정

04 효(孝)에 관한 설명으로 적절하지 <u>않은</u> 것은?

① 우리의 아름답고 소중한 전통이다.
② 자식은 부모님의 사랑에 효로써 보답해야
한다.
③ 물질적인 봉양은 필요 없고 공경하는 마음
만 있으면 된다.
④ 부모님이 물려주신 몸을 건강하게 유지하
는 것도 효를 실천하는 일이다.

05 다음 글에서 설명하는 세대 간 대화와 소통을 하기 위한 자세로 가장 적절한 것은?

> 부모와 자녀는 서로를 이해하기 위해 상대방의 처지에서 생각해 보려고 노력해야 한다.

① 믿음
② 역지사지
③ 상호존중
④ 유대감 강화

06 친구의 도리에 대한 설명으로 옳은 것은?

① 믿음으로 대한다.
② 서로 경쟁하며 지낸다.
③ 이해관계에 따라 친구를 사귄다.
④ 친한 사람에게는 충고하지 않는다.

07 우정의 중요성에 대한 옳은 설명을 〈보기〉에서 있는 대로 고른 것은?

> **보기**
> ㄱ. 자신을 성찰하고 수양할 수 있다.
> ㄴ. 이웃과 인류에 대한 사랑의 출발점이 된다.
> ㄷ. 우정을 통해 우리는 힘든 시기도 견딜 수 있다.
> ㄹ. 청소년기의 우정은 친구라는 울타리를 넘어 새로운 가족 관계를 형성한다.

① ㄱ, ㄴ
② ㄱ, ㄷ
③ ㄴ, ㄷ
④ ㄱ, ㄴ, ㄷ

08 우정과 관련된 사자성어로 옳지 않은 것은?

① 붕우유신(朋友有信)
② 교우이신(交友以信)
③ 환난상휼(患難相恤)
④ 금란지교(金蘭之交)

09 친구에게 하는 비판과 충고에 관한 설명으로 적절하지 않은 것은?

① 비판과 충고에 앞서 친구의 장점을 칭찬하고 격려할 수 있어야 한다.
② 친구가 나에게 충고할 때는 인내심을 지니고 받아들이려고 노력해야 한다.
③ 친구에게 충고하는 것은 우정에 금이 가게 하는 일이므로 충고를 받아들이기만 해야 한다.
④ 비판과 충고는 친구를 바른길로 이끌 수 있지만, 상대방의 마음이 상하지 않도록 신중하게 해야 한다.

10 진정한 우정을 맺는 데 필요한 태도로 옳지 않은 것은?

① 친구의 잘못을 감싸 준다.
② 친구를 한결같이 믿어 준다.
③ 비판과 충고로 친구를 바른길로 이끈다.
④ 선의의 경쟁을 통해 친구와 함께 성장한다.

11 성의 의미에 관한 설명으로 옳지 <u>않은</u> 것은?

① 특정한 이성을 좋아하는 마음이다.

② 남성다움이나 여성다움과 같은 성적 특징이다.

③ 남성과 여성을 구별하는 신체적·생리적 특징이다.

④ 성행위를 비롯한 성적 욕망이나 성적 관심 전체이다.

12 다음 글에서 설명하는 성의 가치로 가장 적절한 것은?

> 감각적 즐거움과 기쁨을 주어 삶의 활력을 불어넣는 것으로, 절제하는 자세가 필요한 가치이다.

① 사회적 가치　　② 생식적 가치

③ 인격적 가치　　④ 쾌락적 가치

13 사랑에 관한 설명으로 적절하지 <u>않은</u> 것은?

① 상대방을 아끼고 소중히 여기는 마음이다.

② 남녀 간의 열정적이고 헌신적인 관계만 해당된다.

③ 상대방이 원하는 것을 이해하고 베풀고자 하는 마음이다.

④ 인간답고 정서적으로 안정된 풍요로운 삶을 누릴 수 있게 해준다.

14 청소년기 이성 교제에 관한 설명으로 적절하지 <u>않은</u> 것은?

① 모든 청소년이 같은 시기에 이성 교제를 한다.

② 이상형이나 좋아하는 감정이 쉽게 변할 수 있다.

③ 성 역할에 관한 고정 관념에서 벗어나는 기회가 될 수 있다.

④ 낭만적인 사랑에 관한 환상으로 이성에게 지나치게 많은 것을 기대할 수 있다.

15 이성 교제를 할 때 필요한 자세로 옳지 <u>않은</u> 것은?

① 상대방의 인간관계를 존중한다.

② 고운 말, 예의 바른 말을 사용한다.

③ 이성 친구에게 나와의 관계만을 강요한다.

④ 서로가 성장하는 관계가 되도록 노력한다.

16 다음 글에서 설명하는 우리 조상의 상부상조 전통으로 가장 적절한 것은?

> 일손이 부족할 때 이웃에게 도움을 요청하고, 이웃이 다시 도움을 요청하면 일로써 갚아 주는 것

① 계　　　　② 두레

③ 향약　　　④ 품앗이

17 오늘날 이웃에 관한 설명으로 적절하지 <u>않은</u> 것은?

① 지리적으로 가까이 있는 사람들과만 이웃 관계를 맺는다.

② 교통과 통신이 발달하면서 이웃의 범위가 넓어지고 있다.

③ 태어난 국가는 다르지만 우리와 함께 생활하는 다문화 이웃이 생겨났다.

④ 멀리 떨어져 살더라도 취미 활동이나 종교 생활을 함께하며 이웃이 되기도 한다.

18 이웃을 배려하는 방법에 관한 설명으로 적절하지 <u>않은</u> 것은?

① 쓰레기를 정해진 곳에 버린다.

② 반려동물과 산책할 때는 목줄을 채운다.

③ 이웃의 사생활에도 개입해서 관심을 표현한다.

④ 이웃에게 불편을 주게 될 때는 미리 양해를 구한다.

19 다음 내용이 의미하는 봉사의 특성으로 옳은 것은?

> 자원봉사의 동기나 과정, 결과에 있어 자원봉사자 자신의 이익이나 명예를 먼저 생각하지 않고 도움 대상자를 먼저 생각하는 것

① 지속성   ② 이타성

③ 자발성   ④ 무대가성

20 봉사 활동을 할 때의 바람직한 자세만을 〈보기〉에서 있는 대로 고른 것은?

┤ 보기 ├

ㄱ. 나보다 못한 사람을 도와준다는 마음으로 참여해야 한다.

ㄴ. 도움을 받는 사람도 다른 사람에게 봉사할 수 있도록 강요해야 한다.

ㄷ. 도움을 받는 이의 마음을 상하게 하는 말이나 행동을 하지 않도록 상대방의 처지에서 배려해야 한다.

ㄹ. 사람을 상대로 봉사 활동을 할 때는 상대방이 미안함이나 부담을 느끼지 않도록 최대한 배려해야 한다.

① ㄱ, ㄴ   ② ㄱ, ㄷ

③ ㄴ, ㄹ   ④ ㄷ, ㄹ

01 바람직한 가정을 이루기 위한 노력이 <u>아닌</u> 것은?

① 가족 모두가 올바른 가치를 추구한다.
② 가족 간에 서로 이해하고 충분히 대화한다.
③ 가정에서의 역할은 성별에 따라 분담해야
   한다.
④ 가족끼리 서로 사랑하고 배려하는 마음을
   갖는다.

쌍둥이 문제
02 바람직한 가정을 이루기 위한 가족 구성원의 노력으로 적절하지 <u>않은</u> 것은?

① 평소 대화를 자주 한다.
② 취미 활동이나 운동을 같이 한다.
③ 생일이나 기념일에 함께 모여 축하해 준다.
④ 서로 도와주지 않고 자신의 일에만 집중한다.

쌍둥이 문제
03 ㉠, ㉡에 들어갈 가족 구성원의 도리로 옳은 것은?

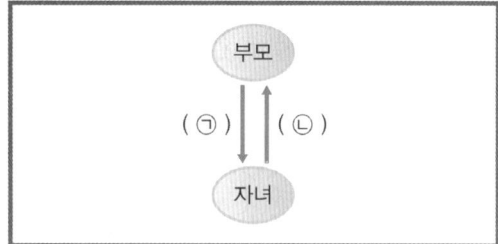

	㉠	㉡
①	자애	효도
②	우정	자애
③	경로	우애
④	효도	경로

04 다음 학생의 가족이 노력해야 할 점으로 가장 적절한 것은?

> 우리 가족은 집에 돌아오면 대부분 자기 방에서 혼자 시간을 보낸다. 대화가 없는 우리 가족은 각자의 생각이나 고민을 알 수 없다. 중요한 문제가 생기더라도 함께 의논하려 하지 않는다.

① 자율성 존중
② 양보와 배려
③ 원활한 의사소통
④ 역할과 책임 이행

쌍둥이 문제

05 다음 상황에서 바람직한 가정을 위해 노력할 점으로 가장 적절한 것은?

> 부모님과는 말이 안 통해요. 제 말은 듣지도 않으시고 같이 노는 친구들을 싫어해요.

> 요즘 애들은 도통 모르겠어요. 몰려다니며 뭘 하는지…… . 부모 말은 간섭이라고만 여기니 답답하죠.

① 충분한 의사소통
② 건전한 소비 생활
③ 물질적 풍요 추구
④ 가족 이기주의 추구

06 다음과 가장 관련이 깊은 인간관계는?

- 교우이신(交友以信)
- 붕우유신(朋友有信)

① 형제   ② 친구
③ 스승과 제자   ④ 부모와 자식

07 진정한 우정을 쌓기 위한 태도로 적절하지 <u>않은</u> 것은?

① 비난   ② 믿음
③ 배려   ④ 협력

08 바람직한 친구 관계에 대한 설명으로 옳지 <u>않은</u> 것은?

① 배려하고 존중한다.
② 조언과 충고를 한다.
③ 선의의 경쟁과 협력을 한다.
④ 서로 예의를 지키지 않는다.

09 이성 교제의 장점을 〈보기〉에서 고른 것은?

┤ 보기 ├
ㄱ. 바람직한 성역할을 이해할 수 있다.
ㄴ. 자신이 해야 할 일을 소홀히 할 수 있다.
ㄷ. 각자의 성이 갖는 특성과 차이를 이해할 수 있다.
ㄹ. 성적 유혹에 빠져 그릇된 성적 행동을 할 우려가 있다.

① ㄱ, ㄴ   ② ㄱ, ㄷ
③ ㄴ, ㄹ   ④ ㄷ, ㄹ

10 바람직한 이성 교제의 자세로 적절하지 <u>않은</u> 것은?

① 상대방의 판단을 존중한다.
② 상대방을 인격적으로 대우한다.
③ 이성에게 과도한 집착을 보인다.
④ 이성에게 기본적인 예의를 지킨다.

11 청소년기에 정립해야 할 성(性)에 대한 인식으로 옳은 것은?

① 남녀 간에 인격을 존중한다.
② 성 역할에 대해 고정관념을 가진다.
③ 남성과 여성은 서로 다름을 인정하지 않는다.
④ 성적인 행동에 따르는 책임을 지지 않아도 된다.

12 현대 사회에서 이웃 간 발생하는 문제점이 <u>아닌</u> 것은?

① 사생활 침해
② 배려와 소통
③ 이웃에 대한 무관심
④ 공동 시설의 무단 점유

13 다음에서 설명하는 상부상조의 전통은?

> • 조선 시대 향촌에서 자치적으로 정하여 지킨 규칙
> • 좋은 행실은 권장하고, 어려운 일을 함께하며, 잘못된 일을 스스로 규제하기 위한 규칙

① 계 ② 두레
③ 향약 ④ 품앗이

쌍둥이 문제
14 다음이 추구하는 정신으로 가장 적절한 것은?

> 두레, 품앗이, 향약

① 개인주의 ② 상부상조
③ 양성평등 ④ 자유주의

쌍둥이 문제
15 다음에서 설명하는 것은?

> 우리 조상들은 마을 사람들끼리 크고 작은 일에 관심을 갖고 서로 도움을 주었다. 대표적으로 계, 두레, 품앗이가 있다.

① 상부상조(相扶相助)
② 작심삼일(作心三日)
③ 일편단심(一片丹心)
④ 고진감래(苦盡甘來)

16 ( )에 공통으로 들어갈 용어는?

> • ( )은 사회에 사랑과 나눔을 실천하는 것이다.
> • ( )은 물질적인 보상과 대가를 바라지 않는 것이다.

① 회피 활동 ② 경제 활동
③ 직업 활동 ④ 봉사 활동

17 참된 봉사의 특성으로 가장 알맞은 것은?

① 일시적인 활동이다.

② 강제적으로 하는 활동이다.

③ 타인이나 사회를 위한 활동이다.

④ 대가를 받기 위해 하는 활동이다.

쌍둥이 문제
19 봉사 활동에 임하는 자세로 가장 바람직한 것은?

① 자발적으로 꾸준히 한다.

② 남에게 과시하기 위해 한다.

③ 기분에 따라 충동적으로 한다.

④ 돈을 벌기 위한 목적으로 한다.

쌍둥이 문제
18 봉사 활동에 참여하는 바람직한 자세는?

① 괴롭고 짜증스런 표정으로 봉사한다.

② 이웃을 도우면서 마음속으로 어떤 대가를 바란다.

③ 봉사를 받는 사람의 자존심이 상하지 않게 조심한다.

④ 다른 사람들의 눈에 띄어 칭찬받는 활동만을 골라한다.

쌍둥이 문제
20 참된 봉사 활동에 대한 설명으로 적절한 것은?

① 강요에 의해 다른 사람을 돕는 것이다.

② 의무적으로 어쩔 수 없이 하는 것이다.

③ 물질적인 보상이나 대가를 기대하는 것이다.

④ 다른 사람에게 사랑과 나눔을 실천하는 것이다.

EBS 교육방송교재

중졸 검정고시  도덕

PART

03

사회·공동체와의 관계 (1)

✪ 인간 존엄성과 인권이 보편적 가치임을 이해하고, 사회적 약자의 고통에 공감하며, 그들을 배려하는 태도를 가질 수 있다. 또한 다문화 사회에서 발생하는 다양한 도덕 문제에 대해 판단하고, 편견 및 차별을 극복하는 태도를 지닐 수 있다. 그리고 지구 공동체에서 일어나는 다양한 도덕 문제를 인식하고 개선하려는 노력을 통해 세계 시민 의식을 함양할 수 있다.

01 인간 존중

● 인간 존엄성과 인권의 중요성을 이해하고, 사회적 약자의 인권 보장을 위해 노력한다.
● 양성평등이 보편적 가치임을 도덕적 맥락에서 이해한다.

◐ 존엄성
감히 범할 수 없을 정도로 높고 엄숙한 성질

◐ 동서양의 인간 존엄 사상

공자	'인(仁)'을 실천하는 삶
석가모니	'자비(慈悲)'
예수	조건 없는 '사랑'
단군	홍익인간
동학	인내천(人乃天)사상

◐ 홍익인간
'널리 인간 세상을 이롭게 한다.'라는 뜻이며 윤리적으로는 순수한 인간애와 평등 의식을 담고 있다.

◐ 동학의 인내천(人乃天)
인간이 우주 내에서 최고의 지위를 갖고 있으며 우주 본성의 구체적인 표현이라는 생각이 담겨 있다. 그러므로 인간 이상의 신이 필요 없으며 모든 인간이 평등하다고 본다.

◐ 인권의 특성

불가침성	어떤 경우에서라도 침해할 수 없는 권리
절대성	시대와 장소를 가리지 않고 모든 인간이 인간답게 살아가기 위해 보장받아야 하는 절대적 권리
보편성	어떤 이유와 관계없이 누구나 동등하게 누려야 하는 권리

---

1 인간 존엄성과 인권의 소중함

1. 인간 존엄성과 인권

(1) 인간다운 삶의 의미 : 단순히 생명을 유지하는 것을 넘어 인간 존엄성을 보장받으며 사는 것

(2) 인간 존엄성의 의미
  ① 인간은 그 자체로 소중한 존재로 대우받아야 한다.
  ② 인간은 단지 인간이기 때문에 존엄성을 인정받으며 존중받아야 하고 자신도 다른 사람에게 그렇게 해야 한다.

(3) 인권의 의미와 특징
  ① 의미 : 인간이 지니는 기본적인 권리이자 인간 존엄성을 보장하기 위한 권리
  ② 특징 : 보편적 가치, 천부 인권, 불가침의 권리
  ③ 대표적으로 추구하는 가치 : 자유와 평등

2. 인간 존엄성과 인권이 소중한 이유

(1) 보편적·절대적 가치이기 때문 : 모두에게 보편적이며 다른 것과 비교할 수 없는 가치이다.

(2) 바람직한 사회의 토대가 되기 때문 : 인간 존엄성과 인권은 그것을 실현하지 못하고 있는 사회를 비판적으로 인식하고 성찰하게 한다.

PART 03

🖊 실/전/맛/보/기

인간 존엄성에 대한 설명으로 적절하지 **않은** 것은?

① 전쟁포로는 적용 대상이 아니다.
② 모든 인간은 누구나 소중한 존재이다.
③ 인간은 누구나 자유롭게 살아갈 권리가 있다.
④ 누구도 다른 사람을 함부로 괴롭힐 권리가 없다.

📝 스/피/드 Check

❶ 인간답게 산다는 것은 생명을 유지하고 살아가는 것을 의미한다. Ⓞ Ⓧ
❷ 인간 존엄성은 자기의 것이므로 원한다면 스스로 포기할 수 있다. Ⓞ Ⓧ
❸ 인간 존엄성과 인권은 상대적인 가치이다. Ⓞ Ⓧ
❹ 인간 존엄성은 인권을 통해 구체적으로 실현된다. Ⓞ Ⓧ

---

2 사회적 약자와 인권

1. 사회적 약자

(1) 사회적 약자의 의미 : 피부색, 장애, 직업, 지위, 국적, 나이 등으로 말미암아 다른 사회 구성원보다 열악한 상황에 처해있거나 고통을 받으며 살아가는 사람들

　⑩ 빈곤층, 장애인, 비정규직 노동자, 이주 노동자, 북한 이탈 주민 등

(2) 사회적 약자의 고통
　① 편견과 차별로 겪는 고통 : 편견과 차별 때문에 부당한 대접을 받고 마음의 상처를 입는다.
　② 경제적 어려움으로 겪는 고통 : 경제적 어려움 때문에 인간다운 삶을 살아가지 못하기도 한다.

(3) 사회적 약자의 상대성 : 우리가 속한 사회나 자신의 상황에 따라 누구나 사회적 약자가 될 수 있다.

---

❶ 사회적 약자를 위한 날
• 3월 21일 – 인종 차별 철폐의 날
• 4월 20일 – 장애인의 날
• 6월 20일 – 세계 난민의 날
• 10월 2일 – 노인의 날

❷ 시혜(施 베풀 시, 惠 은혜 혜)
은혜를 베푼다.

❸ 사회적 약자 보호 정책
• 국민 기초 생활 보장 제도 : 빈곤층에 대해 국가가 생계, 주거, 의료 등 필요한 금액을 지원하여 이들의 최저 생활을 보장하는 제도
• 장애인 의무 고용 제도 : 장애인의 고용 촉진을 위해 일정 규모 이상의 사업장에서 일정 비율 이상의 장애인을 고용하도록 하는 제도

실전 맛보기 해설 및 정답

인간은 인간이기 때문에 어떠한 상황에서든 자신의 존엄성을 인정받으며 다른 사람에게 존중받아야 하고, 마찬가지로 다른 사람을 존중해야 한다.　　정답 ①

스피드 Check 정답

❶ ×　　❷ ×　　❸ ×
❹ ○

2. 사회적 약자와 함께하기 위한 배려

(1) 사회적 약자를 보호해야 하는 이유

① 사회적 약자도 존엄한 인간이며, 우리 사회의 동등한 구성원이기 때문이다.

② 사회적 약자의 인권을 보호함으로써 우리 사회가 인권 친화적인 사회로 나아갈 수 있기 때문이다.

(2) 사회적 약자를 배려하는 방법

개인적 차원	• 사회적 약자가 겪는 차별과 어려움을 인권 문제로 인식하는 민감성 갖기 • 시혜적 차원의 접근이 아닌 공감과 배려의 마음 함양
사회적 차원	• 사회적 약자를 보호하기 위한 법률 제정 및 제도 정비 • 장애인 의무 고용 제도, 국민 기초 생활 보장 제도, 기회 균등 전형 마련 등

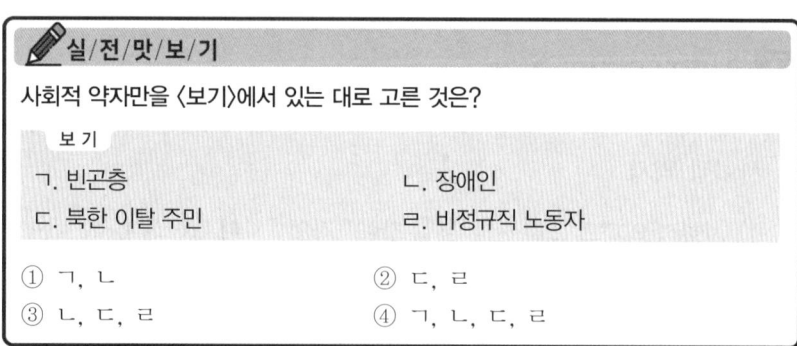

실/전/맛/보/기

사회적 약자만을 〈보기〉에서 있는 대로 고른 것은?

보 기

ㄱ. 빈곤층   ㄴ. 장애인
ㄷ. 북한 이탈 주민   ㄹ. 비정규직 노동자

① ㄱ, ㄴ   ② ㄷ, ㄹ
③ ㄴ, ㄷ, ㄹ   ④ ㄱ, ㄴ, ㄷ, ㄹ

스/피/드 Check

❶ 사회적 약자란 물리적으로 힘이 약한 사람들을 말한다. ⓞⓧ

❷ 이주 노동자, 장애인, 결혼 이주 여성 등은 사회적 약자에 속한다. ⓞⓧ

❸ 사회적 약자를 위한 배려와 노력은 시혜적 차원에서 이해되어야 한다. ⓞⓧ

실전 맛보기 해설 및 정답

사회적 약자에는 빈곤층, 장애인, 비정규직 노동자, 이주 노동자, 북한 이탈 주민 등이 있다. 정답 ④

스피드 Check 정답

❶ × ❷ ○ ❸ ×

3 양성평등의 실천

1. 양성평등의 의미와 필요성

(1) 양성평등의 의미 : 여성과 남성 모두의 권리, 의무, 자격 등이 차별 없이 고르고 한결 같은 상태

(2) 양성평등의 필요성

① 인간 존엄성과 인권 실현 : 인간의 기본적 권리를 침해하는 성차별을 극복하고 누구나 인간다운 삶을 보장받을 수 있도록 하기 위해 필요하다.

② 개인의 능력 발휘 : 누구나 성별에 관한 편견 없이 평가받으면서 능력을 펼치고 발전하기 위해 필요하다.

2. 양성평등을 실천하기 위한 방법

(1) 성 역할 고정 관념 버리기 : 성 역할 고정 관념을 벗어날 때 성차별에서도 비로소 벗어나서 성별의 구분 없이 누구나 하고 싶은 일, 잘할 수 있는 일을 할 수 있다.

(2) 문화 개선 노력 : 각종 대중 매체와 사이버 공간 등에서 나타나는 성차별적 요소들을 바로 잡을 때 양성평등을 실현할 사회적 토대를 만들 수 있다.

(3) 법적 · 제도적 노력 : 양성평등에 어긋나는 사회 구조를 개선하기 위해 다양한 법률과 제도적 장치를 확대해야 한다.

✏️ 실/전/맛/보/기

양성평등에 대한 관점으로 옳은 것은?

① 아픈 가족은 딸이나 며느리가 간병해야 한다.

② 설거지를 하거나 식사 준비를 하는 남자는 한심하다.

③ 남성과 여성이 직업 선택에 있어서는 동등할 수 없다.

④ 성(性)에 근거하여 법률적 · 사회적 차별을 받지 않는다.

---

❷ **성차별**
성별에 의한 차별, 남성이나 여성이라는 사실만으로 받는 차별

❷ **잘못된 성 역할 고정**
• 집안일은 여자가 해야 한다.
• 남자는 힘이 세야 한다.
• 섬세한 일은 여자가 어울린다.
• 집안 경제는 남자가 건사해야 한다.

❷ **양성평등 기본법**
출산 · 육아 등 자녀 양육에 관한 모성 · 부성의 권리를 보장하고, 일과 가정생활의 조화로운 양립을 위한 여건을 마련해야 한다는 내용의 법

❷ **양성평등을 실현하기 위한 노력**

개인	성 역할에 대한 고정 관념 탈피
학교	양성평등 교육 시행, 개인의 소질과 적성에 맞는 진로 탐색 교육
사회	불합리한 제도 개선, 남녀가 평등한 목소리를 낼 수 있는 분위기 조성
문화	대중 매체에서는 남녀 관계를 건강하고 평등하게 표현해야 함.

실전 맛보기 해설 및 정답

성 역할에 대한 고정 관념이나 편견은 성차별로 이어질 수 있다.
정답 ④

PART 03

1 인간 존엄성과 인권

❶ 인간답게 산다는 것은 생명을 유지하고 살아가는 것을 의미한다. ○ ✕

❷ 인간 존엄성은 누구나 태어날 때부터 가지는 것이다. ○ ✕

❸ 인간 존엄성은 자기의 것이므로 원한다면 스스로 포기할 수 있다. ○ ✕

❹ 인권과 인간 존엄성은 어떠한 상황에서도 누구에게나 적용되어야 하는 보편적 가치이다.
○ ✕

❺ 인간 존엄성과 인권은 상대적인 가치이다. ○ ✕

❻ 인간 존엄성과 인권의 의미를 바탕으로 타인과 우리 사회의 모습을 성찰할 수 있다. ○ ✕

❼ 인간 존엄성과 인권이 보장되는 사회에서 진정으로 인간다운 삶과 행복을 누릴 수 있다.
○ ✕

❽ 인간 존엄성은 인권을 통해 구체적으로 실현된다. ○ ✕

2 사회적 약자와 인권

❶ 사회적 약자란 물리적으로 힘이 약한 사람들을 말한다. ○ ✕

❷ 이주 노동자, 장애인, 결혼 이주 여성 등은 사회적 약자에 속한다. ○ ✕

❸ 사회적 약자는 경제적 어려움으로 기본적인 생계를 해결하지 못해 곤란을 겪기도 한다.
○ ✕

❹ 사회적 약자의 어려움은 인간 존엄성과 인권 보장의 측면에서 우리가 함께 해결해야 할 문제
이다. ○ ✕

❺ 사회적 약자와 함께하려는 노력을 통해 인간 존엄성과 인권이 보장되는 사회로 나아갈 수 있다.
○ ✕

❻ 사회적 약자의 고통에 공감하고 사회적 약자에 대한 편견을 버리는 것은 제도적으로만 할 수 있는 일이다. ◯ ✗

❼ 사회적 약자를 위한 배려와 노력은 시혜적 차원에서 이해되어야 한다. ◯ ✗

3 양성평등의 실천

❶ 양성평등이란 남자와 여자가 무조건 똑같이 대우받는 것이다. ◯ ✗

❷ 성 차이를 잘못 이해하면 성 역할에 대한 고정 관념이 만들어지게 된다. ◯ ✗

❸ 양성평등은 인간 존엄성과 인권을 실현하는 데 필요하다. ◯ ✗

❹ 양성평등과 사회의 발전은 아무런 관계가 없다. ◯ ✗

❺ 성 역할 고정 관념을 버리는 것은 양성평등에 어긋나는 일이다. ◯ ✗

❻ 성 역할 고정 관념을 버리기 위해서는 대중 매체와 자신의 언어, 행동을 점검하고 성찰할 필요가 있다. ◯ ✗

❼ '양성평등 기본법'과 같은 법은 남녀의 평등한 기회와 대우를 보장하는 데 이바지할 수 있다. ◯ ✗

◯✗ 형성 평가 정답

1 인간 존엄과 인권
❶ ✗　❷ ◯　❸ ✗　❹ ◯　❺ ✗　❻ ◯　❼ ◯　❽ ◯

2 사회적 약자와 인권
❶ ✗　❷ ◯　❸ ◯　❹ ◯　❺ ◯　❻ ✗　❼ ✗

3 양성평등의 실천
❶ ✗　❷ ◯　❸ ◯　❹ ✗　❺ ✗　❻ ◯　❼ ◯

02 문화의 다양성

- 문화의 다양성이 중요한 이유를 설명한다.
- 문화를 바라보는 다양한 태도를 이해한다.

1 문화의 다양성과 다문화 사회

1. 다문화 사회의 의미와 형성 배경

(1) 다문화 사회의 의미 : 다양한 문화적 배경을 가진 사람들이 함께 살아가는 사회

(2) 다문화 사회의 형성 배경 : 지역 간, 국가 간 교류의 증가
→ 다른 곳에서 살아가는 사람이 늘어난다.

2. 다문화 사회로 진입한 우리나라

(1) 다문화 사회 진입 배경 : 이주민, 외국인 노동자나 유학생, 북한 이탈 주민 등의 증가

(2) 영향 : 여러 가지 문화를 쉽게 접하게 되었고, 다문화 사회에 관한 우리 사회 구성원들의 관심이 커진다.

3. 우리 안에 있는 다문화의 모습

(1) 공존과 화합을 위해 노력하는 모습 : 서로 다른 문화가 만나 발전하는 모습, 다른 문화를 이해하기 위한 문화 체험 활동 등
→ 바람직한 다문화 공동체의 토대

(2) 갈등하는 모습 : 자기 문화만을 고집하거나 다른 문화를 이해하지 못해 갈등하는 모습 → 반성하고 개선해야 한다.

> **문화**
> 인간이 환경에 적응하거나 극복해 나가는 과정에서 형성된 의식주, 언어, 종교, 관습 등과 같은 생활양식

> **문화의 의미**
> - 넓은 의미 : 인간이 환경에 적응하고 극복해 가는 과정에서 만들어 낸 모든 생활양식
> - 좁은 의미 : 음악, 미술, 문학 등과 같이 예술적 가치가 뛰어나거나 교양 있고 세련된 모습

> **문화의 다양성**
> 인간 집단마다 살아가는 환경과 그에 적응하는 방식의 차이로 문화가 다양하게 나타나는 현상

> **이주민 유입의 긍정적 측면**
> - 풍부한 문화적 경험 가능
> - 문화 발전의 가능성 증대

> **다문화 사회의 새로운 과제**
> - 언어와 관습 차이로 인한 이주민의 우리 사회 적응 문제
> - 이주민을 부당하게 대우하는 문제나 인권 침해 문제

> **용광로 모델**
용광로에 다양한 재료를 녹여 하나의 물질을 만들어내듯 여러 문화가 섞여 만들어진 하나의 문화를 뜻한다. 용광로 모델은 공통된 문화로 사회 통합성을 유지할 수 있다는 장점이 있지만, 각각의 고유한 문화적 전통을 무시하고 지나치게 단일성을 강조하여 다문화를 약화할 수 있다는 한계가 있다.

> **샐러드 볼 모델**
각기 다른 재료들이 각자 고유의 맛을 지키면서도 하나의 샐러드가 되듯, 여러 문화가 고유한 특성을 유지하면서도 조화를 이루어 공존하는 문화이다. 샐러드 볼 모델은 다양한 문화적 전통을 이어갈 수 있다는 장점이 있지만, 다양한 문화를 강조하는 데 치중하다 보면 사회 통합성을 약화할 수 있다는 한계가 있다.

4. 바람직한 다문화 공동체의 실현

(1) 공동체 구성원들이 저마다 자기 문화만을 주장한다면 사회 통합성을 저해할 수 있다.

(2) 모든 구성원이 하나의 문화만을 따른다면, 조화로운 다문화 사회를 만들 수 없다.

(3) 서로의 문화를 존중하면서, 구성원 모두의 공동체 의식을 드높일 수 있는 바람직한 다문화 공동체를 실현해야 한다.

✎ 실/전/맛/보/기

다음과 같은 원인으로 나타나는 문화의 특성은?

- 각 사회의 자연 환경과 인문 환경이 다르다.
- 각 사회의 구성원들이 추구하는 가치관이 다르다.

① 문화의 보편성　　　　② 문화의 다양성
③ 문화의 동질성　　　　④ 문화의 획일성

✐ 스/피/드 Check

❶ 다문화 사회는 다양한 문화적 배경을 지닌 사람들이 함께 살아가는 사회이다.　[O][X]

❷ 오늘날에는 과거에 비해 지역 간, 국가 간 교류가 활발하다.　[O][X]

❸ 샐러드 볼 모델은 여러 문화가 고유한 특성을 유지하면서도 조화를 이루어 공존하는 문화이다.　[O][X]

❹ 다문화 사회에서는 사회 통합성이 저절로 강화된다.　[O][X]

실전 맛보기 해설 및 정답

문화는 서로 다른 환경과 역사적 배경 속에서 형성되었기 때문에 지역이나 사회에 따라 다양한 모습으로 나타난다. 이러한 문화의 특성을 문화의 다양성이라고 한다.
정답 ②

스피드 Check 정답

❶ ○　　❷ ○　　❸ ○
❹ ×

2 문화를 바라보는 태도

1. 문화를 바라보는 관점

(1) 자문화 중심주의 : 자기 문화만을 기준으로 다른 문화를 바라보는 관점 ➡ 다양한 문화를 이해·인정하기 어렵다.

(2) 문화 사대주의 : 다른 문화를 우월하다고 여기고 그 문화를 기준으로 삼아 자기 문화를 바라보고 평가하는 태도 ➡ 다른 문화를 비판 없이 받아들이게 하고, 자기 문화의 정체성을 잃어버리게 할 수 있다.

(3) 문화 상대주의 : 문화가 생겨난 독특한 환경이나 역사적·사회적 상황 등을 이해하면서 다른 문화를 바라보는 관점

2. 문화 상대주의의 필요성

(1) 각 문화에 담긴 고유한 뜻과 가치를 이해함으로써 문화의 다양성을 인정할 수 있다.

(2) 다양한 문화의 풍요로움을 누리면서 사회 구성원 모두가 조화로운 삶을 살아갈 수 있다.

3. 보편 규범에 근거한 문화 성찰

(1) 보편 규범에 근거한 타문화 성찰 : 문화 상대주의의 한계를 고려해야 한다. ➡ 문화가 상대적이라고 해서 그 안에 담긴 도덕규범까지 상대적인 것은 아니기 때문이다.
   예 명예 살인, 순장, 전족 풍습, 식인 풍습 등

(2) 보편 규범에 근거한 자문화 성찰
   ① 연고주의 문화 : 공정하고 정의로운 사회를 가로막는다.
   ② 가족 이기주의와 다문화 이웃에 대한 배타적 태도 : 다른 사람의 인간다운 삶을 해칠 수 있다.

❯ 문화를 바라보는 태도

자문화 중심주의	자신의 문화를 기준으로 다른 문화를 열등한 것으로 여기는 태도
문화 사대주의	자신의 문화를 낮게 평가하고, 다른 문화를 우수한 것으로 여겨 그것을 동경하는 태도
문화 상대주의	그 문화가 생기게 된 배경이나 원인을 그 사회의 관점에서 이해하려는 태도

❯ 명예 살인
집안의 명예를 훼손했다는 근거로 가족 구성원을 살해하는 관습

❯ 연고주의
혈연, 지연, 학연 등 개인의 관계를 다른 사회적 관계보다 지나치게 중시하는 태도

❯ 문화 상대주의에 대한 오해

도덕적 회의주의	세상에는 옳은 것도 없고, 그른 것도 없다고 보는 태도
도덕적 상대주의	서로 다른 사회에는 서로 다른 도덕 법칙이 있으며, 옳고 그름은 관점의 문제일 뿐이라는 태도

● 다문화 사회에서의 갈등 원인
- 문화적 차이에 대한 이해 부족
- 다른 문화에 대한 편견과 고정 관념

● 다문화 사회의 갈등을 해결하기 위한 바람직한 자세
- 이주민을 배려하는 자세
- 이주민의 삶에 공감하는 자세
- 관용의 자세

✏️ 실/전/맛/보/기

다음 설명에 해당하는 개념은?

> 각 민족이나 나라의 문화를 독특한 환경과 사회적 상황에서 이해해야 한다는 관점이다.

① 문화 보편주의　　　　　② 문화 절대주의
③ 문화 상대주의　　　　　④ 문화 사대주의

📝 스/피/드 Check

❶ 문화를 바라보는 올바른 관점은 문화의 가치를 주관적으로 파악하는 관점이다.
　　　　　　　　　　　　　　　　　　　　　　　　　　　　O X

❷ 문화에 관한 오해와 편견이 생기지 않게 하려면 문화 상대주의가 필요하다.
　　　　　　　　　　　　　　　　　　　　　　　　　　　　O X

❸ 문화가 서로 다른 것을 인정해야 하듯, 보편 규범도 서로 다르다는 것을 인정해야 한다.
　　　　　　　　　　　　　　　　　　　　　　　　　　　　O X

---

3 다문화 사회의 갈등

1. 다문화 사회에서 발생할 수 있는 갈등

(1) 문화적 차이에 관한 무지나 이해 부족으로 발생하는 갈등 : 서로 다른 문화에서 비롯된 언어, 종교, 가치관, 생활양식 등을 알지 못하거나 이해하지 못하여 갈등이 발생한다.

실전 맛보기 해설 및 정답

문화 상대주의는 문화의 우열을 판단하는 절대적인 기준을 인정하지 않는다. 각 사회의 문화는 그 사회의 특수한 상황 속에서 형성되어 온 것이므로, 그 사회 구성원들에게 나름의 의미와 가치가 있다고 보기 때문이다. 　정답 ③

- -

스피드 Check 정답

❶ ✕　　❷ ○　　❸ ✕

(2) 편견과 차별로 발생하는 갈등 : 편견과 차별은 다문화 사회에서 사람들이 갈등하는 가장 큰 원인이자, 그 자체로 잘못된 일이다.

2. 다문화 사회의 갈등을 해결하기 위한 방법

(1) 개인적 노력
① 다양한 지식 습득 : 다른 문화적 배경을 지닌 사람들의 언어, 풍습, 종교 등을 알아보고 이해해야 한다.
② 존중과 배려의 자세 : 문화적 차이로 어려움을 겪는 사람들을 따뜻하게 배려해야 한다.

③ 다양한 문화 체험 활동 : 다른 문화를 체험하면서 그 문화를 더 폭넓게 이해하고 다른 문화를 인정하고 존중하는 태도를 기를 수 있다.

(2) 사회적 노력 : 문화적 배경이 다른 사람들이 서로 소통할 수 있는 사업을 기획하거나 서로의 문화를 이해할 수 있는 문화 적응 교육 등을 마련해야 한다.

실/전/맛/보/기

문화적 차이로 인한 차별을 극복하기 위한 자세로 가장 적절한 것은?

① 다른 사람의 생활 방식을 무시한다.
② 서로의 다름을 인정하고 존중한다.
③ 경제적 수준으로 문화를 평가한다.
④ 자기 문화에 대한 우월 의식을 갖는다.

스/피/드 Check

❶ 다문화 사회에서 나타나는 갈등은 사회 전체의 평화에 영향을 끼치지 못한다.

Ｏ Ｘ

❷ 타 문화에 대한 무지와 편견은 다문화 사회에서 갈등의 원인이 된다. Ｏ Ｘ

❸ 다문화 사회에서 발생하는 갈등을 해결하려면 사회적 차원의 노력도 해야 한다.

Ｏ Ｘ

실전 맛보기 해설 및 정답

우리는 이주민을 배려하고, 그들의 삶에 공감하며, 관용의 자세를 갖춤으로써 다문화 사회에서 나타나는 갈등을 해소하고, 다양한 문화적 배경을 가진 사람들이 서로 조화를 이룰 수 있다. 정답 ②

. . . .

스피드 Check 정답

❶ × ❷ ○ ❸ ○

1 문화 다양성과 다문화 사회

❶ 다문화 사회는 다양한 문화적 배경을 지닌 사람들이 함께 살아가는 사회이다. ⊙ ⊗

❷ 오늘날에는 과거에 비해 지역 간, 국가 간 교류가 활발하다. ⊙ ⊗

❸ 우리 사회에서는 점점 더 이국적인 문물을 접하기가 어려워지고 있다. ⊙ ⊗

❹ 우리 사회에는 다양한 문화적 배경을 지닌 사람들이 늘어나고 있다. ⊙ ⊗

❺ 샐러드 볼 모델은 여러 문화가 고유한 특성을 유지하면서도 조화를 이루어 공존하는 문화이다. ⊙ ⊗

❻ 다문화 사회는 문화만 다양해질 뿐, 새로운 문화 창조에 이바지할 수 없다. ⊙ ⊗

❼ 다문화 사회에서는 사회 통합성이 저절로 강화된다. ⊙ ⊗

2 문화를 바라보는 태도

❶ 문화를 바라보는 올바른 관점은 문화의 가치를 주관적으로 파악하는 관점이다. ⊙ ⊗

❷ 문화에 관한 오해와 편견이 생기지 않게 하려면 문화 상대주의가 필요하다. ⊙ ⊗

❸ 각 문화의 다양성을 인정하고 역사적·사회적 맥락에서 이해하는 것을 문화 절대주의라고 한다. ⊙ ⊗

❹ 자기 문화만을 기준으로 다른 문화를 바라보는 관점을 자문화 중심주의라고 한다. ⊙ ⊗

❺ 모든 문화는 문화 상대주의적 관점에서 인정되어야 한다. ⊙ ⊗

❻ 문화가 서로 다른 것을 인정해야 하듯, 보편 규범도 서로 다르다는 것을 인정해야 한다. ⊙ ⊗

❼ 우리 사회의 연고주의 문화는 공정한 평가를 방해한다는 점에서 비판적으로 바라보아야 한다. ⊙ ⊗

❽ 보편 규범에 근거한 문화 성찰은 더 나은 다문화 사회를 만드는 데 이바지한다. ⊙ ⊗

3 다문화 사회의 갈등

❶ 다문화 사회에서 구성원들이 서로의 문화적 차이를 이해하지 못하면 갈등이 발생할 수 있다.

〇 ✕

❷ 다문화 사회에서 나타나는 갈등은 사회 전체의 평화에 영향을 끼치지 못한다. 〇 ✕

❸ 타 문화에 대한 무지와 편견은 다문화 사회에서 갈등의 원인이 된다. 〇 ✕

❹ 다문화 사회의 갈등을 해결하기 위해서는 상대방을 배려하는 자세가 필요하다. 〇 ✕

❺ 다문화 사회의 갈등을 해결하기 위해 다른 문화적 배경을 가진 사람들의 문화를 배제하려는
노력이 필요하다. 〇 ✕

❻ 다양한 문화 체험 활동에 참가함으로써 문화에 관한 지식을 얻고 존중하는 태도를 기를 수 있다.

〇 ✕

❼ 다문화 사회에서 발생하는 갈등을 해결하려면 사회적 차원의 노력도 해야 한다. 〇 ✕

〇✕ 형성 평가 정답

1 문화 다양성과 다문화 사회
❶ 〇   ❷ 〇   ❸ ✕   ❹ 〇   ❺ 〇   ❻ ✕   ❼ ✕

2 문화를 바라보는 태도
❶ ✕   ❷ 〇   ❸ ✕   ❹ 〇   ❺ ✕   ❻ ✕   ❼ 〇   ❽ 〇

3 다문화 사회의 갈등
❶ 〇   ❷ ✕   ❸ 〇   ❹ 〇   ❺ ✕   ❻ 〇   ❼ 〇

03

세계 시민 윤리

● 세계 시민의 의미와 역할을 이해하고, 세계 시민이 직면한 다양한 도덕 문제를 인식한다.
● 세계 시민이 직면한 도덕 문제의 해결 방안을 제시한다.

❯ 세계화
국가 간의 상호 의존성이 높아지고 국제 사회가 국경을 초월하여 하나의 지구촌으로 통합되어 가는 현상

❯ 세계 시민에 대한 동서양 사상가들의 생각
● 묵자 : "자신(自身), 자가(自家), 자국(自國)을 사랑하듯이 타인, 타가, 타국을 사랑하라."
● 디오게네스 : "어디서 왔는가?"라는 질문을 받자, "나는 세계의 시민이다."라고 대답하였다.

❯ 세계 시민으로서 가져야 할 태도
● 지구촌의 많은 일들이 내가 해결해야 할 문제라고 생각해야 한다.
● 나의 행동이 지구 반대편 사람들의 삶에 영향을 끼칠 수 있음을 생각해야 한다.
● 편견 없는 사고와 열린 마음을 가지고 지구촌의 문제를 해결하려는 태도를 갖추어야 한다.

❯ 한국인으로서의 정체성의 원천
● 홍익인간 : 사람이 사는 세상을 널리 이롭게 한다.
● 경천애인 : 하늘을 공경하고 인간을 사랑한다.

1 나는 세계 시민인가?

1. 세계 시민의 의미

(1) 지구촌 사회
① 오늘날 세계는 하나의 마을과 같은 지구촌을 형성하고 있음.
→ 각종 문물을 교류하는 모습이 나타난다.
② 개인의 사소한 행동 하나도 지구촌 전체의 문제와 긴밀하게 연결될 수 있다.

(2) 세계 시민의 의미 : 지구촌의 문제를 자신의 문제로 여기고, 이를 해결하기 위해 적극적으로 노력하는 사람

(3) 세계 시민으로서 우리의 노력 : 우리는 자신이 한국인이자 세계 시민이라는 인식을 바탕으로 지구 공동체의 문제를 해결하려고 노력해야 한다.

2. 세계 시민이 갖추어야 할 도덕적 가치

(1) 세계 시민의 도덕적 가치
① **인류애** : 지구촌 이웃을 사랑하는 마음
② **연대 의식** : 공동체의 구성원들이 서로 연결되어 있다고 생각하는 마음이자, 서로가 겪는 문제를 해결하는 데 함께 책임지려는 마음
③ **평화 의식** : 평화를 사랑하고 화합과 공존을 소중하게 여기는 마음

(2) 세계 시민으로서 우리의 과제 : 한국인으로서의 정체성을 바탕으로 세계 시민의 도덕적 가치를 추구함으로써 지구촌의 문제를 협력하여 함께 해결해야 한다.

📝 실/전/맛/보/기

⊙에 들어갈 내용으로 적절하지 <u>않은</u> 것은?

> **주제 : 한국인의 정체성의 원천**
>
> (가) 의미 : 한국인이 소중하게 여겨 온 정신적·도덕적 가치
> (나) 구성 요소 : (　　　　⊙　　　　)

① 이기주의　　　　　　② 풍류사상
③ 선비정신　　　　　　④ 평화애호정신

📝 스/피/드 Check

❶ 세계 시민은 지구촌의 문제를 자신의 문제로 여기고, 이를 해결하기 위해 적극적으로 노력하는 사람이다. ⓞⓧ

❷ 지구촌 사회에서는 국가 간에 교류가 활발하므로 나의 행동이 지구촌 사회에 영향을 주지 못한다. ⓞⓧ

❸ 세계 시민이 되기 위해서는 한국인으로서의 정체성보다 세계 시민 의식을 함양하는 것이 우선 과제이다. ⓞⓧ

2 세계 시민이 직면한 도덕 문제

1. 세계 시민으로서 해결해야 할 도덕 문제

(1) 빈곤과 기아
　① 심각성 : 생존을 위협하는 문제
　② 빈곤은 아동 노동으로 연결되는 등 다양한 문제를 일으킨다.

(2) 환경 문제
　① 심각성 : 미래 세대의 생존을 위협하는 문제
　② 한 지역의 환경오염이 지구 전체에 영향을 준다.

(3) 폭력과 전쟁
　① 원인 : 종교 갈등, 자원 및 영토 확보 문제 등
　② 심각성 : 안전과 생존을 위협할 뿐 아니라 평화롭고 인간다운 삶을 살 수 없게 한다.

(4) 그 외의 문제 : 인구 문제, 식량과 물 부족 문제 등

---

❷ **지구 공동체의 문제에 관심을 가져야 하는 이유**
• 어려운 처지의 지구촌 이웃을 돕는 것은 인간으로서 당연한 도리이기 때문
• 지구 공동체의 문제는 여러 나라가 힘을 모아야 해결할 수 있기 때문
• 지구 공동체의 문제는 우리의 문제와도 밀접하게 연결되어 있기 때문

❷ **세계 시민이 직면한 도덕 문제**

경제 및 사회 정의의 훼손	부의 불평등한 분배 문제 발생
지구 환경 파괴	과도한 에너지 소비 및 개발로 인한 환경 파괴 발생
문화 다양성의 훼손	전 세계의 문화가 강대국의 문화로 획일화되는 문제 발생
평화의 위협	영토나 자원 확보를 둘러싼 갈등, 종교나 이념의 대립 등 분쟁과 전쟁 발생

❷ **오늘날 환경 문제의 특징**
• 전 지구적 영향을 미친다.
• 환경 문제가 지구의 자정 능력을 초과하여 복구하기 어려운 수준으로 발생한다.
• 불특정 다수에게 피해가 나타난다.
• 미래 세대의 생존과 관련된 책임 문제가 발생한다.

실전 맛보기 해설 및 정답

이기주의는 한국인이 소중하게 여겨 온 정신적·도덕적 가치라고 볼 수 없다.　　　정답 ①

스피드 Check 정답

❶ ○　　❷ ×　　❸ ×

❯ 비정부 기구
권력이나 이익을 추구하지 않고, 인간다운 삶의 보장을 위해 시민이 중심이 되어 조직된 민간단체

2. 지구 공동체의 도덕 문제를 해결하기 위한 노력

(1) **개인적 차원** : 환경 친화적 소비, 자원 절약, 빈곤 국가에 대한 후원, 봉사 활동 등

(2) **국가적 차원** : 법과 제도의 정비, 지구 공동체 문제에 관심을 기울이는 사람들을 위한 지원 등

(3) **국제적 차원**
  ① 국제기구나 비정부 기구를 통해 전 지구적인 문제에 함께 대응할 수 있다.
  ② 각종 국제 협약을 맺는 방법으로 여러 나라가 공동으로 다양한 문제에 대처해 나갈 수 있다.

📝 **실/전/맛/보/기**

기아 및 빈곤 문제를 해결하기 위한 노력 중 성격이 <u>다른</u> 하나는?

① 해외 봉사 활동 프로그램에 참여한다.
② 빈곤 국가 어린이를 돕기 위한 모금에 참여한다.
③ 빈곤 국가 어린이를 후원하는 기업의 제품을 구매한다.
④ 전 세계가 참여할 수 있는 빈곤 해결 관련 협정을 마련한다.

📝 **스/피/드 Check**

❶ 환경 문제는 현세대만의 문제이다. ⓞ ⓧ

❷ 세계 시민은 인구 문제, 물 부족 문제 등과 같은 다양한 도덕 문제에 직면해 있다. ⓞ ⓧ

❸ 지구 공동체 문제를 해결하기 위한 비정부 기구의 노력은 바람직하지 않다. ⓞ ⓧ

실전 맛보기 해설 및 정답

①~③은 개인적 차원의 노력, ④는 국제적 차원의 노력에 해당한다. 정답 ④

- -

스피드 Check 정답

❶ ✕ ❷ ○ ❸ ✕

1 나는 세계 시민인가?

❶ 세계는 하나의 마을과 같이 서로 영향을 주고받으며 교류하고 있다. ⓞⓧ

❷ 세계 시민은 지구촌의 문제를 자신의 문제로 여기고, 이를 해결하기 위해 적극적으로 노력하는 사람이다. ⓞⓧ

❸ 지구촌 사회에서는 국가 간에 교류가 활발하므로 나의 행동이 지구촌 사회에 영향을 주지 못한다. ⓞⓧ

❹ 세계 시민은 인류애를 추구함으로써 모두가 인간답게 살 수 있는 세상을 만들기 위해 노력해야 한다. ⓞⓧ

❺ 연대 의식을 지닌 사람은 지구촌 이웃들의 문제에 책임감을 느낀다. ⓞⓧ

❻ 세계 시민은 평화 의식을 바탕으로 지구촌의 다양한 분쟁과 갈등을 해결해 나가야 한다. ⓞⓧ

❼ 세계 시민이 되기 위해서는 한국인으로서의 정체성보다 세계 시민 의식을 함양하는 것이 우선 과제이다. ⓞⓧ

2 세계 시민이 직면한 도덕 문제

❶ 빈곤과 기아는 세계 시민이 직면하는 대표적 문제 중 하나이다. ⓞⓧ

❷ 환경 문제는 현세대만의 문제이다. ⓞⓧ

❸ 폭력과 전쟁은 종교 갈등, 자원이나 영토 확보 등을 이유로 벌어지고 있다. ⓞⓧ

❹ 세계 시민은 인구 문제, 물 부족 문제 등과 같은 다양한 도덕 문제에 직면해 있다. ⓞⓧ

❺ 지구 공동체 문제를 해결하기 위해 개인적으로는 후원 및 봉사 활동, 자원 절약 등에 참여할 수 있다. ⓞⓧ

❻ 국가적 차원에서 관련법과 제도를 만들어 전 지구적인 문제 해결에 나설 수 있다.　Ⓞ ⓧ

❼ 지구 공동체 문제의 해결을 위해서는 전 지구적 협력이 필요하다.　Ⓞ ⓧ

❽ 지구 공동체 문제를 해결하기 위한 비정부 기구의 노력은 바람직하지 않다.　Ⓞ ⓧ

OX 형성 평가 정답

1 나는 세계 시민인가?
❶ ○　❷ ○　❸ ×　❹ ○　❺ ○　❻ ○　❼ ×

2 세계 시민이 직면한 도덕 문제
❶ ○　❷ ×　❸ ○　❹ ○　❺ ○　❻ ○　❼ ○　❽ ×

01 인간 존엄성에 관한 설명으로 적절하지 <u>않은</u> 것은?

① 누구도 침해할 수 없는 절대적 가치이다.

② 다른 어떤 것과도 바꿀 수 없는 가치이다.

③ 인종 차별은 인간 존엄성을 침해하는 사례이다.

④ 시대와 장소에 따라 인간 존엄성을 누리는 사람이 달라져야 한다.

02 인권에 대한 설명으로 옳지 <u>않은</u> 것은?

① 인간 존엄성을 보장하기 위한 권리이다.

② 성인이 되어야만 누릴 수 있는 권리이다.

③ 인간이라면 누구나 지니는 기본적 권리이다.

④ 누구에게나 적용되어야 하는 보편적 권리이다.

03 ㉠에 들어갈 말로 가장 적절한 것은?

인권은 인간이 태어나면서부터 지니는, 하늘로부터 부여받은 권리라는 의미에서 (㉠)(이)라고도 한다.

① 천부 인권　　② 보편적 권리

③ 자연적 권리　　④ 종교적 권리

04 사회적 약자를 위한 사회적 차원의 노력으로 옳지 <u>않은</u> 것은?

① 장애인을 위한 편의 시설을 늘린다.

② 사회적 약자에 관한 개인의 편견을 버린다.

③ 빈곤층을 경제적으로 지원하는 제도를 만든다.

④ 사회적 약자를 배려하는 소수자 우대 정책을 시행한다.

05 ㉠, ㉡에 들어갈 말을 바르게 짝지은 것은?

(㉠)은/는 여성과 남성이 어떻게 생각하고 행동해야 하는지에 관한 사회적 기대로 시대와 환경에 따라 달라진다. 그러나 그렇지 못할 때 성별에 따라 부당하게 차별하는 (㉡)(으)로 이어질 수 있다.

	㉠	㉡
①	성차별	성 역할
②	성 역할	성차별
③	고정 관념	성차별
④	고정 관념	성 역할

06 성차별의 문제점으로 옳지 <u>않은</u> 것은?

① 출생률을 높일 수 있다.
② 개인의 자아실현을 어렵게 할 수 있다.
③ 개인의 능력을 발휘하기 어렵게 할 수 있다.
④ 인권이 추구하는 평등의 가치에 어긋날 수 있다.

07 양성평등을 실천하기 위한 개인적 차원의 노력으로 가장 적절한 것은?

① 양성평등과 관련된 법률을 개정한다.
② 성 역할과 관련된 고정 관념을 버린다.
③ 학교에서 꾸준히 양성평등 교육을 한다.
④ 대중 매체의 성차별적 표현을 받아들인다.

08 문화 다양성이 필요한 이유로 옳지 <u>않은</u> 것은?

① 인류의 삶을 더욱 풍요롭게 한다.
② 자기 문화에 갇힌 시각을 열어 준다.
③ 문화를 단순하게 만들어 누구나 쉽게 익히게 한다.
④ 다른 문화와의 교류를 통해 우리 문화를 발전시킨다.

09 빈칸에 공통으로 들어갈 알맞은 말은?

> 다양한 문화가 공존하는 사회를 (   )(이)라고 한다. 국제결혼이나 이주 노동자 등이 늘어나면서 우리나라도 (   )에 접어들었다.

① 세계화　　　　　② 대동 사회
③ 민주 사회　　　　④ 다문화 사회

10 다음 글에서 설명하는 태도로 가장 적절한 것은?

> 이것은 자기 문화를 무시하고 다른 문화를 기준으로 삼아 자기 문화를 바라보고 평가하는 태도이다. 이런 태도는 다른 문화를 비판 없이 받아들이게 하고, 더 나아가 자기 문화의 정체성을 잃어버리게 할 수 있다.

① 다문화주의　　　② 문화 사대주의
③ 문화 상대주의　　④ 자문화 중심주의

11 다음 내용과 가장 관련이 깊은 것은?

> • 문화 다양성을 높일 수 있다.
> • 각 문화의 고유성과 전통을 인정한다.
> • 어느 문화가 더 뛰어난지 비교하고 평가하지 않는다.

① 문화 동화주의　　② 문화 사대주의
③ 문화 상대주의　　④ 자문화 중심주의

12 다음 사례를 대하는 태도로 가장 적절한 것은?

> 고대 중국에서는 발이 아주 작은 여자를 최고의 미인으로 여겼어요. 따라서 귀족 가문의 아가씨들은 아주 어린아이일 때부터 전족을 했어요. 면으로 된 전족포를 발에 동여매면 발이 더 이상 자라지 않거든요. 이렇게 해서 일부러 발을 작게 만들면 평생 장애를 안고 살아야 했어요. 혼자서는 걸을 수도 없었죠.

① 우리나라의 문화보다 우수하므로 인정해야 한다.
② 우리나라의 문화가 더 우월하므로 인정할 수 없다.
③ 문화적 관용의 자세를 지니고 각 문화의 가치를 인정해야 한다.
④ 인간 존엄성과 인권과 같은 보편적 규범에 어긋나므로 존중할 수 없다.

13 다문화 사회의 갈등과 관련된 내용으로 적절하지 <u>않은</u> 것은?

① 다문화 사회에서 갈등이 지나치면 사회적 혼란이 생길 수 있다.
② 다른 문화에 관한 지식이 부족해 생긴 오해로 갈등이 발생하기도 한다.
③ 다문화 사회에서는 서로 다른 문화가 공존하므로 갈등이 발생하기 쉽다.
④ 다문화 사회에서 일어나는 갈등은 언제나 문화 발전을 저해하므로 무조건 막아야 한다.

14 다음 글에서 설명하는 태도로 가장 적절한 것은?

> 이것은 다른 문화를 무조건 거부하거나 틀렸다고 생각하지 않고 그 문화의 고유한 가치를 인정하며 문화적 차이를 존중하려는 것이다. 이것은 다른 문화의 장점을 받아들이는 태도로 이어져 사회 발전에도 도움이 될 수 있다.

① 문화적 관용
② 타 문화 비판
③ 타 문화 허용
④ 보편적 가치 추구

15 다음에서 설명하는 개념으로 옳은 것은?

> • 정치, 경제, 문화 등 다양한 영역에서 국가 사이의 상호 의존성이 심화하는 현상이다.
> • 교통과 통신이 발달하면서 사람, 물건, 정보, 자본 등의 흐름이 자유로워지고 세계가 하나로 연결되는 현상이다.

① 지역화
② 세계화
③ 획일화
④ 서구화

16 다음에서 설명하는 한국인으로서의 정체성의 원천이 되는 가치로 가장 적절한 것은?

> • 하늘을 공경하고 인간을 사랑하는 정신적 가치이다.
> • 자연을 사랑하는 마음을 바탕으로 지구의 환경 문제를 해결하려는 노력으로 이어질 수 있다.

① 경천애인
② 선비 정신
③ 장인 정신
④ 평화 애호

PART 03

17 지구 공동체의 도덕 문제로 옳지 <u>않은</u> 것은?

① 전쟁 　　　② 기아 문제
③ 인권 침해 　④ 문화 다양성

19 지구 공동체의 도덕 문제를 해결하기 위한 방법
으로 옳지 <u>않은</u> 것은?

① 우리와 다른 문화를 존중하는 마음을 가져
야 한다.
② 국가 사이의 경쟁에서 승리하기 위해서 우
리나라만을 생각해야 한다.
③ 지구 공동체의 도덕 문제에 관심을 가지고
참여하려는 자세를 가져야 한다.
④ 어떤 문제는 지구적 차원의 해결을 요구하
기 때문에 지구적 관점을 지녀야 한다.

18 다음에서 설명하는 지구 공동체의 도덕 문제로
가장 적절한 것은?

> 아동과 청소년이 전쟁에 동원되거나, 기본적
> 인 교육도 받지 못하고 저임금 노동에 시달리
> 는 것

① 인권 침해
② 기아와 빈곤
③ 전쟁과 난민
④ 기후 변화와 환경 문제

20 지구 공동체의 문제를 해결하기 위한 바람직한
자세가 <u>아닌</u> 것은?

① 지구적 관점
② 편견과 차별
③ 공동선의 지향
④ 상호 존중과 관용

PART 03 기출문제 체크

정답 및 해설 10p

01 다음 설명에 해당하는 개념은?

> • 인간으로서 마땅히 누려야 할 기본적 권리
> • 행복 추구권, 자유권, 평등권 등

① 정의 　② 배려
③ 책임 　④ 인권

02 다음 내용이 공통적으로 강조하는 것은?

> • 사람이 곧 하늘이다.
> • 널리 인간을 이롭게 한다.
> • 다른 사람을 대할 때 내 몸같이 소중히 여겨라.

① 장인 정신 　② 인간 존중
③ 경로 효친 　④ 풍류 사상

03 다음에서 설명하는 인권의 특성은?

> 인권은 인종, 피부색, 언어, 종교 등 그 어떤 이유와도 관계없이 모든 사람이 태어나면서부터 누려야 할 권리이다.

① 보편성 　② 타율성
③ 창의성 　④ 경제성

04 ㉠에 들어갈 말로 적절한 것은?

> 〈　　㉠　　〉
> • 단군의 건국이념
> • "널리 인간을 이롭게 한다."

① 연고주의 　② 홍익인간
③ 무위자연 　④ 국수주의

05 (　　) 안에 공통으로 들어갈 알맞은 말은?

> • 세계 (　　) 선언 제1호 : 모든 인간은 태어날 때부터 자유롭고, 존엄성과 권리에 있어서 평등하다.
> • 대한민국 헌법 제10조 : 모든 국민은 인간으로서의 존엄과 가치를 가지며, 행복을 추구할 권리를 가진다. 국가는 개인이 가지는 불가침의 기본적 (　　)을/를 확인하고 이를 보장할 의무를 진다.

① 환경 　② 복지
③ 연대 　④ 인권

06 인권에 대한 설명으로 적절하지 <u>않은</u> 것은?

① 국가는 인권을 보장할 의무가 없다.
② 누구도 인권을 함부로 침해할 수 없다.
③ 인권은 인간이라면 마땅히 누려야 할 권리이다.
④ 인간의 존엄성을 실현하기 위해 인권이 필요하다.

07 북한 이탈 주민을 돕기 위한 노력으로 적절하지 <u>않은</u> 것은?

① 사회적 편견과 차별을 바로잡는다.
② 교육과 직업 훈련 등의 제도적 지원을 한다.
③ 주거 안정을 위한 정착 지원금을 제공한다.
④ 사회에 적응시키기보다는 먼저 취업을 시킨다.

08 사회적 약자를 배려하는 자세로 가장 적절한 것은?

① 잘못된 선입견을 갖는다.
② 고통을 이해하고 공감한다.
③ 사생활을 지나치게 간섭한다.
④ 은혜를 베푼다는 생각으로 도와준다.

09 다음 제도들이 공통으로 추구하는 목표로 가장 적절한 것은?

육아 휴직제   성 차별 금지제   호주제의 폐지

① 양성평등의 실현
② 고용 조건의 개선
③ 국민의 정치 참여
④ 국민의 교육 기회 축소

10 양성평등 실현을 위한 노력으로 적절하지 <u>않은</u> 것은?

① 잘못된 성차별 문화를 개선한다.
② 성역할이 고정되어 있다는 의식을 버린다.
③ 성차별을 극복하기 위해 법과 제도를 마련한다.
④ 남성과 여성의 역할을 성에 따라 엄격히 구분한다.

11 다음과 같은 변화에 대한 설명으로 가장 적절한 것은?

> 남녀가 하는 일이 엄격하게 구분되어 있던 과거와는 달리 오늘날에는 자신의 능력과 상황에 맞는 일을 하는 것이 바람직하다는 인식이 확산되고 있다.

① 남녀의 성 역할은 타고나는 것이다.
② 집안일은 전적으로 남성이 하는 것이다.
③ 남녀의 성 역할 구분이 엄격해지고 있다.
④ 남녀의 성 역할에 대한 고정관념이 약화되고 있다.

쌍둥이 문제
13 다음 ㉠에 들어갈 내용으로 가장 적절한 것은?

> • 주제 : 양성평등 실현을 위한 자세
> • 자세 1 : (㉠   )
>   자세 2 : 상호 존중하는 태도를 갖는다.

① 성별에 대한 고정관념을 갖는다.
② 성별에 따른 역할을 엄격하게 구분한다.
③ 관행적인 성차별 문화는 지속적으로 유지한다.
④ 성별에 대한 차이를 이해하고 다름을 존중한다.

14 다음에서 알 수 있는 문화의 특성은?

> 식사할 때 숟가락이나 젓가락을 사용하는 나라가 있고, 포크와 나이프를 사용하는 나라가 있는가 하면 아무런 도구 없이 손을 사용하는 나라도 있다.

① 다양성   ② 보편성
③ 객관성   ④ 절대성

12 양성평등을 위한 생활 실천 자세를 갖춘 학생은?

15 다음에서 설명하는 문화에 대한 관점은?

> 다른 사회의 문화가 자신이 속한 문화보다 우월하다고 믿고, 자신의 문화에 대해서는 낮게 평가하는 태도

① 문화 국수주의   ② 문화 사대주의
③ 문화 배타주의   ④ 문화 상대주의

16 다양한 문화를 대하는 자세로 가장 적절한 것은?

① 낯선 문화와는 교류하지 않는다.
② 다른 문화에 대한 지식은 거부한다.
③ 다른 문화를 무시하거나 차별적으로 대한다.
④ 다른 문화를 이해하려는 열린 마음을 가진다.

쌍둥이 문제
17 문화를 바라보는 학생의 태도로 가장 적절한 것은?

한복   아오자이   기모노

각 나라마다 고유한 의상이 있구나.

① 다른 문화를 배척한다.
② 자기 문화만을 고집한다.
③ 문화적 차이를 존중한다.
④ 다른 문화가 우월하다고 생각한다.

18 다음과 같은 문화를 존중할 수 **없는** 도덕적 이유는?

- 순장   - 전족 풍습
- 명예 살인

① 인간 존중의 정신에 어긋나기 때문에
② 다른 문화에 대한 정보가 부족하기 때문에
③ 다른 문화보다 우리 문화가 더 우월하기 때문에
④ 혈연, 학연, 지연을 지나치게 중시하는 문화 풍토 때문에

19 문화 교류의 자세로 옳은 것을 〈보기〉에서 고른 것은?

┤ 보기 ├
ㄱ. 다른 문화에 대한 폐쇄적 자세
ㄴ. 다른 문화의 특성을 인정하는 태도
ㄷ. 다른 문화의 장점을 비하하는 태도
ㄹ. 다른 문화를 주체적으로 수용하는 자세

① ㄱ, ㄴ   ② ㄱ, ㄷ
③ ㄴ, ㄹ   ④ ㄷ, ㄹ

20 세계화 시대의 바람직한 시민의 자세로 적절한 것은?

① 국민의 역할과 의무를 소홀히 한다.
② 지구가 처한 어려움에 대해서는 외면한다.
③ 다른 나라 사람들을 괴롭히고 힘들게 한다.
④ 나라의 발전과 인류의 평화를 위해 노력한다.

21 지구 공동체 문제를 개선하기 위한 노력으로 바람직한 것은?

① 빈곤 국가의 어린이 후원 활동을 축소한다.

② 지구 온난화 문제에 대해 관심을 갖지 않는다.

③ 질병 예방을 위한 비정부 기구의 활동을 금지한다.

④ 외국의 자연재해에 대한 정부 차원의 지원을 강화한다.

EBS 교육방송교재

중졸 검정고시 도덕

PART
04

타인과의 관계 (2)

✪ 이 단원은 타인과의 다양한 관계 속에서 발생하는 갈등을 도덕적으로 해결하려는 자세와 태도에 대해서 탐구하고 성찰하도록 함으로써, 존중과 배려를 바탕으로 다른 사람들과 원만한 관계를 맺는 태도를 기르기 위해 설정된 단원이다. 정보화 시대를 살아가는 우리는 가상 공간에서도 현실 공간에서처럼 도덕적 책임을 지고 다른 사람을 존중하는 태도로 의사소통할 수 있어야 한다. 또한 다른 사람의 입장을 배려하는 마음을 가지고 갈등을 평화적으로 해결하는 자세를 지님으로써 폭력이 발생하는 것을 예방하고, 다른 사람과 협력하며 조화로운 삶을 살아갈 수 있어야 한다.

01 정보 통신 윤리

- 가상 공간의 특성을 이해하고, 정보화 시대의 도덕적 책임 필요성을 탐구한다.
- 정보 통신 매체를 사용하면서 사이버 폭력에 바르게 대처한다.

> **정보화**
지식과 정보가 산업과 사회적 활동의 중심이 되어 가는 것

> **사이버 공간**
정보 통신망을 통해 많은 정보를 교환하고 공유하는 가상 공간

> **사생활**
개인의 고유한 삶의 영역으로, 다른 사람에게 방해받고 싶지 않은 개인만의 영역

> **중독(Addiction)**
한 가지 일만 반복하려는 충동과 행동을 의미한다. 스마트폰 사용이나 컴퓨터 게임 중독에 빠지면 그 행동을 하지 못했을 때 일상생활을 꾸려가기 어렵다.

> **정보화 시대의 도덕 문제**
- 사생활 침해
- 인터넷 중독
- 사이버 폭력
- 지적 재산권 침해
- 해킹이나 컴퓨터 바이러스 유포
- 정보 격차

1 정보화 시대에 발생하는 도덕 문제

1. 정보화 시대와 사이버 공간

(1) 정보화 시대 : 각종 정보 통신 기술로 다양한 정보를 생산하고 이용하는 것이 생활의 중심이 되는 시대

(2) 사이버 공간
① 의미 : 정보 통신망을 통해 방대한 정보를 교환하고 공유하는 가상 공간
② 특성

무제약성	시간과 공간의 제약에서 벗어나 자유롭게 활동할 수 있음.
개방성	나이, 성별, 직업, 인종, 국적 등과 관계없이 다양한 사람들이 참여하여 자유롭게 정보와 의견을 주고받음.
자율성	누구나 자신의 흥미와 관심사에 따라 스스로 참여할 수 있음.
익명성	가상 공간은 현실의 자신이 누구인지 밝히지 않아도 되기 때문에 현실 공간에서보다 더 자유롭게 자신의 의견을 표현할 수 있음.

(3) 정보화 시대에 접어들면서 우리의 생활 영역이 현실 공간에서 사이버 공간까지 확대된다.

2. 정보화 시대와 삶의 변화

(1) 과거보다 편리한 삶을 살아간다.

(2) 자유롭고 수평적인 인간관계를 맺을 수 있다.

3. 정보화 시대에 발생하는 도덕 문제의 유형

(1) 사이버 폭력, 사생활 침해, 사이버 중독이 대표적이다.

(2) 그 외 : 저작권 침해, 인터넷 금전 거래 사기, 해킹, 바이러스 유포, 불법 사이트 개설 등

✏️ 실/전/맛/보/기

다음에서 설명하고 있는 개념은?

> 정보 통신망을 통해 대량의 정보가 교환·공유되는 가상의 공간으로 자율성, 익명성, 다양성 등의 특성이 있다.

① 현실 공간   ② 지역 사회
③ 사이버 공간   ④ 녹색 안전지대

📝 스/피/드 Check

❶ 사이버 공간에서는 여러 사람과 수직적인 인간관계를 맺을 수 있다. ⭕❌

❷ 사이버 공간은 현실 공간보다 시공간의 제약을 덜 받는다는 점에서 좀 더 자유롭다고 할 수 있다. ⭕❌

❸ 정보 통신 기술을 잘못 사용하면 다른 사람에게 해를 끼치는 법적 문제만 발생한다. ⭕❌

❹ 친구와 함께 찍은 사진을 블로그 등에 올리는 행위는 사생활 침해라고 할 수 없다. ⭕❌

---

2 정보화 시대의 도덕적 책임

1. 사이버 공간에서 무책임하게 행동하기 쉬운 까닭

(1) 비대면성, 익명성 : 직접 얼굴을 마주하지 않아서 자기 정체를 쉽게 숨긴다.

(2) 무제약성 : 시공간의 제약을 덜 받으며 행동할 수 있다.

(3) 사이버 공간에서는 현실 공간보다 더 자유롭게 행동할 수 있지만, 더 함부로 행동하기도 쉽다.

▶ 정보 격차
계층에 따라 접하는 정보의 양적·질적 차이가 시간이 지날수록 심각해지는 현상

▶ 사생활 보호권
다른 사람에게 알리고 싶지 않은 사적인 것을 보호하기 위한 권리이다. 함부로 공개되지 말아야 할 은밀하고 개인적인 내용이 담긴 모든 것이 사생활 보호권이 보호하는 대상이다.

▶ 저작권
저작권은 저작자가 자신이 창작한 산물에 관해 지니는 권리로, 재산적 권리와 인격적 권리가 있다. 재산적 권리는 저작자가 자신이 창작한 산물을 사용해 이익을 얻을 수 있는 권리이다. 인격적 권리는 저작자가 다른 사람이 그가 창작한 산물을 이용할 때 저작자를 밝히라고 요구할 수 있는 권리이다.

▶ 사이버 스토킹
사이버 공간에서 상대방이 원하지 않는데도 계속 접근을 시도하는 행동

▶ 잊힐 권리
사이버 공간에 게시된 자신과 관련한 정보를 삭제해 달라고 요구할 수 있는 권리를 말한다.

실전 맛보기 해설 및 정답

사이버 공간은 비대면성, 익명성, 가상성, 보편적인 가치 규범의 부재성이라는 특성이 있다.

정답 ③

스피드 Check 정답

❶ ×   ❷ ○   ❸ ×
❹ ×

2. 정보화 시대에 도덕적 책임이 필요한 이유

(1) 사이버 공간은 현실 공간과 다르지 않다.

(2) 사이버 공간에서는 해악을 끼치기 쉽고, 그 파급력이 크다.

3. 정보화 시대에 도덕적 책임을 실천하는 자세

인간 존중	사이버 공간에서 만나는 다른 사람을 현실 공간에서 만나는 사람들을 대하는 것처럼 존중해야 함.
책임 의식	자기 행동이 타인에게 해를 끼치면 어떤 책임이 따르는지 생각해야 함.
해악 금지	사이버 공간에서 다른 사람에게 함부로 해악을 끼쳐서는 안 됨. 예 사이버 폭력, 해킹, 개인 정보 유출 등
정의 추구	정보화의 혜택을 많은 사람과 고르게 나누고, 모든 사람을 공평하고 정의롭게 대우해야 함. 예 정보 격차 등

🖉 실/전/맛/보/기

사이버 공간에서 지켜야 할 예절로 옳은 것은?

① 악성 댓글을 쓴다.
② 허위 사실을 퍼트린다.
③ 불법 사이트를 운영한다.
④ 남의 아이디를 도용하지 않는다.

🖋 스/피/드 Check

❶ 사이버 공간은 현실 공간과 다르지 않으므로 도덕적 책임이 필요하다. Ⓞ Ⓧ

❷ 사이버 공간에서 남의 것을 가져가는 것은 옳지 못한 행동이다. Ⓞ Ⓧ

❸ 사이버 공간에서 만나는 다른 사람을 현실 공간에서 만나는 사람들을 대하는 것처럼 존중해야 한다. Ⓞ Ⓧ

❹ 사이버 공간에서 정보화에 따른 혜택을 다른 사람과 고르게 나누려고 노력하는 것은 해악 금지의 자세와 관련이 있다. Ⓞ Ⓧ

실전 맛보기 해설 및 정답

아이디 도용은 불법 행위로 사이버 공간에서 반드시 지켜져야 할 예절 중 하나이다. 정답 ④

- - - - - - - - - - - - - - - - - - -

스피드 Check 정답

❶ ○ ❷ ○ ❸ ○
❹ ×

3 정보 통신 매체의 올바른 사용 태도

1. 정보 통신 매체의 사용 습관 점검하기

(1) 자신의 정보 통신 매체 사용 습관을 확인하고 평가하기

① 정보 통신 매체 의존도 점검하기

② 정보 통신 매체로 다른 사람에게 해악을 끼치지 않는지 점검하기

(2) 정보 통신 매체 사용 시 문제점 개선을 위해 노력하기

2. 정보 통신 매체 중독 예방하기

(1) 스스로 절제하는 자세 지니기

(2) 자율적으로 사용 규칙 세우기

① 정보 통신 매체 사용 시간 제한 하기

② 대안 활동 찾아보기

3. 예절을 갖추어 의사소통하기

(1) 악성 댓글 달지 않기

(2) 나쁜 소문 퍼트리지 않기

(3) 상대방을 비방하거나 불쾌한 표현 사용하지 않기 등

4. 정보를 바르게 이해하고 표현하기

(1) 정보 바르게 이해하기 : 비판적 사고를 바탕으로 정보 이해하기

(2) 올바른 정보 활용 및 표현 능력 기르기

① 정보의 출처 확인하기

② 정보가 사실과 일치하는지 검증하기

❯ **정보 통신 매체를 올바르게 사용해야 하는 이유**
• 부정확하거나 틀린 정보가 많다.
• 인터넷 중독과 정보 통신 매체의 과도한 사용이 심각한 사회 문제가 된다.
• 삭제되지 않고 남아 있는 정보가 나쁜 평판의 원인이 된다.

❯ **인터넷 중독으로 생기는 문제점**
• 인터넷 사용 시간 때문에 가족과 갈등한다.
• 시간 감각이 없어져 낮과 밤의 구분이 모호해진다.
• 거친 말과 공격적인 행동을 하는 등 반항적 태도를 보인다.
• 현실 세계에서 해야 할 일을 제대로 하지 못하고, 인간관계가 줄어든다.
• 우울감, 강박적 경향, 산만함과 집중력 저하, 충동성, 낮은 자존감, 사회적 불안감 등의 문제가 나타난다.

❯ **정보 통신 매체를 사용할 때 필요한 태도**
• 예절을 지키는 태도
• 스스로 절제하는 태도
• 타인을 존중하고 책임감 있는 태도

❯ **사이버 폭력에 대처하는 방법**
• 분명하게 거부 의사를 표현한다.
• 즉시 부모님이나 선생님께 도움을 요청한다.
• 관련 기관을 찾아 상담과 도움을 받거나 피해 사실을 신고한다.

사이버 폭력의 대처 방법으로 옳지 않은 것은?

① 감정적으로 대응하기
② 시스템 관리자에게 신고하기
③ 경찰서 등 관련 기관에 도움 요청하기
④ 폭력에 대한 분명한 거부 의사 표현하기

📝 스/피/드 Check

❶ 정보 통신 매체 사용 실태를 점검함으로써, 정보 통신 매체 사용 습관과 문제점을 파악할 수 있다. Ⓞ Ⓧ

❷ 정보 통신 매체에 중독되면 정보 통신 매체를 아예 사용하지 않는 것이 바람직하다. Ⓞ Ⓧ

❸ 정보 통신 매체로 접하는 다양한 정보는 모두 신뢰할 수 있다. Ⓞ Ⓧ

❹ 정보의 출처를 확인하고 정보가 사실과 일치하는지 검증함으로써 정보를 바르게 활용할 수 있다. Ⓞ Ⓧ

실전 맛보기 해설 및 정답

사이버 폭력이 발생하면 가해자의 말이나 글에 감정적으로 대응하지 말고, 분명하게 거부 의사를 표현하는 것이 무엇보다 중요하다. 만약 사이버 폭력을 당하고 있다면 혼자 고민하지 말고 바로 부모님이나 선생님께 도움을 요청하는 것이 좋다. 정답 ①

스피드 Check 정답

❶ ○   ❷ ×   ❸ ×
❹ ○

1 정보화 시대에 발생하는 도덕 문제

❶ 정보화 시대는 정보 통신 기술로 다양한 정보를 생산하고 이용하는 것이 생활의 중심이 된다. ○ ✕

❷ 사이버 공간에서는 여러 사람과 수직적인 인간관계를 맺을 수 있다. ○ ✕

❸ 사이버 공간은 현실 공간보다 시공간의 제약을 덜 받는다는 점에서 좀 더 자유롭다고 할 수 있다. ○ ✕

❹ 정보 통신 기술을 잘못 사용하면 다른 사람에게 해를 끼치는 법적 문제만 발생한다. ○ ✕

❺ 사이버 공간에서 일어나는 언어폭력, 따돌림, 명예 훼손, 스토킹, 성폭력 등은 사이버 폭력의 대표적인 사례이다. ○ ✕

❻ 친구와 함께 찍은 사진을 블로그 등에 올리는 행위는 사생활 침해라고 할 수 없다. ○ ✕

❼ 저작권 침해, 인터넷 금전 거래 사기 등은 우리의 일상생활을 위협하고 다른 사람의 권익을 침해한다. ○ ✕

2 정보화 시대에 도덕적 책임

❶ 사이버 공간에서는 시공간의 제약을 덜 받으며 자유롭게 행동할 수 있으므로 무엇이든 마음대로 할 수 있다. ○ ✕

❷ 사이버 공간에서 문제가 발생하면 현실 공간보다 더 빠른 속도로 넓은 범위까지 퍼진다. ○ ✕

❸ 사이버 공간은 현실 공간과 다르지 않으므로 도덕적 책임이 필요하다. ○ ✕

❹ 사이버 공간에서 남의 것을 가져가는 것은 옳지 못한 행동이다. ○ ✕

❺ 사이버 공간에서 만나는 다른 사람을 현실 공간에서 만나는 사람들을 대하는 것처럼 존중해야 한다. ○ ✕

❻ 사이버 공간에서 정보화에 따른 혜택을 다른 사람과 고르게 나누려고 노력하는 것은 해악 금지의 자세와 관련이 있다. ○ ✕

❼ 정보화 시대에는 사이버 공간에서 자신이 한 일에 책임을 지는 자세가 필요하다. Ⓞ ⓧ

❽ 길거리에서 누군가에게 함부로 해악을 끼치지 않는 것처럼 사이버 공간에서도 다른 사람에게 해악을 끼쳐서는 안 된다. Ⓞ ⓧ

3 정보 통신 매체의 올바른 사용 태도

❶ 정보 통신 매체를 통해 우리는 편리한 생활을 누릴 수 있다. Ⓞ ⓧ

❷ 정보 통신 매체 사용 실태를 점검함으로써, 정보 통신 매체 사용 습관과 문제점을 파악할 수 있다. Ⓞ ⓧ

❸ 정보 통신 매체를 지나치게 사용하면 일상생활에 어려움을 겪을 수 있으므로 스스로 절제하는 자세를 지녀야 한다. Ⓞ ⓧ

❹ 정보 통신 매체에 중독되면 정보 통신 매체를 아예 사용하지 않는 것이 바람직하다. Ⓞ ⓧ

❺ 정보 통신 매체로 접하는 다양한 정보는 모두 신뢰할 수 있다. Ⓞ ⓧ

❻ 정보의 출처를 확인하고 정보가 사실과 일치하는지 검증함으로써 정보를 바르게 활용할 수 있다. Ⓞ ⓧ

❼ 정보 통신 매체를 통해 여러 사람과 의사소통할 때는 기본예절을 지켜야 한다. Ⓞ ⓧ

❽ 정보 통신 매체는 우리 삶을 편리하게 만들어 주는 도구이므로 될 수 있으면 이에 의존하는 것이 좋다. Ⓞ ⓧ

◎⊗ 형성 평가 정답

1 정보화 시대에 발생하는 도덕 문제
❶ ○　❷ ×　❸ ○　❹ ×　❺ ○　❻ ×　❼ ○

2 정보화 시대에 도덕적 책임
❶ ×　❷ ○　❸ ○　❹ ○　❺ ○　❻ ×　❼ ○　❽ ○

3 정보 통신 매체의 올바른 사용 태도
❶ ○　❷ ○　❸ ○　❹ ×　❺ ×　❻ ○　❼ ○　❽ ×

02 평화적 갈등 해결

- 여러 가지 상황에서 갈등이 발생하는 원인을 성찰한다.
- 평화적 갈등 해결의 중요성을 성찰하고, 갈등을 평화적으로 해결하는 방법을 탐구한다.

1 평화적 갈등 해결의 중요성

1. 갈등의 의미

(1) 갈등 : 서로 충돌하고 대립하여 화합하지 못하는 상태

(2) 갈등의 속성

① 자연스럽고 보편적인 현상이다.

② 개인과 개인, 개인과 집단, 집단과 집단 간 발생한다.

(3) 갈등의 유형

내적 갈등	한 개인의 내면에서 일어나는 심리적 갈등
외적 갈등	개인 사이 혹은 개인과 집단 사이 혹은 집단 사이의 갈등

2. 갈등이 발생하는 원인

(1) 가치관의 차이 : 서로 다른 가치관을 인정하지 않는다.

(2) 이해관계의 차이 : 이익 분배 과정에서 타협하지 못한다.

(3) 잘못된 의사소통 : 상대방을 존중하지 않는 태도를 지닌다.

3. 평화적 갈등 해결의 의미

(1) 평화적 갈등 해결 : 어떠한 폭력도 사용하지 않고 서로 이해·인정·화해함으로써 갈등을 원만하게 해결한다.

(2) 갈등에 잘못 대처하는 방식

① 순응, 회피 등 소극적인 방식 : 갈등 해결이 어렵다.

② 폭력 등 공격적인 방식 : 갈등을 더욱 심화한다.

▶ **갈등(葛 칡 갈, 藤 등나무 등)**
칡과 등나무가 서로 복잡하게 얽혀 있는 것과 같이 서로 충돌하고 대립하여 화합하지 못하는 상태

▶ **대표적인 집단 사이의 이해관계 충돌**
- 님비(NIMBY) 현상 : '내 뒷마당에서는 안 된다(not in my backyard)'는 말의 약어로, 쓰레기 소각장·화장터·핵폐기물 처리장 등 혐오시설이 자기 지역에 설치되는 것을 반대하는 현상
- 핌피(PIMFY) 현상 : '내 앞마당에 해 달라(please in my front yard)'는 말의 약어로, 병원·학교·지하철역 등 지역 발전에 긍정적인 영향을 미치는 시설을 유치하고자 노력하는 현상

▶ **갈등이 발생하는 원인**
- 이해관계의 차이
- 세대나 성장 환경, 문화 등에 따른 가치관의 차이
- 상대방에 대한 기본적인 예절을 지키지 않는 문제

▶ **이해관계**
서로 이익과 손해가 걸려 있는 관계

▶ **도출(導 이끌 도, 出 날 출)**
판단이나 결론 등을 이끌어 낸다.

4. 평화적 갈등 해결의 중요성

(1) 갈등을 근본적으로 해결할 수 있다.

(2) 모두에게 바람직한 결과를 도출할 수 있다.

(3) 개인적·사회적 성숙의 계기가 될 수 있다.

✏ 실/전/맛/보/기

다음에서 설명하는 것은?

• 자연스럽고 보편적인 현상
• 서로 충돌하고 대립하여 화합하지 못하는 상태

① 양심　　　　　　　　② 욕구
③ 갈등　　　　　　　　④ 질서

📝 스/피/드 Check

❶ 갈등은 개인과 개인 사이에서만 발생한다. 　　　　　　　　Ⓞ Ⓧ

❷ 서로 다른 사고방식과 가치관을 인정하지 않을 때, 갈등이 발생할 수 있다.
　　　　　　　　　　　　　　　　　　　　　　　　　　　Ⓞ Ⓧ

❸ 갈등은 여러 사람과 더불어 살아가는 과정에서 자연스럽게 생기는 것이다.
　　　　　　　　　　　　　　　　　　　　　　　　　　　Ⓞ Ⓧ

❹ 때로는 갈등에 소극적으로 대처하는 것이 갈등을 완전히 해결하는 데 좋다.
　　　　　　　　　　　　　　　　　　　　　　　　　　　Ⓞ Ⓧ

실전 맛보기 해설 및 정답

갈등이란 두 가지 이상의 목표나 동기, 정서가 서로 충돌하는 현상이다. 　　　　　　　정답 ③

- - - - - - - - - - - - - - - - - - -

스피드 Check 정답

❶ × 　　❷ ○ 　　❸ ○
❹ ×

2 평화적 갈등 해결 방법

1. 갈등을 평화적으로 해결하는 방법

(1) 협상 : 갈등 당사자들이 직접 대화하여 합의에 이르는 것이다.

→ 상대방의 말에 관심을 기울이며 경청하고, 상대방을 배려하고 존중하는 태도로 말해야 한다.

(2) 조정 : 제삼자가 갈등 당사자들끼리 합의하도록 도와주는 것이다.

(3) 중재 : 제삼자가 갈등 당사자들 각자의 견해를 듣고 중립적 해결책을 제시하는 것이다.

(4) 협상과 조정·중재의 차이점 : 조정·중재는 갈등 당사자들끼리 해결하기 어려운 갈등 상황에 제삼자가 개입하는 것이다.

(5) 다수결의 원칙 : 당사자 간의 합의를 이끌어 내기 어려울 때 많은 사람이 동의하는 의견에 따름으로써 갈등을 해결하는 방법이다.

2. 갈등 해결의 일반적 절차

(1) 갈등 상황을 객관적으로 바라보기

(2) 다양한 갈등 해결 방법 모색하기

(3) 최선의 대안 도출 및 평가하기

3. 또래 중재의 의미와 방법

(1) 또래 중재 : 중재 훈련을 받은 또래 중재자가 다른 학생들 사이의 갈등을 해결하는 방법

(2) 또래 중재자의 역할 : 심판관이 아닌 도우미의 자세로 공평하고 중립적인 입장에서 갈등 당사자의 처지를 이해하고, 융통성 있는 해결책을 제시해야 한다.

4. 평화적 갈등 해결을 위해 필요한 도덕적 자세

(1) 합리적으로 의사소통하는 자세

(2) 역지사지와 관용의 자세

(3) 양보하고 타협하는 자세

❯ 경청
귀를 기울여 듣는다.

❯ 개입
자신과 직접적인 관계가 없는 일에 끼어든다.

❯ 갈등을 평화적으로 해결하기 위해 필요한 태도
• 감정을 조절하고 상황을 이성적으로 판단하는 태도
• 역지사지의 태도
• 합의된 결과를 수용하고 따르는 태도

❯ 역지사지(易 바꿀 역, 地 땅 지, 思 생각 사, 之 갈 지)
처지를 바꾸어서 생각해 본다.

❯ 갈등 해결과 관련된 속담
"비 온 뒤에 땅이 굳는다."
어려운 일이나 힘든 일을 잘 해결하였을 때 성장하고 발전할 수 있다는 의미

PART 04

실/전/맛/보/기

평화적 갈등 해결의 자세로 적절하지 <u>않은</u> 것은?

① 대화와 소통　　　　　② 양보와 타협
③ 공감과 경청　　　　　④ 편견과 고정관념

스/피/드 Check

❶ 갈등 상황이 생기면 무엇보다 갈등 상황을 객관적으로 바라볼 수 있어야 한다.

〇 ✕

❷ 갈등 당사자들이 직접 대화하여 합의에 도달하는 것을 '조정'이라고 한다.

〇 ✕

❸ 또래 조정자는 도우미가 아닌 심판관의 자세로 조정에 임해야 한다.　〇 ✕

❹ 갈등을 평화롭게 해결하기 위해서는 역지사지와 관용의 자세를 지녀야 한다.

〇 ✕

실전 맛보기 해설 및 정답

갈등이 발생하면 우선 상대방의 생각이 나와 다를 수 있다는 것을 인정하고, 상대방의 생각을 존중해 주어야 한다.　　정답 ④

스피드 Check 정답

❶ 〇　　❷ ✕　　❸ ✕
❹ 〇

1 평화적 갈등 해결의 중요성

❶ 갈등은 개인과 개인 사이에서만 발생한다. ⊙ ⊗

❷ 서로 다른 사고방식과 가치관을 인정하지 않을 때, 갈등이 발생할 수 있다. ⊙ ⊗

❸ 갈등은 잘못된 의사소통으로 생긴 불신과 오해로 더욱 심화할 수 있다. ⊙ ⊗

❹ 갈등은 여러 사람과 더불어 살아가는 과정에서 자연스럽게 생기는 것이다. ⊙ ⊗

❺ 때로는 갈등에 소극적으로 대처하는 것이 갈등을 완전히 해결하는 데 좋다. ⊙ ⊗

❻ 서로 다양한 의견을 주고받으며 대안을 모색하는 갈등 해결 과정에서 더불어 사는 사회를 만들 수 있다. ⊙ ⊗

2 평화적 갈등 해결 방법

❶ 갈등 상황이 생기면 무엇보다 갈등 상황을 객관적으로 바라볼 수 있어야 한다. ⃞O ⃞⊗

❷ 갈등 상황을 효율적으로 해결하려면 단 한 가지의 갈등 해결 방법을 구체적으로 모색하는 것이 좋다. ⃞O ⃞⊗

❸ 갈등 당사자들이 직접 대화하여 합의에 도달하는 것을 '조정'이라고 한다. ⃞O ⃞⊗

❹ 갈등 당사자 간에 감정이 격해지거나 다른 여러 사정이 생긴 경우 제삼자가 개입하여 갈등을 해결할 수 있다. ⃞O ⃞⊗

❺ 학교에서 갈등을 평화롭게 해결하기 위해 또래 조정을 활용하기도 한다. ⃞O ⃞⊗

❻ 또래 조정자는 도우미가 아닌 심판관의 자세로 조정에 임해야 한다. ⃞O ⃞⊗

❼ 또래 조정자는 갈등 당사자들의 의견과 요구를 명확히 파악할 수 있도록 질문하면서 갈등의 원인, 당사자의 감정을 정리해 준다. ⃞O ⃞⊗

❽ 갈등을 평화롭게 해결하기 위해서는 역지사지와 관용의 자세를 지녀야 한다. ⃞O ⃞⊗

◉⊗ 형성 평가 정답

1 평화적 갈등 해결의 중요성
❶ ✕   ❷ ○   ❸ ○   ❹ ○   ❺ ✕   ❻ ○

2 평화적 갈등 해결 방법
❶ ○   ❷ ✕   ❸ ✕   ❹ ○   ❺ ○   ❻ ✕   ❼ ○   ❽ ○

03

폭력의 문제

- 폭력이 비도덕적인 까닭을 설명한다.
- 폭력 상황에 대처하는 방법과 예방하는 방법을 제시한다.

1 폭력의 의미와 폭력의 비도덕성

1. 폭력의 의미

정당하지 못한 방법을 사용하여 상대를 강제로 제압하는 모든 행위

2. 일상생활에서 일어나는 폭력의 종류

신체 폭력	상대방의 몸에 직접 힘을 가해 상처를 내는 행위
언어 폭력	인격을 무시하거나 모욕하는 말을 사용하여 상대방에게 정신적·심리적 피해를 주는 행위
따돌림	다른 친구와 어울리지 못하도록 막고 괴롭히는 행위
금품 갈취	돈을 강제로 빼앗거나 걷어 오라고 시키는 행위
기타	과제나 게임 대신하게 하기, 심부름 강요하기, 폭력 조직 가입 강요하기, 성폭력 등

3. 폭력이 비도덕적인 까닭

(1) 다른 사람에게 피해를 주기 때문 : 피해자는 신체적·정신적 고통을 받고 일상생활을 꾸려 나가기 어렵다.

(2) 인격을 훼손하기 때문 : 인권을 침해하고 인격을 훼손한다.

(3) 사회 혼란을 일으키기 때문 : 폭력의 악순환을 불러오고 사회 질서를 무너뜨린다.

● 폭력의 특징
- 폭력은 힘을 과도하게 사용하는 것이다.
- 폭력은 파괴적 속성을 가지고 있다.
- 폭력은 사람들에게 두려움을 야기한다.
- 폭력의 주체는 인간과 인간이 만들어 낸 것이다.
- 폭력은 다양한 형태로 존재한다.
- 폭력은 부당하고 불법한 것이라는 가치 판단을 수반한다.
- 폭력은 건강한 인간 삶의 성장과 유지를 방해하는 것이다.

● 폭력이 비도덕적인 이유
- 피해자에게 신체적·정신적 고통을 주기 때문
- 폭력의 악순환이 계속되기 때문
- 인간의 존엄성을 훼손하기 때문
- 사회적으로 갈등을 심화하기 때문

● 학교 폭력의 사례
- 신체를 폭행하는 것
- 돈이나 물품을 요구하는 것
- 명예 훼손이나 모욕 및 협박을 하는 것
- 상대방의 의사와 상관없이 어떤 행동을 강요하는 것
- 따돌림, 성폭력, 사이버 폭력

● 소극적 평화와 적극적 평화

소극적 평화	직접적 폭력이 사라진 상태
적극적 평화	직접적 폭력뿐만 아니라 간접적 폭력까지 모두 사라진 상태로, 모든 사람이 자유·평등·정의 등의 원리에 따라 사람답게 살아갈 수 있는 상태

> 선도(善 착할 선, 導 이끌 도)
올바른 길로 이끈다.

> 방관(傍 곁 방, 觀 볼 관)
어떤 일에 직접 나서서 관여하지 않고 곁에서 보기만 한다.

> 폭력이 일어나는 원인

개인적 원인	• 감정을 절제하는 능력 부족 • 공감 능력과 행위의 결과를 예측하는 능력 부족 • 자신의 이익이나 목적을 위해 의도적으로 폭력을 사용 • 서로 간에 원활하지 않은 의사소통
사회적 원인	• 대중 매체의 영향 – 폭력에 많이 노출되어 폭력에 둔감해짐. • 사회적으로 잘못된 인식 – 특정 집단이나 특수한 관계에서 행사하는 폭력을 당연시함.

실/전/맛/보/기

집단 따돌림 문제에 대한 설명으로 옳은 것은?

① 학교 폭력에 해당되지 않는다.
② 가해 학생은 죄책감을 느낄 필요가 없다.
③ 피해 학생의 인간다운 삶을 살 권리를 침해한다.
④ 장난으로 한 행동이므로 전혀 문제가 되지 않는다.

스/피/드 Check

❶ 집단으로 상대방을 의도적·반복적으로 피하는 행위는 따돌림에 해당한다. ⭕❌

❷ 폭력은 다양한 종류로 구분하여 이해할 수 있지만, 실제 상황에서는 복합적으로 발생한다. ⭕❌

❸ 폭력의 악순환은 사회 질서를 무너뜨리고 사회적 혼란을 일으켜 우리 사회의 평화를 깨뜨린다. ⭕❌

2 폭력에 대처하는 방법

1. 폭력에 대처하는 방법

(1) 자신의 의사를 명확하게 표현하기 : 거절하는 말, 싫다는 표현을 상대방에게 확실하게 해야 한다.

(2) 주변 사람들에게 도움받기 : 폭력의 피해자든 목격자든 주변 사람에게 도움을 요청해야 한다.

(3) 법과 제도 및 외부 기관 활용하기 : 지구대, 병원, 법률 기관, 상담 센터 등을 이용한다.

(4) 폭력을 방관하지 말아야 하며, 피해자 지원과 가해자 선도를 위한 사회적·제도적 노력이 필요하다.

실전 맛보기 해설 및 정답

폭력은 다른 사람이 인간으로서 누려야 할 자유와 권리를 침해함으로써 인간의 존엄성을 훼손한다.   정답 ③

스피드 Check 정답

❶ ○   ❷ ○   ❸ ○

2. 폭력을 예방하는 방법

(1) 개인적 차원

① 마음속에서 일어나는 분노를 조절하고, 행동의 결과 예측하기
② 폭력에 대한 민감성 및 타인에 대한 공감 능력 기르기
③ 갈등을 평화롭게 해결하려는 자세 지니기

(2) 사회적 차원

① 폭력을 예방할 수 있는 각종 기관, 법과 제도 마련하기
② 평화로운 사회 분위기 조성하기

✏ 실/전/맛/보/기

학교 폭력에 대처하는 가장 바람직한 방법은?

① 피해를 당해도 내 잘못이라고 여긴다.
② 보복을 피하기 위해 주위에 알리지 않는다.
③ 폭력을 당하는 친구가 있으면 모른 척한다.
④ 상담 센터, 법률 기관 등을 적극적으로 활용한다.

📝 스/피/드 Check

❶ 폭력 상황에서 자신의 의사를 표현해서는 안 된다. ⃝ ⊗

❷ 폭력을 당한 피해자가 아니더라도 폭력 장면을 목격하면 주변 사람들에게 알려야 한다. ⃝ ⊗

❸ 폭력을 당하면 할 수 있는 한 혼자 해결해 보는 것이 좋다. ⃝ ⊗

❹ 폭력을 예방하기 위해서는 폭력에 관한 민감성 및 타인에게 공감하는 능력을 길러야 한다. ⃝ ⊗

실전 맛보기 해설 및 정답

폭력에 대처하는 방법으로는 명확한 의사표현, 주변 사람들의 도움, 법과 제도 및 외부 기관 활용 등이 있다. 정답 ④

스피드 Check 정답

❶ × ❷ ○ ❸ ×
❹ ○

1 폭력의 의미와 폭력의 비도덕성

❶ 친한 친구 사이에 장난으로 별명을 부르는 것은 폭력이라고 보기 어렵다. ⭕ ❌

❷ 집단으로 상대방을 의도적 · 반복적으로 피하는 행위는 따돌림에 해당한다. ⭕ ❌

❸ 폭력은 다양한 종류로 구분하여 이해할 수 있지만, 실제 상황에서는 복합적으로 발생한다.
⭕ ❌

❹ 과제나 게임을 대신하게 하거나 심부름을 강요하는 행위는 폭력에 해당한다. ⭕ ❌

❺ 폭력의 피해자는 정신적 고통을 받기는 하지만, 긍정적 자아상을 형성하기 쉽다. ⭕ ❌

❻ 폭력의 악순환은 사회 질서를 무너뜨리고 사회적 혼란을 일으켜 우리 사회의 평화를 깨뜨린다.
⭕ ❌

2 폭력에 대처하는 방법

❶ 폭력 상황에서 자신의 의사를 표현해서는 안 된다. ⭕ ❌

❷ 폭력을 당한 피해자가 아니더라도 폭력 장면을 목격하면 주변 사람들에게 알려야 한다.
⭕ ❌

❸ 법과 제도 및 외부 기관을 적극적으로 활용하면 폭력에 더욱 효과적으로 대처할 수 있다.
⭕ ❌

❹ 우리나라에서는 학교 폭력이 발생했을 때 '학교 폭력 예방 및 대책에 관한 법률'에 따라 가해자를
선도하고 피해자를 보호하고 있다. ⭕ ❌

❺ 폭력을 당하면 할 수 있는 한 혼자 해결해 보는 것이 좋다. ⭕ ❌

❻ 우리는 여러 가지 노력을 통해 폭력을 용인하지 않는 사회 분위기를 만들어야 한다. ⭕ ❌

❼ 폭력이 발생하였을 때 효과적으로 대처하는 것이 중요한 만큼, 폭력이 발생하지 않도록 예방하는 일도 중요하다. ⃝ ⓧ

❽ 폭력을 예방하기 위해서는 폭력에 관한 민감성 및 타인에게 공감하는 능력을 길러야 한다. ⃝ ⓧ

⃝ⓧ **형성 평가 정답**

1 폭력의 의미와 폭력의 비도덕성
❶ × ❷ ○ ❸ ○ ❹ ○ ❺ × ❻ ○

2 폭력에 대처하는 방법
❶ × ❷ ○ ❸ ○ ❹ ○ ❺ × ❻ ○ ❼ ○ ❽ ○

01 정보화 시대에 관한 설명으로 적절하지 <u>않은</u> 것은?

① 인간 삶의 질이 높아졌다.
② 원하는 정보를 쉽게 찾을 수 있다.
③ 과거의 모든 도덕 문제가 해결되었다.
④ 인간이 편리한 생활을 누릴 수 있게 되었다.

02 저작권을 보호하는 방법으로 옳은 것은?

① 불법 파일은 개인적으로만 주고받는다.
② 다른 사람의 창작물은 절대 사용하지 않는다.
③ 필요한 프로그램이나 정보는 항상 정당한 대가를 치르고 사용한다.
④ 영화, 음악 등 재미있는 작품은 전자 우편으로 다른 친구에게 전송한다.

03 ㉠에 들어갈 말로 가장 적절한 것은?

(㉠)(이)란, 사이버 공간에 있는 자신의 정보를 삭제하거나 공개하지 말 것을 요구할 수 있는 권리이다.

① 저작권　　　　② 알 권리
③ 잊힐 권리　　　④ 사이버스토킹

04 다음에서 설명하는 사이버 공간의 특성으로 옳은 것은?

사이버 공간에서는 아이디나 별명을 통해 사람을 만나는 경우가 많으므로 자칫 자신의 행동에 도덕적 책임을 느끼기가 어려울 수 있다.

① 신속성　　　　② 자율성
③ 익명성　　　　④ 광역성

05 사이버 공간에서 지녀야 할 도덕적 책임에 관한 설명으로 가장 적절한 것은?

① 사이버 공간에서는 현실의 법이나 규칙을 지키지 않아도 된다.
② 사이버 공간에서 만나는 사람에게는 무조건 자신의 정보를 공개해야 한다.
③ 현실 공간에서와 마찬가지로 다른 사람에게 피해가 되는 행동을 해서는 안 된다.
④ 누구나 자유롭게 정보와 의견을 나누는 공간이므로 자신이 제공하는 정보에 책임질 필요가 없다.

06 정보화 시대에 요구되는 도덕적 자세로 옳지 <u>않</u>은 것은?

① 책임
② 표절
③ 존중
④ 해악금지

07 정보 통신 매체를 지나치게 많이 사용하는 문제를 해결하기 위해 필요한 태도로 가장 적절한 것은?

① 신중한 태도
② 정직한 태도
③ 관용하는 태도
④ 절제하는 태도

08 갈등에 관한 설명으로 적절하지 <u>않은</u> 것은?

① 갈등이 발생하는 원인은 다양하다.
② 갈등은 일상생활에서 누구나 겪는 현상이다.
③ 서로 추구하는 가치관이나 신념이 달라 갈등이 발생하기도 한다.
④ 내적 갈등은 개인 사이 혹은 개인과 집단 사이 혹은 집단 사이에서 발생하는 갈등이다.

09 다음 대화에 나타난 갈등 발생의 원인으로 가장 적절한 것은?

> 갑 : 불치병에 걸려 고통을 겪는다면 차라리 편안하게 생을 마감하게 하는 것이 더 나을 것 같아.
>
> 을 : 아니야. 아무리 불치병에 걸렸더라도 인위적인 방법으로 생을 마감하게 하는 것은 살인과 같아.

① 이해관계의 차이
② 잘못된 의사소통
③ 잘못된 법과 제도
④ 신념과 가치관의 차이

10 평화적 갈등 해결 방법에 관한 설명으로 가장 적절한 것은?

① 공정하게 갈등을 해결하고자 법과 규칙에만 의존한다.
② 갈등은 시간이 지나가면 자연스럽게 해결되므로 최대한 피한다.
③ 상호 존중과 배려를 바탕으로 서로 만족할 수 있는 결과에 합의한다.
④ 갈등을 빠르게 처리하고자 힘이 더 강한 사람이 지시하는 대로 따른다.

11 "비 온 뒤에 땅이 더 굳는다."라는 속담과 관련해 갈등 상황을 파악한 것으로 가장 적절한 것은?

① 비는 피할 수 있지만, 갈등은 피할 수 없다.
② 갈등은 잘 해결하면 개인과 사회가 발전할 수 있다.
③ 갈등은 비가 내리는 것과 같이 자연스러운 현상이다.
④ 갈등은 갑작스럽게 내린 비와 같이 개인과 사회에 혼란을 일으킨다.

12 평화적으로 갈등을 해결하기 위해 지녀야 할 자세로 적절하지 <u>않은</u> 것은?

① 갈등이 발생한 원인을 바르게 파악하고자 노력한다.
② 상대방을 나와 동등한 인격을 지닌 존재로 존중한다.
③ 갈등 상황에서 문제가 되는 부분을 감정적으로 파악한다.
④ 자신과 상대방의 주장과 목표를 보편적 가치에 비추어 평가한다.

13 다음 글에 나타난 평화적 갈등 해결의 구체적인 방법으로 가장 적절한 것은?

> 다른 사람의 개입 없이 갈등의 당사자끼리 직접 대화해 갈등을 해결하는 방법으로, 서로 양보하고 타협해 의견이나 이해관계를 맞추어 나갈 수 있다.

① 협상　　　　② 재판
③ 조정　　　　④ 중재

14 ㉠, ㉡에 들어갈 말로 바르게 짝지은 것은?

> • (㉠)은/는 중립적인 제삼자가 개입해 갈등 당사자끼리 스스로 문제를 해결할 수 있도록 양측의 의사소통을 돕는 방법이다.
> • (㉡)은/는 제삼자가 개입해 해결책을 제시하면 당사자들은 반드시 그 해결책을 따라야 하는 방법이다.

	㉠	㉡
①	조정	협상
②	조정	중재
③	협상	중재
④	중재	조정

15 폭력에 관한 설명으로 적절하지 <u>않은</u> 것은?

① 폭력을 행할 의도가 없다면 폭력이 아니다.
② 다른 사람에게 물리적이거나 정신적으로 피해를 준다.
③ 인격과 존엄성을 훼손하는 행동은 모두 폭력이라 말할 수 있다.
④ 폭력인지 아닌지와 폭력의 강도는 사람마다 다르게 생각할 수 있다.

16 다음 글에 나타난 폭력의 종류로 가장 적절한 것은?

> 일주일 전 친구가 내 모자를 며칠만 쓰고 돌려준다며 가지고 갔다. 그런데 아직도 모자를 돌려주지 않고, 언제 돌려준다는 말도 하지 않는다. 친구는 나보다 덩치도 크고 힘도 세서 모자를 돌려 달라고 말하기 겁난다.

① 따돌림
② 언어폭력
③ 금품 갈취
④ 신체 폭력

17 따돌림의 사례로 가장 적절한 것은?

① 지속해서 놀리거나 골탕 먹이는 행위
② 장난이라고 말하며 꼬집고 때리는 행위
③ 인터넷에 친구의 사진을 허락 없이 올리는 행위
④ 성적인 수치심을 느끼도록 신체를 접촉하는 행위

18 폭력이 발생하였을 때 대처 방법으로 적절하지 않은 것은?

① 상대방에게 싫다는 뜻을 분명하게 표현한다.
② 학교 폭력 관련 상담 기관에 전화하거나 방문한다.
③ 친구들이나 부모님, 선생님께 알리고 도움을 요청한다.
④ 시간이 지나면 저절로 해결되므로 대처하지 않고 가만히 있는다.

19 ㉠에 들어갈 알맞은 말로 가장 적절한 것은?

> (㉠)은/는 인간의 자연스러운 감정이지만 이를 잘 조절하지 못하면 폭력으로 이어질 가능성이 높다. 그러므로 자신의 (㉠)을/를 잘 조절해 자신의 감정을 평화적으로 표현할 수 있도록 연습해야 한다.

① 이익
② 분노
③ 절제
④ 방관

20 밑줄 친 ㉠에 관한 설명으로 적절하지 않은 것은?

> 폭력을 근본적으로 없애려면 ㉠ 사회 구성원들의 평화적인 문화를 정착시키려는 노력이 필요하다.

① 폭력의 비도덕성을 깨달아야 한다.
② 평화적 갈등 해결의 방법을 익혀 실천해야 한다.
③ 궁극적인 평화는 소극적 평화라는 것을 인식한다.
④ 사회의 잘못된 구조와 제도를 찾아 개선해야 한다.

01 다음에서 설명하는 사이버 공간의 특성은?

> 인터넷상에서 어떤 행위를 한 사람이 누구인
> 지 잘 드러나지 않는다.

① 개방성   ② 다양성
③ 효율성   ④ 익명성

03 청소년기 중독 현상의 문제점이 <u>아닌</u> 것은?

① 욕구를 조절하는 능력이 점점 약화된다.
② 중독이 심해지면 비행을 저지르기도 한다.
③ 스트레스를 해소하여 자아 존중감이 높게
    형성된다.
④ 많은 시간을 낭비하게 되어 일상생활에 지
    장을 준다.

04 사이버 공간의 도덕적 의무로 옳은 것은?

① 인신 공격   ② 해악 금지
③ 책임 회피   ④ 사생활 침해

쌍둥이 문제
02 다음 대화에 해당하는 사이버 공간의 특성으로
가장 적절한 것은?

① 익명성   ② 개방성
③ 평등성   ④ 획일성

쌍둥이 문제
05 다음과 관련하여 사이버 공간에서 지켜야 할 자
세로 적절하지 <u>않은</u> 것은?

> • 타인의 사생활을 공개하여 피해를 입힌 사례
> • 인터넷 게시판에 재미 삼아 유언비어를 퍼뜨
> 리고, 악성 댓글을 쓰는 행위

① 역지사지   ② 해악 금지
③ 인간 존중   ④ 책임 회피

쌍둥이 문제

06 ㉠에 들어갈 알맞은 말은?

> 주제 : 사이버 공간에서의 (㉠)
>
> 내용 : 사이버 공간에서는 현실공간에서와 마찬가지로 자신의 행동이 어떤 결과를 낳을지 신중하게 생각하고 행동해야 한다.

① 용기   ② 책임

③ 알 권리   ④ 무제약성

07 다른 사람과의 갈등을 해결하는 자세로 적절하지 <u>않은</u> 것은?

① 일방적으로 자기 주장을 관철한다.

② 역지사지(易地思之)의 자세를 가진다.

③ 다른 사람의 생각과 가치를 존중한다.

④ 대화와 타협을 통해 상호 이익을 추구한다.

08 다음 대화에서 알 수 있는 친구 간 갈등의 원인은?

> 갑 : 어제 청소 안하고 어디 갔었니?
>
> 을 : 청소하기 귀찮아서 친구들이랑 놀았어.
>
> 갑 : 네가 맡은 역할은 먼저 하고 놀아야 하지 않을까?

① 가정 환경의 차이

② 청소 도구의 부족

③ 책임 의식의 부족

④ 공부 방법의 차이

09 다음에서 설명하는 것은?

> • 양보와 타협을 통해 합의를 이룸.
> • 갈등을 일으키는 당사자들이 대화를 통해 문제를 해결함.

① 협상   ② 폭력

③ 경쟁   ④ 전쟁

10 ㉠에 들어갈 학급 규칙으로 적절하지 <u>않은</u> 것은?

> 주제 : 평화적 갈등 해결을 위한 학급 규칙 정하기
>
> 학급 규칙 1. 다른 사람의 입장을 이해하기
>
> 학급 규칙 2. (㉠)

① 대화를 통한 의사소통하기

② 공감하고 배려하는 자세 갖추기

③ 양보하고 타협하는 생활 태도 갖기

④ 고정 관념과 편견으로 다른 사람 대하기

11 폭력의 특성을 바르게 설명한 것은?

① 폭력은 평화로운 삶을 위협한다.

② 정서적 학대는 폭력에 포함되지 않는다.

③ 폭력은 갈등 해결의 바람직한 방법이다.

④ 모욕적인 말을 하는 것은 신체적 폭력이다.

12 집단 따돌림에 대한 설명으로 옳은 것만을 〈보기〉에서 모두 고른 것은?

┤ 보기 ├
ㄱ. 가해 학생은 미안함을 느낄 필요가 없다.
ㄴ. 집단 따돌림은 학교 폭력에 해당하지 않는다.
ㄷ. 피해 학생의 인간답게 살아갈 권리가 침해된다.

① ㄱ
② ㄷ
③ ㄴ, ㄷ
④ ㄱ, ㄴ, ㄷ

13 다음 ㉠, ㉡에 들어갈 용어로 적절한 것은?

(㉠)은/는 물리적 폭력을 벗어나 전쟁이 없는 상태를 의미하고, (㉡)은/는 모든 사람이 참으로 인간다운 삶을 누리는 상태를 의미한다.

	㉠	㉡
①	소극적 평화	적극적 평화
②	적극적 평화	소극적 평화
③	적극적 평화	객관적 평화
④	소극적 평화	주관적 평화

PART

05

사회·공동체와의 관계 (2)

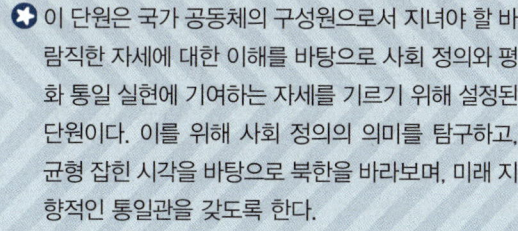

✪ 이 단원은 국가 공동체의 구성원으로서 지녀야 할 바람직한 자세에 대한 이해를 바탕으로 사회 정의와 평화 통일 실현에 기여하는 자세를 기르기 위해 설정된 단원이다. 이를 위해 사회 정의의 의미를 탐구하고, 균형 잡힌 시각을 바탕으로 북한을 바라보며, 미래 지향적인 통일관을 갖도록 한다.

01

도덕적 시민

- 국가와 국가 구성원의 관계를 이해하고, 시민이 갖추어야 할 자질을 설명한다.
- 공익과 시민 불복종의 관계를 설명한다.

❯ 주권
국가의 의사를 최종적으로 결정하는 권력이다. 대내적으로는 최고의 절대적 힘을 가지고, 대외적으로는 자주적 독립성을 가진다.

❯ 보편적 가치
인류가 오랜 역사를 거쳐 지속해서 바람직하다고 여겨 온 가치

❯ 국가의 기원
- 자연 발생설(아리스토텔레스) : 인간은 본래 사회적 본성을 타고 나기 때문에 가정과 사회가 구성되고 이를 바탕으로 국가가 이루어진다고 본다.
- 사회 계약설(홉스) : 인간은 이기적인 존재이므로 자연 상태에서는 항상 개인 간의 다툼이 있어 이 상태를 극복하기 위해서 개인들이 계약을 통해 법률, 관습 등을 만들어 안전과 평화를 얻었고, 이렇게 국가가 탄생하였다고 본다.

❯ 국가 유형에 관한 견해
- 소극적 국가관 : 국가가 국토방위나 치안 유지 등을 통해 국민의 생명과 안전을 보장하는 최소한의 역할만 해야 한다는 관점
- 적극적 국가관 : 국가가 국민의 인간다운 삶을 위해 개인의 생활에 적극적으로 개입해야 한다는 관점

1 정의로운 국가

1. 국가가 구성원의 삶에 미치는 영향
국가의 모습에 따라 구성원의 삶의 모습도 달라진다.

2. 추구하는 가치에 따른 국가의 다양한 유형

(1) 자유를 중시하는 국가 : 구성원들이 자기 능력을 최대한 발휘할 수 있으나, 사회적 약자는 어려움을 겪을 수 있다.

(2) 평등을 중시하는 국가 : 구성원의 안정된 삶을 보장할 수 있으나, 세금 부담을 느낄 수 있다.

3. 정의로운 국가의 모습
정의로운 국가는 모든 구성원이 행복하게 살아갈 수 있도록 노력하는 국가이다.

4. 정의로운 국가의 조건

(1) 인간 존엄성 보장 : 인간이 그 자체로 소중하며 항상 귀중하게 대우받아야 한다는 인간 존엄성과 인간으로서 누려야 할 기본적 권리인 인권을 보장해야 한다.

(2) 공정한 사회 제도 확립·운영 : 민주적 절차에 따라 제도와 정책을 확립·운영하고, 국가 권력으로부터 개인의 권리를 보호할 제도까지 마련해야 한다.

(3) 보편적 가치 지향 : 정의로운 국가는 국가 구성원이 자유롭고 평등하게 자신의 삶을 살아갈 수 있도록 해야 한다. 또한, 전쟁이 없고 안전한 환경에서 살아갈 수 있게 해야 한다.

PART 05

🖊 실/전/맛/보/기

다음에서 설명하는 국가의 구성 요소는?

- 나라를 다스리는 최고 권력과 권위
- 다른 나라에 대해 하나의 독립된 나라임을 나타냄.

① 주권 ② 국민
③ 영토 ④ 정당

📝 스/피/드 Check

❶ 국가는 우리 삶의 기반이 되므로 국가가 어떤 모습인지에 따라 우리가 살아가는 모습도 달라진다. 　　　　　　　　　　　　　　　　　　　　○ ✗

❷ 정의로운 국가라면 모든 구성원이 행복한 삶을 누릴 수 있도록 보편적 가치를 실현해야 한다. 　　　　　　　　　　　　　　　　　　　　　　○ ✗

❸ 정의로운 국가는 어느 특정한 가치를 추구하는 국가이다. 　　　　　○ ✗

❹ 정의로운 국가는 모든 구성원이 최소한의 인간다운 삶을 누릴 수 있는 환경을 조성해야 한다. 　　　　　　　　　　　　　　　　　　　　　　○ ✗

2 시민이 갖추어야 할 자질

1. 정의로운 국가 실현을 위한 시민의 역할

(1) 시민의 의미 : 민주적 공동체의 구성원으로서 헌법이 보장하는 모든 권리와 의무를 지는 자유로운 사람을 말한다.

(2) 시민의 역할 : 국가 공동체의 구성원으로서 시민으로서의 자질을 갖추고 자신의 역할을 다해야 한다.

2. 바람직한 시민이 갖추어야 할 자질

(1) 책임 의식 : 자신이 맡은 일에 최선을 다하려는 마음

(2) 연대 의식 : 구성원들이 서로 연결되어 있다고 믿으며, 더 나은 공동체를 만들어 가기 위해 함께해야 한다는 생각

(3) 애국심 : 국가 공동체를 사랑하는 마음

❯ 시민
민주적 공동체의 구성원으로서 헌법이 보장하는 모든 권리와 의무를 지는 자유로운 사람

❯ 함양(涵 받아들일 함, 養 기를 양)
자질, 능력, 성품 등을 기르고 갖춘다.

❯ 헌법에 나타난 권리
우리나라의 헌법에서는 행복 추구권, 평등권, 자유권, 참정권, 청구권, 사회권 등을 국민의 권리로 제시한다.

❯ 배타적
한 개인이나 집단이 그 외의 사람이나 집단을 제외하거나 거부해 밀어 내친다.

❯ 성숙한 시민이 갖추어야 할 자질
- 배려와 공감의 자세
- 의사 결정 과정에 적극적으로 참여
- 사익과 공익을 조화롭게 추구

❯ 바람직한 애국심의 모습
- 분별력 있게 나라를 사랑한다.
- 맹목적이고 배타적인 애국심을 경계한다.
- 인류의 평화와 행복을 바란다.

실전 맛보기 **해설 및 정답**

주권은 국가의 의사를 최종적으로 결정하는 권력으로 대내적으로는 최고의 절대적 힘을 가지고, 대외적으로는 자주적 독립성을 가진다. 　　　　　　정답 ①

- - - - - - - - - - - - - - - - - - -

스피드 Check **정답**

❶ ○　　❷ ○　　❸ ✗
❹ ○

3. 바람직한 시민의 역할

(1) 우리는 시민으로서 갖추어야 할 자질을 함양하여 **정의로운 국가를 실현하는 데 이바지**해야 한다.

(2) 시민이 국가 공동체의 일에 관심을 가지고 적극적으로 참여할 때 정의로운 사회를 만들 수 있다.

4. 국가 공동체의 일에 참여하는 방법

(1) 자신의 역할에 충실하고 국가 공동체를 사랑하는 마음을 발휘하여 더 나은 공동체를 만드는 데 적극적으로 참여해야 한다.

(2) 국가 공동체의 일에 관심을 가지고 **자신의 목소리 내기, 자원봉사에 참여하기, 기부금 내기** 등의 활동을 할 수 있다.

✏ 실/전/맛/보/기

다음 설명에 해당하는 것은?

> 결속력이 강한 국가로 성장하기 위한 정신적 요소로 같은 나라 사람이라는 공동체 정신이다.

① 국민   ② 영토
③ 주권   ④ 연대 의식

📝 스/피/드 Check

❶ 시민에게는 각자의 영역에서 맡은 역할을 충실히 수행하는 책임 의식이 필요하다. ⓄⓍ

❷ 연대 의식은 구성원들이 서로 연결되어 있다고 믿으며 더 나은 공동체를 만들기 위해 함께해야 한다는 생각이다. ⓄⓍ

❸ 시민은 세계화 시대에 약해질 수 있는 자신의 국가에 대한 맹목적인 사랑을 실천하여 애국심을 발휘해야 한다. ⓄⓍ

❹ 시민이 시민으로서 갖추어야 할 자질을 함양할 때 정의로운 국가를 실현해 나갈 수 있다. ⓄⓍ

실전 맛보기 해설 및 정답

연대 의식이란 구성원들이 서로 연결되어 있다고 믿으며, 더 나은 공동체를 만들어 가기 위해 함께해야 한다는 생각이다. 누구나 혼자서는 살아갈 수 없으며, 다른 구성원과 협력할 때 어려운 일도 헤치어 나갈 수 있다. 정답 ④

스피드 Check 정답

❶ ○   ❷ ○   ❸ ×
❹ ○

3 준법과 공익 증진

1. 법을 지켜야 하는 까닭

(1) 법의 의미

① 인간의 공동생활에 꼭 필요한 최소한의 행동 규칙

② 국가가 국가 구성원에게 **강제하는 규범**

(2) 법을 지켜야 하는 까닭 : 법을 지키지 않는 행위는 사회를 혼란하게 만들고, 공동체 구성원의 건강과 안전을 위협하며, 다른 사람의 자유와 권리를 침해하지만, 법을 지키는 행위는 개인의 권리를 지키고 공동체의 이익을 증진한다.

2. 준법과 공익의 증진

(1) 개인의 자유와 권리를 보장한다.

(2) 사회 질서를 유지할 수 있다.

(3) 정의로운 사회를 구현할 수 있다.

3. 공익과 시민 불복종의 관계

(1) 공익을 해치는 법은 정당한 절차와 방법에 따라 개정해야 한다.

(2) 정당한 절차로도 바꾸기 힘든 법이 있으면 시민 불복종이 이루어지기도 한다.

4. 시민 불복종의 정당화 조건

(1) 시민 불복종의 정당화 조건

① **행위 목적의 정당성** : 그 목적이 공익 증진에 있다.

② **비폭력성** : 폭력을 사용하면 안 된다.

③ **최후의 수단** : 가장 마지막에 사용해야 한다.

④ **처벌 감수** : 위법 행위에 대한 처벌을 받아들인다.

(2) 기본적으로 준법의 의무를 이행하되 공익을 해치는 법을 개선하려 노력하는 것도 시민의 역할이다.

▶ 규범(規 규칙 규, 範 틀 범)
사람들이 사회생활을 할 때 지켜야 할 행동 양식

▶ 구현(具 갖출 구, 現 나타날 현)
어떤 사실을 구체적으로 나타낸다.

▶ 감수(甘 달 감, 受 받을 수)
어떤 책망이나 괴로움을 기꺼이 받아들인다.

▶ 준법의 도덕적 근거
• 우리 스스로 법에 동의했기 때문에 법을 지켜야 한다는 입장
• 법을 어기면 처벌을 받기 때문에 법을 지켜야 한다는 입장
• 준법의 혜택 때문에 법을 지켜야 한다는 입장

▶ 시민 불복종의 정당화 조건
• 목적의 정당성
• 공개적인 진행
• 비폭력적인 방법 사용
• 최후의 수단으로 행사
• 위법 행위에 대한 처벌의 감수

PART 05

다음에서 강조되는 생활 태도는?

- 횡단보도에서 무단횡단을 하지 않는다.
- 저작권이 있는 자료는 저작자의 허락 없이 사용하지 않는다.

① 친절　　　　　　　　② 준법
③ 양보　　　　　　　　④ 봉사

📝 스/피/드 Check

❶ 법은 인간의 공동생활에 꼭 필요한 최소한의 행동 규칙으로 강제력이 없는 자율 규범이다. 　　　　　　　　　　　　　　　　　　　　　　　　○ ✗

❷ 정의롭지 못한 법은 정당한 절차와 방법에 따라 개정하는 것이 공익을 증진하는 일이다. 　　　　　　　　　　　　　　　　　　　　　　　　　○ ✗

❸ 시민 불복종은 국가의 정의롭지 못한 법이나 정책을 무조건 위반하는 행위이다. 　　　　　　　　　　　　　　　　　　　　　　　　　　　　　○ ✗

❹ 시민 불복종은 정당화 조건에 따라 신중하게 이루어져야 한다. 　　○ ✗

실전 맛보기 해설 및 정답

우리는 법을 지킴으로써 개인의 권리를 지키는 동시에 공동체 전체의 이익을 증진할 수 있다. 즉, 준법을 통해 공익을 증진할 수 있다.　　　　　　정답 ②

스피드 Check 정답

❶ ✗　　❷ ○　　❸ ✗
❹ ○

1 정의로운 국가

❶ 국가는 우리 삶의 기반이 되므로 국가가 어떤 모습인지에 따라 우리가 살아가는 모습도 달라진다. ○ ✕

❷ 정의로운 국가라면 모든 구성원이 행복한 삶을 누릴 수 있도록 보편적 가치를 실현해야 한다. ○ ✕

❸ 정의로운 국가는 어느 특정한 가치를 추구하는 국가이다. ○ ✕

❹ 정의로운 국가는 모든 구성원이 최소한의 인간다운 삶을 누릴 수 있는 환경을 조성해야 한다. ○ ✕

❺ 국가 구성원들이 자유롭고 평등하게 자신의 삶을 살아갈 수 있도록 노력할 때 정의로운 국가라고 할 수 있다. ○ ✕

❻ 인간이 그 자체로 소중하며 항상 귀중하게 대우받아야 한다는 인간 존엄성과 인간으로서 누려야 할 기본적 권리인 인권을 존중하는 것은 정의로운 국가의 기본 바탕이다. ○ ✕

2 시민이 갖추어야 할 자질

❶ 정의로운 국가는 국가 구성원인 시민의 적극적인 참여로 실현할 수 있다. ○ ✕

❷ 시민에게는 각자의 영역에서 맡은 역할을 충실히 수행하는 책임 의식이 필요하다. ○ ✕

❸ 연대 의식은 구성원들이 서로 연결되어 있다고 믿으며 더 나은 공동체를 만들기 위해 함께해야 한다는 생각이다. ○ ✕

❹ 시민은 세계화 시대에 약해질 수 있는 자신의 국가에 대한 맹목적인 사랑을 실천하여 애국심을 발휘해야 한다. ○ ✕

❺ 시민이 시민으로서 갖추어야 할 자질을 함양할 때 정의로운 국가를 실현해 나갈 수 있다. ○ ✕

❻ 시민은 국가 공동체의 일에 관심을 가지고 적극적으로 참여하려는 자세가 필요하다. ○ ✕

❼ 바람직한 시민으로서 국가 공동체의 일에 관심을 가지되, 자기 생각을 표현하는 것은 삼가야
한다. ⭕ ❌

❽ 자원봉사 참여, 소외된 이웃을 위한 기부 등은 시민이 국가 공동체의 일에 참여하는 방법의 하나
이다. ⭕ ❌

3 준법과 공익 증진

❶ 법은 인간의 공동생활에 꼭 필요한 최소한의 행동 규칙으로 강제력이 없는 자율 규범이다.
⭕ ❌

❷ 준법을 통해 타인과 국가 권력으로부터 개인의 자유와 권리를 보호하고 사회 질서를 유지할 수
있다. ⭕ ❌

❸ 법을 지키지 않는 행위는 사회를 혼란하게 만들고 공동체 구성원의 안전을 위협한다. ⭕ ❌

❹ 준법은 모든 구성원의 행복한 삶의 바탕이 되며, 정의로운 국가를 위해 시민이 지켜야 할 도덕적
의무이다. ⭕ ❌

❺ 정의롭지 못한 법은 정당한 절차와 방법에 따라 개정하는 것이 공익을 증진하는 일이다.
⭕ ❌

❻ 시민 불복종은 국가의 정의롭지 못한 법이나 정책을 무조건 위반하는 행위이다. ⭕ ❌

❼ 시민 불복종은 정당화 조건에 따라 신중하게 이루어져야 한다. ⭕ ❌

❽ 정당한 시민 불복종이라면 폭력적인 방법을 동원해도 용인해야 한다. ⭕ ❌

⭕❌ 형성 평가 정답

1 정의로운 국가
❶ ○   ❷ ○   ❸ ✕   ❹ ○   ❺ ○   ❻ ○

2 시민이 갖추어야 할 자질
❶ ○   ❷ ○   ❸ ○   ❹ ✕   ❺ ○   ❻ ○   ❼ ✕   ❽ ○

3 준법과 공익 증진
❶ ✕   ❷ ○   ❸ ○   ❹ ○   ❺ ○   ❻ ✕   ❼ ○   ❽ ✕

02 사회 정의

- 공정한 경쟁이 이루어지기 위한 조건을 이해한다.
- 부패가 발생하는 원인과 그에 따른 문제점을 설명한다.

1 정의로운 사회를 추구하는 이유

1. 행복한 삶을 살 수 있는 사회의 실현

(1) 개인이 자신이 맡은 책임과 의무를 이행해야 한다.

(2) 정의로운 사회 제도와 구조를 마련해야 한다.

2. 사회 정의와 정의로운 사회의 의미

(1) 사회 정의 : 사회를 공평하고 올바르게 구성하는 공정성의 원리로, 옳고 그름을 평가하는 기준이다.

(2) 정의로운 사회 : 사회 정의를 실현한 사회로, 공정한 사회 규칙이나 제도를 마련하여 사회 구성원을 공평하고 차별 없이 대우하는 사회이다.

3. 정의로운 사회를 실현하기 위한 노력

(1) 인류는 오랫동안 사회 정의를 실현하면서 정의로운 사회를 만들어 가기 위해 노력하였다.

(2) 킹 목사가 정의로운 사회를 추구한 까닭 : 구성원들에게 인간다운 삶을 보장하기 위해

❯ 공정성
공평하고 올바른 성질을 뜻함. 모든 사람을 평등하게 대우하여 법과 규칙을 공평하게 적용하거나 잘한 사람에게는 그만큼의 혜택을 주고, 못한 사람에게는 혜택을 덜 준다면 일반적으로 공정하다고 여겨진다.

❯ 마틴 루서 킹(King, M. L. Jr., 1929~1968)
미국의 목사로 비폭력주의의 원칙을 지키며 흑인 차별 철폐 운동에 앞장서 노벨 평화상을 받았다.

❯ 정의의 여신상 디케(Dike)

- 저울 : 모든 사람을 공평하게 대우하겠다는 뜻
- 칼 : 잘못한 사람들에게 엄격하게 벌을 주겠다는 뜻
- 감거나 가린 눈 : 특정한 입장을 가진 사람에게만 유리한 판결을 내리지 않겠다는 뜻

❯ 정의로운 사회의 조건
- 모든 구성원의 기본적인 권리를 평등하게 보장해야 한다.
- 구성원이 합의한 기준과 절차에 따라 몫을 분배해야 한다.
- 구성원이 공정하게 자신의 몫을 받을 수 있어야 한다.

알/아/두/기

저에게는 꿈이 있습니다.

언젠가 이 나라가 모든 인간은 평등하게 태어났다는 것을 자명한 진실로 받아들이고, 그 진정한 의미를 굳게 믿고 살아가는 날이 오리라는 꿈입니다. 언젠가는 조지아의 붉은 언덕 위에 예전에 노예였던 부모의 자식과 그 노예의 주인이었던 부모의 자식들이 형제애의 식탁에 함께 둘러앉는 날이 오리라는 꿈입니다.

　　　　　　　　　－ 마틴 루서 킹, 「나에게는 꿈이 있습니다」 연설문 중에서 －

해설

킹 목사는 구성원들이 인종에 따라 차별당하지 않는 정의로운 사회를 실현하고자 하였다. 이러한 정의로운 사회를 추구하는 까닭은 모든 구성원에게 인간다운 삶을 보장하기 위해서이다.

4. 정의로운 사회를 추구하는 까닭

(1) 기본적 권리를 동등하게 보장하기 위해

(2) 공정하게 분배하기 위해

(3) 신뢰하고 협력하는 공동체를 만들기 위해

실/전/맛/보/기

공정한 사회 제도의 필요성을 〈보기〉에서 고른 것은?

보 기

ㄱ. 사회 정의 실현　　　　　　　　ㄴ. 인간다운 삶 보장
ㄷ. 국민 기본권 축소　　　　　　　ㄹ. 물질 만능주의 사회 조성

① ㄱ, ㄴ　　　　　　　　　　② ㄱ, ㄷ
③ ㄴ, ㄹ　　　　　　　　　　④ ㄷ, ㄹ

실전 맛보기 해설 및 정답

우리는 사회 정의에 따라 공정한 사회 규칙이나 제도를 마련하고, 구성원을 공평하고 차별 없이 대우하는 사회를 만들어 감으로써 정의로운 사회를 실현할 수 있다.

정답 ①

PART 05

✎ 스/피/드 Check

❶ 기본적인 생활조차 불가능한 임금밖에 받지 못하는 것은 온전히 개인의 능력이 부족하기 때문이다. ☐O ☐X

❷ 사회 정의는 사회를 공평하고 올바르게 구성하는 공정성의 원리로서, 주관적으로 옳고 그름을 평가하는 기준이다. ☐O ☐X

❸ 사회 정의를 실현하기 위해서는 공정한 사회 규칙이나 제도를 통해 사회 구성원을 차별 없이 대우할 필요가 있다. ☐O ☐X

❹ 정의로운 사회에서 모든 사회 구성원의 기본적 권리를 동등하게 보장할 수 있다. ☐O ☐X

---

2 공정한 경쟁의 조건

1. 우리 삶에 경쟁이 필요한 까닭

(1) **경쟁이 불가피한 까닭** : 사람의 욕구는 무한하지만, 많은 사람이 얻기를 원하는 자원은 한정되어 있기 때문이다.

(2) **경쟁의 효과** : 경쟁을 통해 한정된 자원을 효율적으로 분배하고, 개인과 공동체의 발전을 이룰 수 있다.

2. 공정하게 경쟁해야 하는 까닭

(1) **불공정한 경쟁의 피해** : 사회 구성원 간에 신뢰와 협력이 깨져 갈등과 혼란이 생길 수 있다.

(2) **공정한 경쟁이 중요한 까닭** : 개인도 행복하고 사회도 발전하는 정의로운 사회를 만들어 가려면 구성원 간에 경쟁이 공정하게 이루어져야 한다.

3. 공정한 경쟁이 이루어지기 위한 조건

(1) **경쟁 규칙의 동등한 적용** : 모든 참여자에게 규칙을 똑같이 적용하는 것이 공정한 경쟁의 기본 조건이다.

◉ 경쟁(競 겨룰 경, 爭 다툴 쟁)
같은 목적을 이루는 데 이기거나 앞서려고 서로 겨룬다.

◉ 경쟁 과정의 공정성
• 경쟁에 참여할 기회를 차별 없이 보장해야 한다.
• 경쟁에 불리한 위치에 있는 사람에게 적절한 기회를 보장해야 한다.
• 사회 구성원의 합의를 통해 공정하게 규칙을 만들어야 한다.

◉ 공정한 경쟁을 돕는 법과 제도
• 국민 기초 생활 보장법 : 국가가 생활이 어려운 사람에게 생계·교육·의료·자활 등에 필요한 경비를 주어 최소한의 기초 생활을 보장하기 위해 만든 법
• 여성 할당제 : 국회의원 후보 추천 시 일정 비율을 여성 후보로 선정하여 여성 국회의원 수를 확보하기 위해 만든 제도
• 장애인 의무 고용 제도 : 장애인의 고용 기회를 넓히기 위해 회사나 공공 기관에서 일정 비율의 장애인을 직원으로 고용하도록 의무를 부과하는 제도
• 지역 균형 선발 제도 : 취업·입시 등에서 상대적으로 환경이 열악한 지역의 사람들에게 취업·교육의 기회를 제공하는 제도

스피드 Check 정답

❶ × ❷ × ❸ ○
❹ ○

(2) 경쟁 참여 기회의 실질적 보장 : 다른 사람보다 불리한 위치에 있는 사람에게 적절한 혜택을 제공한다는 것을 포함한다.

(3) 경쟁에 뒤처진 사람에게 최소한의 인간다운 삶 지원 : 경쟁에 뒤처진 사람이 또다시 경쟁에 참여할 기회를 얻으려면 경쟁에 뒤처지더라도 최소한의 인간다운 삶을 유지할 수 있도록 지원해야 한다.

실/전/맛/보/기

다음에서 의미하는 용어는?

> 경쟁 과정에서 동등한 기회를 제공하는 것과 같이 공평하고 올바른 것을 뜻한다.

① 강제성   ② 다양성
③ 독창성   ④ 공정성

스/피/드 Check

❶ 경쟁이 불가피한 까닭은 많은 사람이 얻고자 하는 자원이 무한하기 때문이다. ⓞⓧ

❷ 모든 참가자에게 규칙을 똑같이 적용하는 것이 공정한 경쟁의 기본 조건이라고 할 수 있다. ⓞⓧ

❸ 경쟁 참여 기회를 실질적으로 보장한다는 것은 다른 사람보다 불리한 위치에 있는 사람에게 참여 기회를 동등하게 제공한다는 의미이다. ⓞⓧ

❹ 사회 제도적으로 공정한 경쟁 조건을 마련하고 실행하여 정의로운 사회를 만들어 갈 수 있다. ⓞⓧ

실전 맛보기 해설 및 정답

경쟁 과정이 불공정하다면 그 결과도 공정할 수 없다. 따라서 경쟁 과정이 공정해지기 위해서는 우선 경쟁에 참여할 기회를 누구에게나 차별 없이 보장해야 한다.

정답 ④

스피드 Check 정답

❶ ×   ❷ ○   ❸ ×
❹ ○

3 부패의 원인과 예방법

1. 부패의 의미와 발생 원인

(1) 부패의 의미

① 부패는 **공정한 절차를 무시하고 부당한 방법으로 자신의 이익을 챙기는 행위**를 의미한다.

② 뇌물이나 친분, 권력 등을 악용하여 경제적 이익이나 유리한 기회를 얻는 행위가 부패에 해당한다.

(2) 부패의 발생 원인

① 개인적 측면 : 공익보다 **사익을 우선으로 여기는 이기심**, 나 한 명의 잘못은 큰 문제가 아니라고 생각하는 안일한 생각

② 사회적 측면 : 부패를 유발하는 사회의 풍토
예 연고주의, 정실주의, 목표 지상주의 등

③ 제도적 측면 : 부패 예방을 위한 제도 미비, 약한 처벌, 불투명한 업무 처리 절차 또는 기준

(3) 부패의 문제점

① 개인과 사회의 도덕성 훼손

② 공동체의 신뢰와 통합에 부정적 영향

③ 국가 경쟁력 약화

2. 부패 예방의 필요성과 예방법

(1) 필요성 : 모든 사회 구성원의 권익을 보장하고 사회 통합과 발전을 이루는 정의로운 사회를 만들기 위해

(2) 예방하는 방법

① 개인적 노력 : **청렴 의식**을 바탕으로 부패 행위를 하지 않는 자세

② 제도적 노력 : 부패 행위를 엄중히 처벌하는 법과 제도 마련, 부패를 유발하는 제도 개선, 권력 분산, 외부 감사, 내부 공익 신고자 보호·보상 제도 등

③ 사회적 노력 : 청렴의 문화를 바탕으로 한 부패 행위 감시 활동

▶ 부패(腐 썩을 부, 敗 무너질 패)
개인이나 집단, 정치, 사상, 의식 따위가 도덕적으로 타락한 것

▶ 부패의 종류
• 뇌물 : 공적인 일을 자신에게 더 유리하게 진행하게 하려고 제공하는 이익
• 횡령 : 공적인 재산을 사사롭게 사용하는 것
• 배임 : 자신의 책임을 다하지 않음으로써 누군가가 이익을 취하게 하는 것

▶ 연고주의
혈연이나 학연, 지연으로 맺어진 관계를 중요하게 여기고 다른 사람을 차별하는 것

▶ 정실주의
아는 사람에게 관대한 처분을 하는 것

▶ 목표 지상주의
과정이 잘못되었다고 해도 결과가 좋으면 용인하는 것

▶ 청렴(淸 맑을 청, 廉 청렴할 렴)
성품과 행실이 깨끗하고 맑으며, 재물을 탐하는 마음이 없는 것

▶ 내부 공익 신고자
기업이나 정부 기관에서 일하는 사람으로서, 조직의 불법 행위나 부정 거래에 관한 정보를 외부 기관에 신고하는 사람

부패 행위의 부정적 영향으로 가장 적절한 것은?

① 공정한 분배를 보장한다.
② 국가의 투명성을 향상시킨다.
③ 사회의 발전 가능성을 높인다.
④ 사회의 공동체 의식을 약화시킨다.

❶ 공정하게 경쟁하며 정의로운 사회를 만들어 가고자 할 때 부패는 걸림돌이 된다.
　　　　　　　　　　　　　　　　　　　　　　　　　　　　　　　　 Ⓞ Ⓧ

❷ 청렴은 탐욕이 없고 성품과 행실이 높고 맑은 것을 의미한다. 　　　 Ⓞ Ⓧ

❸ 개인의 청렴 의식이나 부패 행위 감시를 강조하기만 하면 부패를 근절할 수 있다.
　　　　　　　　　　　　　　　　　　　　　　　　　　　　　　　　 Ⓞ Ⓧ

❹ 청탁 금지법이나 공익 신고자 및 내부 고발자 보호는 부패를 근절하기 위한 사
　 회 제도와 정책이다. 　　　　　　　　　　　　　　　　　　　　　 Ⓞ Ⓧ

실전 맛보기 **해설 및 정답**

부패는 사회의 통합과 발전을 저해한다. 부패가 널리 퍼진 사회에서는 구성원끼리 서로 신뢰하고 협력하지 못하므로 사회의 안전을 위협하고 발전을 기대하기도 어렵다. 　　　　　 정답 ④

스피드 Check **정답**

❶ ○　　❷ ○　　❸ ×
❹ ○

○✕ 형성평가

1 정의로운 사회를 추구하는 이유

❶ 누구나 행복한 삶을 살 수 있는 사회를 만들기 위해서는 개인이 양심을 지키고 책임과 의무를 다하기만 하면 된다. ○ ✕

❷ 기본적인 생활조차 불가능한 임금밖에 받지 못하는 것은 온전히 개인의 능력이 부족하기 때문이다. ○ ✕

❸ 사회 정의는 사회를 공평하고 올바르게 구성하는 공정성의 원리로서, 사회적으로 옳고 그름을 평가하는 기준이다. ○ ✕

❹ 정의로운 사회는 공정한 사회 규칙이나 제도를 통해 사회 구성원을 차별 없이 대우하는 사회 정의를 실현한 사회를 말한다. ○ ✕

❺ 인류는 오랫동안 사회 정의를 실현하면서 정의로운 사회를 추구하기 위해 노력해 왔다. ○ ✕

❻ 정의로운 사회에서 모든 사회 구성원의 기본적 권리를 동등하게 보장할 수 있다. ○ ✕

❼ 정의로운 사회에서 구성원들은 서로 신뢰하고 협력할 수 있다. ○ ✕

2 공정한 경쟁의 조건

❶ 경쟁이 불가피한 까닭은 많은 사람이 얻고자 하는 자원이 무한하기 때문이다. ○ ✕

❷ 경쟁은 승부를 겨루는 운동 경기부터 더 많은 이익을 얻으려는 경제 활동까지 우리 삶 전반에 걸쳐 있다. ○ ✕

❸ 개인도 행복하고 사회도 발전하는 정의로운 사회를 만들어 가려면 구성원 간에 경쟁이 공정하게 이루어져야 한다. ○ ✕

❹ 모든 참가자에게 규칙을 똑같이 적용하는 것이 공정한 경쟁의 기본 조건이라고 할 수 있다. ○ ✕

❺ 경쟁 참여 기회를 실질적으로 보장한다는 것은 다른 사람보다 불리한 위치에 있는 사람에게 참여 기회를 동등하게 제공한다는 의미이다. ○ ✕

⑥ 사회 제도적으로 공정한 경쟁 조건을 마련하고 실행함으로써 정의로운 사회를 만들어 갈 수 있다. 〇 🗵

3 부패의 원인과 예방법

❶ 공정하게 경쟁하며 정의로운 사회를 만들어 가고자 할 때 부패는 걸림돌이 된다. 〇 🗵

❷ 부패는 권력이나 명예, 경제적 이익 등을 남들보다 더 쉽게 얻거나 더 많이 차지하려는 개인의 잘못된 욕심 때문에 발생한다. 〇 🗵

❸ 공직자의 부패 행위보다 개인의 부패 행위가 더 심각한 이유는 공익을 더 심각하게 침해하기 때문이다. 〇 🗵

❹ 청렴은 탐욕이 없고 성품과 행실이 높고 맑은 것을 의미한다. 〇 🗵

❺ 부패를 예방하려면 사회 구성원 각자가 자신이 맡은 일을 공정하고 청렴하게 처리하려고 노력해야 한다. 〇 🗵

❻ 개인의 청렴 의식이나 부패 행위 감시를 강조하기만 하면 부패를 근절할 수 있다. 〇 🗵

❼ 청탁 금지법이나 공익 신고자 및 내부 고발자 보호는 부패를 근절하기 위한 사회 제도와 정책이다. 〇 🗵

형성 평가 정답

1 정의로운 사회를 추구하는 이유
❶ ✕ ❷ ✕ ❸ 〇 ❹ 〇 ❺ 〇 ❻ 〇 ❼ 〇

2 공정한 경쟁의 조건
❶ ✕ ❷ 〇 ❸ 〇 ❹ 〇 ❺ ✕ ❻ 〇

3 부패의 원인과 예방법
❶ 〇 ❷ 〇 ❸ ✕ ❹ 〇 ❺ 〇 ❻ ✕ ❼ 〇

03 북한 이해

- 북한 주민의 생활 모습을 보편적 가치의 관점에서 설명한다.
- 북한 이탈 주민이 겪는 어려움을 이해한다.

1 북한을 바라보는 관점

1. 북한에 관한 올바른 인식의 필요성

(1) 우리 민족은 하나의 민족 공동체를 유지했으나, 광복 이후 남북 분단 상황에 놓인다.

(2) 북한을 바라보는 서로 다른 시각
① 분단 이후 북한을 바라보는 여러 시각이 있다.
② 북한을 불안한 눈으로 바라보는 시각, 북한 주민을 동정하는 시각, 북한에 대해 무관심한 시각 등이 있다.

2. 북한 존재의 이중성

(1) 북한 정권은 우리의 안보를 위협하는 경계의 대상이다.
① 남한과 북한은 정치적·군사적으로 대결하며 적대 관계를 지속한다.
② 천안함 폭침, 연평도 포격 도발 사건 등을 일으켜 우리의 안보를 위협하였다.
③ 핵 실험, 미사일 발사 실험 등을 강행하며 세계 평화까지 위협한다.

(2) 북한 주민은 같은 민족으로서 협력의 대상이다.
① 우리와 북한 주민은 오랜 역사와 문화를 공유한 민족공동체로서 협력의 대상이다.
② 남북은 통일의 당사자로서 공동 번영과 평화 통일의 기반 조성을 위해 함께 노력해야 한다.

> **분단의 배경**
> - 국내적 원인 : 독립운동 세력 내부에 존재한 민족주의와 공산주의 등의 이념적 갈등, 광복 이후 한반도를 둘러싼 강대국들의 신탁 통치에 관한 민족 내부의 찬반 세력 대립
> - 국제적 원인 : 제2차 세계 대전 후 한반도 문제를 처리하는 과정에서 우리 민족의 의사와 상관없이 미국과 소련이 북위 38도선을 경계로 남한과 북한에서 각각 군정 실시

> **안보(安 편안할 안, 保 지킬 보)**
> 안전 보장의 줄임 말로, 위협이나 침략으로부터 안전을 지키는 일

3. 북한에 관한 바람직한 이해

(1) 균형 있게 이해해야 한다.

(2) 객관적 사실에 기초하여 이해해야 한다.
　① 개인적인 편견이나 감정적 판단을 배제한 객관적 시각이 필요하다.
　② 무조건 긍정적으로 또는 부정적으로 보는 자세를 지양해야 한다.
　③ 객관적 사실을 바탕으로 있는 그대로의 북한을 이해해야 한다.
　　➜ 북한의 이중성을 바르게 인식할 수 있다.

(3) 보편적 가치에 근거하여 이해해야 한다.
　① 자유, 인권, 복지 등 보편적 가치를 기준으로 북한을 이해해야 한다.
　② 경제난, 생존권 위협 등 북한이 겪는 문제의 근본 원인이 북한 체제에 있다는 것을 파악할 수 있다.

 실/전/맛/보/기

남북 분단의 결과에 대한 설명으로 가장 적절한 것은?

① 전쟁의 위협이 사라졌다.
② 이념적 갈등을 해소하였다.
③ 민족 동질성을 회복하였다.
④ 이산가족에게 고통을 주고 있다.

스/피/드 Check

❶ 우리 민족은 일제 강점기에 남북으로 분단되었다. 　　　　　　Ⓞ Ⓧ

❷ 북한 정권은 우리의 안보를 위협하는 경계의 대상으로 볼 수 없다. 　Ⓞ Ⓧ

❸ 북한이 지닌 이중적 측면을 바르게 이해할 때, 국가 안보를 굳건히 하는 동시에 통일을 위해 협력할 수 있다. 　　　　　　　　　　　Ⓞ Ⓧ

❹ 보편적 가치를 근거로 삼아 북한을 이해하는 것이 북한을 바르게 이해하는 데 도움이 된다. 　　　　　　　　　　　　　　　　Ⓞ Ⓧ

2 북한 사회의 특징과 주민들의 생활

1. 북한 사회의 특징

1인 독재 체제	한 사람의 지도를 받는 조선 노동당에 의해 국가 정책 결정
중앙 집권적 계획 경제 체제	경제 생활에 필요한 모든 계획을 국가가 수립·집행·감독
사회주의 대가정 체제	사회 전체를 하나의 큰 가정으로 보고 당과 수령에 충성할 것을 강조
집단주의· 전체주의	개인보다 사회나 국가 같은 전체를 우선시

2. 북한 주민의 생활

(1) 정치 생활 : 당의 결정과 정부기관의 통제 속에서 이루어진다.

(2) 경제 생활 : 중앙 집권적 계획 경제에 따라 통제된다.

(3) 사회 생활 : 집단주의 원칙에 따라 이루어진다.
→ '하나는 전체를 위하여 전체는 하나를 위하여'

(4) 문화·예술 생활 : 체제 유지를 위한 선전의 도구로 활용한다.

3. 보편적 가치의 관점에서 본 북한 주민의 생활

(1) 북한 주민은 북한 정권의 철저한 통제와 감시 속에서 생활한다.

(2) 인간으로서 누려야 할 기본적 권리를 누리지 못하고 있다.

4. 북한 주민의 인권 문제

(1) 기본적 생존권마저 보장받지 못하는 경우가 있다.

(2) 북한 주민도 인간답게 살아갈 권리가 있다.

5. 북한 주민은 우리의 동포이자 동반자

(1) 북한 주민은 우리와 역사와 전통을 공유하는 동포이다.

(2) 북한 주민과 함께 통일 공동체를 형성하고 보편적 가치를 실현하기 위해 연대하고 협력해야 한다.

❯ 북한 주민들의 생활
• 정치 생활 : 자유롭게 정치적 결정을 하거나 생각을 표현할 수 없다.
• 경제 생활 : 생활에 필요한 주택, 식량, 의복 등은 국가가 배급해 주는 것이 원칙이다.
• 사회 생활 : 집단주의 원칙을 바탕으로 주민들의 사상을 통제한다.
• 문화 생활 : 북한 체제의 정당성을 홍보하거나 국가 지도자에 대한 충성심을 고취하는 것이 목적이다.

PART 05

남한말(표준어)	북한말(문화어)
화장실	위생실
어른	자란이
주차장	차마당
우유	소젖
딸기잼	딸기단졸임

◐ 북한 이탈 주민에 대한 부정적 선입견
• 북한의 생활 방식과 사고방식은 가치가 없다.
• 가족과 고향을 버리고 온 매몰찬 사람들이다.
• 북한 정권에 대한 거부감으로 인해 멀게 느껴지는 존재이다.
• 열심히 노력하지 않으면서 편하고 임금이 높은 일을 하기를 원한다.

✎ 실/전/맛/보/기

다음에서 알 수 있는 북한 사회의 특징은?

북한 주민은 나이와 직업에 따라 의무적으로 조직에 가입하여 활동해야 한다. 이와 같은 조직 생활을 통해 당의 지시를 받거나 정치 교육을 받는다.

① 자유주의   ② 집단주의
③ 자본주의   ④ 민주주의

✐ 스/피/드 Check

❶ 북한은 중앙 집권적 계획 경제에 따라 운영되지만, 배급 체제가 무너진 이후 '장마당' 등 시장 경제의 모습을 보이기도 한다. Ⓞ Ⓧ

❷ 북한 주민의 사회 활동은 개인주의 원칙에 따라 이루어진다. Ⓞ Ⓧ

❸ 북한 사회를 보편적 가치의 관점보다는 북한 사회의 특수성이라는 시각에서 평가해야 한다. Ⓞ Ⓧ

❹ 북한 주민은 인간으로서 평등하고 존엄하게 대우받으며 행복하게 살아갈 권리가 있다. Ⓞ Ⓧ

---

3   북한 이탈 주민의 생활과 통일의 과제

1. 북한 이탈 주민의 의미와 중요성

(1) 의미 : 북한에 주소, 가족, 직장 등을 두고 있는 사람으로서 북한을 벗어난 후 외국 국적을 취득하지 않은 사람

(2) 중요성 : 남한과 북한의 생활을 모두 경험한 사람들로서, 미래 통일 한국의 사회 통합에 도움을 줄 수 있는 소중한 인적 자원

2. 북한 주민의 북한 이탈 원인

북한에서 굶주림, 정치적 탄압 등을 이기지 못하고 더 나은 삶을 위해 북한을 떠난다.

실전 맛보기 해설 및 정답

북한 사회는 개개인보다 사회와 집단을 더 우선해서 생각하는 집단주의를 바탕으로 하고 있어 북한 주민들은 평생 조직 생활을 해야 한다. 정답 ②

스피드 Check 정답

❶ ○   ❷ ×   ❸ ×
❹ ○

3. 북한 이탈 주민이 겪는 어려움

심리적	낯선 환경에 잘 적응해야 한다는 두려움과 막막함에서 비롯된 심리적 불안감, 북한에 있는 가족에 대한 그리움과 죄책감, 남한 주민의 배타적인 태도와 차별로 인한 어려움 등
문화적	쓰임이 다른 언어와 외래어로 인한 의사소통의 어려움, 개인주의 문화에 적응하면서 겪는 어려움, 서로 다른 학교 제도와 수업 내용으로 인한 어려움 등
경제적	남한 주민의 부정적인 선입견으로 인해 직장을 구하기 힘든 어려움, 근무 조건이 불안정하고 임금이 낮은 직장에서 일해 안정적인 생활을 유지하기 힘든 어려움 등

4. 통일을 위한 우리의 과제

개인적 차원	서로 배려하고 수용하는 자세를 지녀야 함.
사회적 차원	서로 만나고 교류할 수 있는 소통의 장을 많이 마련해야 함.
국가적 차원	법과 제도를 시대에 맞게 보완해 북한 이탈 주민의 정착에 꼭 필요한 도움을 줄 수 있도록 해야 함.

🖉 실/전/맛/보/기

북한 이탈 주민의 적응을 돕는 방법으로 적절하지 않은 것은?

① 공공 기관의 취업을 제한한다.
② 안정적인 주거 시설을 마련해 준다.
③ 경제적 자립을 돕는 직업 훈련을 확대한다.
④ 청소년을 위한 학교 적응 프로그램을 보급한다.

📝 스/피/드 Check

❶ 오랜 분단에도 남북한이 사용하는 용어, 각종 사회 제도와 삶의 양식은 전혀 달라지지 않았다. Ⓞ Ⓧ

❷ 남북 간의 사고방식과 가치관의 차이는 북한 이탈 주민과 남한 주민 사이의 갈등을 낳기도 한다. Ⓞ Ⓧ

❸ 북한 이탈 주민이 남한에서 겪는 어려움을 살펴봄으로써 통일 과정에서 생길 수 있는 문제를 예측할 수 있다. Ⓞ Ⓧ

❹ 통일 이후에도 남북한의 경제적 격차는 여러 가지 사회 문제의 원인이 될 수 있다. Ⓞ Ⓧ

실전 맛보기 **해설 및 정답**

북한 이탈 주민은 북한에서 취득한 학력이나 자격을 남한에서 그대로 인정받기 어려워 취업이 쉽지 않고, 취업하더라도 보수가 낮은 일을 하게 되어 경제적 어려움을 겪는 경우가 많다. 정답 ①

....

스피드 Check **정답**

❶ × ❷ ○ ❸ ○
❹ ○

⊙ⓧ 형성평가

1 북한을 바라보는 관점

❶ 우리 민족은 일제 강점기에 남북으로 분단되었다.   ⓞ ⓧ

❷ 북한 정권은 우리의 안보를 위협하는 경계의 대상으로 볼 수 없다.   ⓞ ⓧ

❸ 북한은 단지 경계의 대상이므로 남북한 공동의 평화와 번영을 기대하면 안 된다.   ⓞ ⓧ

❹ 북한 주민은 같은 민족으로서 함께 통일 공동체를 만들어 가야 할 협력의 대상이다.   ⓞ ⓧ

❺ 북한이 지닌 이중적 측면을 바르게 이해할 때, 국가 안보를 굳건히 하는 동시에 통일을 위해 협력할 수 있다.   ⓞ ⓧ

❻ 북한을 막연히 부정적으로 인식하거나 단순히 긍정적으로 인식하기보다는 객관적 사실에 기초해서 인식해야 한다.   ⓞ ⓧ

❼ 남북 간에 상호 호혜적인 관계를 유지하고 북한을 균형 있게 이해하려는 노력이 필요하다.   ⓞ ⓧ

❽ 북한을 올바르게 이해하려면 보편적 가치를 근거로 해야 한다.   ⓞ ⓧ

2 북한 사회의 특징과 주민들의 생활

❶ 북한의 정식 명칭은 '조선 민주주의 인민 공화국'으로 실제로 민주적 정치 생활이 이루어지고 있다.   ⓞ ⓧ

❷ 북한은 중앙 집권적 계획 경제에 따라 운영되지만, 배급 체제가 무너진 이후 '장마당' 등 시장 경제의 모습을 보이기도 한다.   ⓞ ⓧ

❸ 북한 주민의 사회 활동은 개인주의 원칙에 따라 이루어진다.   ⓞ ⓧ

❹ 북한의 노래와 영화는 당과 지도자를 찬양하는 내용이 주를 이룬다.   ⓞ ⓧ

❺ 북한 정권은 북한 주민의 생활을 철저하게 통제하고 감시하고 있다.   ⓞ ⓧ

❻ 북한 사회를 보편적 가치의 관점보다는 북한 사회의 특수성이라는 시각에서 평가해야 한다.   ⓞ ⓧ

⑦ 북한 주민은 인간으로서 평등하고 존엄하게 대우받으며 행복하게 살아갈 권리가 있다. ⃝Ⓧ

⑧ 북한 주민은 우리와 역사와 전통을 공유하는 동포이자 통일 공동체를 함께 만들어 가야 할 동반자이다. ⃝Ⓧ

3 북한 이탈 주민의 생활과 통일의 과제

❶ 북한 이탈 주민은 북한 출신을 향한 편견과 선입견으로 심리적 고통을 겪는다. ⃝Ⓧ

❷ 오랜 분단에도 남북한이 사용하는 용어, 각종 사회 제도와 삶의 양식은 전혀 달라지지 않았다. ⃝Ⓧ

❸ 남북 간의 사고방식과 가치관의 차이는 북한 이탈 주민과 남한 주민 사이의 갈등을 낳기도 한다. ⃝Ⓧ

❹ 북한 이탈 주민은 경제적 기반을 모두 북한에 두고 온 데다 자기 능력을 발휘할 기회가 적어 경제적 어려움을 겪는다. ⃝Ⓧ

❺ 북한 이탈 주민이 남한에서 겪는 어려움을 살펴봄으로써 통일 과정에서 생길 수 있는 문제를 예측할 수 있다. ⃝Ⓧ

❻ 북한 이탈 주민은 사회 통합과 발전에 걸림돌이 되므로 우리의 이웃이라고 할 수 없다. ⃝Ⓧ

❼ 통일 이후에도 남북한의 경제적 격차는 여러 가지 사회 문제의 원인이 될 수 있다. ⃝Ⓧ

❽ 남북한의 이질화를 극복하는 일은 통일의 기반을 마련하는 데 필수적인 과제이다. ⃝Ⓧ

⃝Ⓧ 형성 평가 정답

1 북한을 바라보는 관점

❶ ×   ❷ ×   ❸ ×   ❹ ○   ❺ ○   ❻ ○   ❼ ○   ❽ ○

2 북한 사회의 특징과 주민들의 생활

❶ ×   ❷ ○   ❸ ×   ❹ ○   ❺ ○   ❻ ×   ❼ ○   ❽ ○

3 북한 이탈 주민의 생활과 통일의 과제

❶ ○   ❷ ×   ❸ ○   ❹ ○   ❺ ○   ❻ ×   ❼ ○   ❽ ○

04 통일 윤리 의식

- 평화롭고 풍요로운 삶을 위해 통일이 필요하다는 것을 설명한다.
- 통일 한국이 나아가야 할 모습과 통일 국가 형성을 위한 국가·사회적 차원의 노력을 설명한다.

❯ **통일의 대내적 필요성**
- 이산가족의 고통 해소
- 일상생활 속의 다양한 불편 해소
- 북한 주민들의 인간다운 삶 보장
- 전쟁의 위협을 없애 진정한 평화 실현

❯ **통일의 대외적 필요성**
- 통일은 국제적 문제이기도 하다.
- 통일은 동북아시아의 안정과 세계 평화에 기여하는 것이다.

1 도덕적으로 바라본 통일의 필요성

1. 통일을 바라보는 여러 시각

(1) 통일에 대한 긍정적 시각 : 남북이 하나가 되기를 염원한다.

(2) 통일에 대한 부정적 시각 : 통일과정에서 발생할 수 있는 **사회적 혼란**이나 **경제적 부담**을 우려한다.

2. 통일을 해야 하는 도덕적 근거

(1) 남북통일을 이루면 **보편적 가치**를 실현할 수 있다.

(2) 분단 상황은 남북한 주민이 누려야 할 보편적 가치를 훼손하고 있다.

3. 보편적 가치 실현

(1) **인도주의 실현** : 이산가족과 실향민의 아픔을 해소한다.

(2) **자유의 가치 실현** : 남북 주민 모두 자기 의지대로 행동할 수 있다.

(3) **인간 존엄성, 평화 구현**

4. 민족 공동체 회복

(1) **민족의 동질성 회복** : 남북한 이질화를 극복해야 한다.

(2) **전통문화와 역사 계승** : 같은 언어, 풍습을 이어 가야 한다.

5. 공동체 발전

(1) 경제적 발전을 가져다줄 수 있다.

(2) 소모적인 국방비 지출을 줄일 수 있다.

(3) 동북아 지역의 발전을 선도할 수 있다.

● 통일 한국의 기본 조건
• 다양성을 인정하고 서로 존중, 배려하는 문화를 바탕으로 구성원 모두가 주인이 되는 나라
• 인간의 존엄성, 자유, 평등, 정의, 복지 등 인류 보편적 가치를 추구하는 나라

✎ 실/전/맛/보/기

통일을 해야 하는 이유로 적절하지 않은 것은?

① 세계 평화의 정착을 위해

② 남북한의 경제적 번영을 위해

③ 문화와 전통을 단절시키기 위해

④ 이산가족의 고통을 해소하기 위해

✐ 스/피/드 Check

❶ 분단 상황은 우리가 마땅히 누려야 하는 자유의 가치를 훼손하고 있다. Ⓞ Ⓧ

❷ 도덕적인 관점에서 보았을 때 통일은 여러 가지 가치를 실현해 주지 못한다. Ⓞ Ⓧ

❸ 통일은 이산가족과 실향민의 아픔을 해소하여 인도주의를 실현한다. Ⓞ Ⓧ

❹ 통일 편익은 통일 과정에서 들어가는 비용의 합이다. Ⓞ Ⓧ

● 통일 한국의 미래상

경제가 발전한 복지 국가	남한의 자본과 기술 + 북한의 자원 ➔ 경제 발전과 복지 향상
문화적으로 성숙한 국가	• 우리 민족 고유문화의 통합과 발전 • 다양한 문화의 조화와 공존
국제적 위상이 높아진 국가	통일 과정에서 갈등 해결 능력 축적 ➔ 국제 사회에서의 책임과 역할 확대

PART 05

2 통일 한국의 모습

1. 통일 이후 발생할 수 있는 문제점

(1) 통일 이후 남북한 주민 사이의 갈등

(2) 재산권 문제, 통일 비용 문제, 화폐 통화 문제, 대규모 인구 이동에 따른 문제 등

2. 우리가 꿈꾸는 바람직한 통일 한국의 모습

(1) 전쟁 위험이 사라지고, 그에 따른 혜택이 늘어난다.

(2) 남북의 힘을 모아 여러 분야에서 경쟁력이 높아진다.

(3) 한국인의 무대가 세계로 넓어진다.

실전 맛보기 **해설 및 정답**

통일은 남북 간 이질화를 극복하고 동질성을 회복하며 전통문화와 역사를 계승할 수 있다.

정답 ③

스피드 Check **정답**

❶ ○　　❷ ×　　❸ ○
❹ ×

3. 통일 한국의 바람직한 미래상

(1) **인간 존엄성을 보장하는 나라** : 자유, 평등, 평화와 같은 보편적 가치를 추구하여 남북한 주민 모두가 인간다운 삶을 살 수 있도록 해야 한다.

(2) **자유 민주주의를 정립한 나라**

(3) **자유로운 경제 활동을 보장하는 나라**

(4) **개방적이고 진취적으로 민족 문화를 발전시키는 나라**

(5) **세계 속에서 평화를 지향하는 나라**

 실/전/맛/보/기

다음에서 추구하는 통일 한국의 미래상은?

통일 한국은 지나친 빈부격차로 인한 경제적 불평등을 해결하고 사회적 약자도 인간답게 살 수 있도록 배려해야 한다.

① 고통스런 빈곤국가   ② 억압적인 독재국가
③ 정의로운 복지국가   ④ 종속적인 주변국가

스/피/드 Check

❶ 통일 한국의 모습은 남북이 분단된 오늘날과 크게 다르지 않을 것이다.
　　　　　　　　　　　　　　　　　　　　　　　　　　　　　　Ⓞ Ⓧ

❷ 통일 한국에서는 남북한 주민 간 가치관과 생활 방식의 차이, 재산권과 화폐 통합 등에 따른 갈등과 사회 문제가 나타날 수 있다. Ⓞ Ⓧ

❸ 통일 직후 남북한 주민 간의 갈등을 효과적으로 해소하려면 획일적인 절차에 따라야 한다. Ⓞ Ⓧ

❹ 통일 한국은 세계 평화를 지양하며, 주변 국가들과 경쟁하는 관계를 유지해야 한다. Ⓞ Ⓧ

실전 맛보기 해설 및 정답

통일 한국은 각자의 관심과 능력에 따라 자유롭게 직업을 선택하고 최선을 다하면 경제가 성장할 수 있고, 이러한 성장의 혜택을 복지 제도를 통해 모든 구성원과 나눌 수 있다. 　　　　정답 ③

- - - - - - - - - - - - - - - - - - -

스피드 Check 정답

❶ × 　　❷ ○ 　　❸ ×
❹ ×

3 통일과 세계 평화에 기여하는 자세

1. 남북통일과 세계 평화

(1) 통일은 한반도에서 전쟁이 일어날 가능성을 근본적으로 제거한다.

(2) 통일은 동아시아의 긴장 상태를 해소한다.

(3) 통일은 주변 나라는 물론 전 세계의 불안과 우려를 씻어 낼 수 있다.

(4) 통일은 세계 평화에 이바지한다.

2. 통일을 위한 노력

(1) 사회적 차원의 노력
   ① 민족 동질성 회복을 위해 자연스럽게 공감대를 형성할 수 있는 분야부터 협력 **예** 겨레말큰사전 편찬 사업, 이산가족 상봉 등
   ② 서로에 대한 이해와 존중을 바탕으로 지속해서 평화롭게 교류 · 협력
   ③ 통일 과정에서 발생하는 문제에 적절하게 대처할 수 있는 법과 제도 마련
   ④ 국민의 합의와 지지를 바탕으로 통일 비용을 마련할 합리적인 방안 마련
   ⑤ 통일에 우호적인 국제 분위기를 조성하기 위한 다양한 외교적 노력

(2) 개인적 차원의 노력
   ① 통일에 관심 가지기
   ② 관용적이고 개방적인 자세 갖추기
   ③ 올바른 국가 안보 의식 갖추기
   ④ 평화를 사랑하는 마음을 바탕으로 세계 평화에 기여하려는 자세 지니기

(3) 청소년들이 가져야 할 자세
   ① 통일 관련 행사나 북한 이탈 주민 관련 행사에 참여해 보기
   ② 일상생활에서 발생하는 갈등을 평화롭게 해결하려고 노력하기

◎ 통일을 위한 사회적 차원의 노력

민족 동질성 회복	자연스럽게 공감대 형성이 가능한 분야에서 시작
평화 교류와 협력	서로에 대한 이해와 존중을 바탕으로 지속적으로 실천
법과 제도 정비	통일 과정의 문제에 대비, 보편적 가치에 따라 정비
통일 비용 마련	국민의 합의와 지지를 바탕으로 합리적 방안 제시
외교적 노력	국제 사회의 지지와 협조 유도

◎ 겨레말큰사전
통일 이후 남북한의 언어 차이로 인한 혼란에 대비하기 위해 남한과 북한의 국어학자들이 함께 만들고 있는 우리말 사전

◎ 통일을 위한 개인적 차원의 노력

개인의 노력	• 통일에 관심가지기 • 관용적 · 개방적 자세 갖추기 • 올바른 안보 의식 갖추기 • 평화를 사랑하는 마음 가지기
청소년들의 자세	• 통일 관련 행사에 적극적으로 참여하기 • 일상 속에서 갈등을 평화롭게 해결하려고 노력하기

PART 05

다음과 같은 남북한 간의 교류 · 협력이 필요한 이유는?

- 남북한 가수의 합동 콘서트
- 남북한 역사학자 협의회의 공동 실태 조사

① 불신을 조장하기 위해서
② 친밀감을 줄이기 위해서
③ 동질성을 회복하기 위해서
④ 서로 간의 오해를 키우기 위해서

❶ 남북한은 지구상에 남은 마지막 분단국가이다. ⃞O ⃞X

❷ 남북한은 언제 전쟁이 일어날지 모르는 위험을 안고 과도한 군사비를 소모하고
있다. ⃞O ⃞X

❸ 무력으로 인한 통일은 국가 구성원에게 인간다운 삶을 보장할 수 없다.
⃞O ⃞X

❹ 한반도 평화 정착을 위한 남북 교류는 정치와 군사 분야부터 추진해야 한다.
⃞O ⃞X

실전 맛보기 해설 및 정답

남북한 간의 교류와 협력을 바탕
으로 민족 동질성을 회복하고 남
북 관계를 더욱 발전시킬 때 남한
과 북한은 통일에 한 걸음 더 다가
갈 수 있을 것이다.   정답 ③

- -

스피드 Check 정답

❶ ○   ❷ ○   ❸ ○
❹ ×

1 도덕적으로 바라본 통일의 필요성

❶ 통일을 긍정적으로 보는 사람도 있지만, 부정적으로 보는 사람도 있다. ○ ✕

❷ 통일에 대해 부정적으로 보는 사람들은 사회적 혼란이나 경제적 부담을 우려한다. ○ ✕

❸ 분단 상황은 우리가 마땅히 누려야 하는 자유의 가치를 훼손하고 있다. ○ ✕

❹ 도덕적인 관점에서 보았을 때 통일은 여러 가지 가치를 실현해 주지 못한다. ○ ✕

❺ 통일은 이산가족과 실향민의 아픔을 해소하여 인도주의를 실현한다. ○ ✕

❻ 통일은 남북한 사회의 혼란을 부추겨 경제적 상황을 어렵게 만든다. ○ ✕

❼ 남북한 이질화를 극복하고 동질성을 회복하기 위해 통일은 필요하다. ○ ✕

❽ 통일 편익은 통일 과정에서 들어가는 비용의 합이다. ○ ✕

2 통일 한국의 모습

❶ 통일 한국의 모습은 남북이 분단된 오늘날과 크게 다르지 않을 것이다. ○ ✕

❷ 통일 한국에서는 남북한 주민 간 가치관과 생활 방식의 차이, 재산권과 화폐 통합 등에 따른 갈등과 사회 문제가 나타날 수 있다. ○ ✕

❸ 통일 한국에서는 분단 상황에서는 생각하기 어려웠던 여러 긍정적인 일이 일어날 수 있다. ○ ✕

❹ 우리는 통일 한국의 바람직한 미래상을 구체화하기 위해 함께 노력해야 한다. ○ ✕

❺ 통일 한국은 인간 존엄성을 보장하는 나라여야 한다. ○ ✕

❻ 통일 직후 남북한 주민 간의 갈등을 효과적으로 해소하려면 획일적인 절차에 따라야 한다. ○ ✕

❼ 통일 한국에서는 각자의 관심과 능력에 따라 자유롭게 직업을 선택할 수 있어야 한다.

◯ ✗

❽ 통일 한국은 세계 평화를 지양하며, 주변 국가들과 경쟁하는 관계를 유지해야 한다. ◯ ✗

3 통일과 세계 평화에 기여하는 자세

❶ 남북한은 지구상에 남은 마지막 분단국가이다. ◯ ✗

❷ 남북한은 언제 전쟁이 일어날지 모르는 위험을 안고 과도한 군사비를 소모하고 있다. ◯ ✗

❸ 남북한의 통일은 한반도의 평화를 가져올 뿐, 동북아시아 및 세계 평화와는 관련이 없다.

◯ ✗

❹ 남북통일은 한반도에서의 전쟁 가능성을 근본적으로 제거한다. ◯ ✗

❺ 무력으로 인한 통일은 국가 구성원에게 인간다운 삶을 보장할 수 없다. ◯ ✗

❻ 세계 평화에 이바지하려면 평화로운 통일 방안을 모색해야 한다. ◯ ✗

❼ 한반도 평화 정착을 위한 남북 교류는 정치와 군사 분야부터 추진해야 한다. ◯ ✗

❽ 통일은 민족 공동체의 번영과 세계 평화에 이바지하는 일이다. ◯ ✗

◯✗ 형성 평가 정답

1 도덕적으로 바라본 통일의 필요성
❶ ◯ ❷ ◯ ❸ ◯ ❹ ✗ ❺ ◯ ❻ ✗ ❼ ◯ ❽ ✗

2 통일 한국의 모습
❶ ✗ ❷ ◯ ❸ ◯ ❹ ◯ ❺ ◯ ❻ ✗ ❼ ◯ ❽ ✗

3 통일과 세계 평화에 기여하는 자세
❶ ◯ ❷ ◯ ❸ ✗ ❹ ◯ ❺ ◯ ❻ ◯ ❼ ✗ ❽ ◯

01 국가의 기원을 다음과 같이 설명한 사람은?

> 인간은 본래 혼자 고립되어 살아갈 수 없는 사회적 본성을 타고난다. 이에 따라 가정이 생겨나고 사회가 구성되며, 국가가 이루어졌다.

① 공자
② 로크
③ 플라톤
④ 아리스토텔레스

02 다음에서 설명하는 국가관으로 옳은 것은?

> 이 국가관은 국가가 국토방위나 치안 유지 등을 통해 국민의 생명과 안전을 보장하는 최소한의 역할만을 해야 한다는 주장이다.

① 적극적 국가관
② 소극적 국가관
③ 정의적 국가관
④ 도덕적 국가관

03 시민에 관한 설명으로 적절하지 <u>않은</u> 것은?

① 시민은 권리를 누리면서 의무도 수행해야 한다.
② 시민은 다른 사람의 권리를 존중할 필요가 없다.
③ 시민은 국가 공공 정책 결정 과정에 참여해야 한다.
④ 시민은 사회의 부정과 불의를 고발할 수 있어야 한다.

04 ㉠과 ㉡에 들어갈 개념을 바르게 짝지은 것은?

> 법은 개인의 자유와 권리를 보호하고 (㉠)을/를 유지하며, (㉡)을/를 실현하는 데 핵심적인 역할을 하는 규범이다.

	㉠	㉡
①	정의	권리
②	정의	준법
③	사회 질서	정의
④	사회 질서	준법

05 시민 불복종의 정당화 조건으로 옳지 <u>않은</u> 것은?

① 비폭력성
② 처벌 감수
③ 최초의 수단
④ 행위 목적의 정당성

06 밑줄 친 '이것'으로 가장 적절한 것은?

> <u>이것</u>은 삶을 바르게 하는 도리 또는 사회를 구성하고 유지하는 공정한 도리이다.

① 업적
② 필요
③ 정의
④ 노력

07 다음 글에서 설명하는 정의로운 사회의 조건으로 가장 적절한 것은?

> 모든 인간은 존엄하므로 생명권, 자유권, 행복추구권과 같은 기본적인 권리가 있다. 따라서 정의로운 사회에서는 개인의 성별, 나이, 인종 등의 이유로 권리를 제한하지 않아야 한다.

① 능력이 뛰어난 사람만 자신의 몫을 받을 수 있다.
② 모든 구성원이 분배의 기준과 절차를 지키고 따른다.
③ 모든 구성원에게 기본적인 권리를 평등하게 보장한다.
④ 분배의 기준과 절차를 정할 때는 모든 구성원이 동등하게 참여한다.

08 다음 글을 읽고 정의로운 사회를 추구하는 까닭으로 옳은 것은?

> 저에게는 꿈이 있습니다. 언젠가 이 나라가 모든 인간은 평등하게 태어났다는 것을 자명한 사실로 받아들이고 그렇게 살아가는 날이 오리라는 꿈입니다.
>
> – 마틴 루서 킹 –

① 동등한 분배를 위해
② 경쟁을 장려하기 위해
③ 부패 행위를 엄중하게 처벌하기 위해
④ 구성원에게 인간다운 삶을 보장하기 위해

09 공정한 경쟁에 대한 설명으로 옳지 <u>않은</u> 것은?

① 기회가 균등히 보장되어야 한다.
② 규칙이 일부에게만 유리하면 안 된다.
③ 경쟁 과정에서 참여자는 규칙을 준수해야 한다.
④ 경쟁의 패자에게 더 많은 보상이 주어져야 한다.

10 부패에 관한 설명으로 옳지 <u>않은</u> 것은?

① 눈앞의 내 이익에만 집착하는 태도와 관련이 깊다.
② 부패가 구조적으로 발생하면 사회적인 문제가 된다.
③ 정실주의, 연고주의로 말미암아 발생할 가능성이 크다.
④ 주로 공직자와 연관되므로 일반 국민이 일상생활에 관련될 일은 거의 없다.

11 다음 대화 중 을의 입장의 근거로 가장 적절한 것은?

> 갑 : 북한 주민은 우리와 서로 협력해 나가야 하는 상대야.
> 을 : 아니야. 북한은 군사적·안보적 경계의 대상이야.

① 남한과 북한은 통일의 당사자이다.
② 남한과 북한은 오랜 역사와 문화를 공유한 민족 공동체이다.
③ 사회, 경제, 문화 등 여러 분야에서 남북 협력이 이루어지고 있다.
④ 북한은 핵 실험, 미사일 발사 실험 등을 강행하며 우리 안보를 위협하고 있다.

12 북한을 이해하는 시각으로 적절하지 <u>않은</u> 것은?

① 무조건 긍정적으로 인식해 통일에 기여한다.
② 객관적인 현실을 바탕으로 북한을 바라본다.
③ 개인적인 편견이나 감정적 판단에서 벗어나 이해한다.
④ 자유, 인권, 복지 등 보편적 가치를 기준으로 판단한다.

13 다음에서 설명하는 개념으로 가장 적절한 것은?

> • 북한 주민들의 일상생활에 기초가 되는 원칙
> • 개개인보다 사회와 집단을 더 중요하고 우선해서 생각하는 원리

① 개인주의   ② 집단주의
③ 가족주의   ④ 민족주의

14 다음 글을 읽고 알 수 있는 북한 주민의 삶의 모습으로 가장 적절한 것은?

> 북한 주민들은 비밀경찰에게 휴대 전화 신호를 탐지당하지 않기 위해 통화는 짧게 하고, 만약 비밀경찰이 통화를 엿듣더라도 신분이 드러나지 않도록 통화 중에는 실명을 사용하지 않는다.

① 주민들의 건강과 생존권이 위협받고 있다.
② 집단주의에 기초해 평생 조직 생활을 한다.
③ 개인주의나 가족주의 성향이 강해지고 있다.
④ 보편적 가치를 제대로 보장받지 못하고 있다.

15 북한 이탈 주민에 관한 설명으로 가장 적절한 것은?

① 남한 내 북한 이탈 주민의 수가 점점 감소하고 있다.
② 대부분의 북한 이탈 주민은 남한 사회에 쉽게 적응하고 있다.
③ 남한 주민들과 매우 유사한 생활 방식이나 가치관을 가지고 있다.
④ 우리 정부는 북한 이탈 주민들의 정착을 위해 다양한 지원 정책을 펼치고 있다.

16 통일을 해야 하는 이유로 적절하지 <u>않은</u> 것은?

① 이산가족들의 아픔을 해소하기 위해서
② 북한 주민의 기본적인 인권 보장을 위해서
③ 분단 비용의 규모를 늘려 국가 안보를 강화하기 위해서
④ 한반도 내 전쟁의 불안을 없애고 세계 평화에 이바지하기 위해서

17 다음에서 설명하는 개념으로 가장 적절한 것은?

> • 남북한 사이의 분단이 지속되는 동안 발생하는 비용
> • 안보 비용, 전쟁 가능성에 관한 공포 등 시간이 지나도 지속적으로 소모되는 성격의 비용

① 통일 비용　　② 분단 비용
③ 평화 비용　　④ 전쟁 비용

18 통일을 통해 얻을 수 있는 혜택으로 적절하지 못한 것은?

① 남북한 주민들의 생활 공간 확대
② 한반도 내 소비 시장 규모의 확대
③ 국방비나 외교적 경쟁 비용의 감소
④ 폐쇄적이고 민족 중심적인 문화의 확산

19 다음 글에 나타난 통일 한국의 이상적인 모습으로 가장 적절한 것은?

> 외세에 의한 분단이나 원치 않는 간섭을 되풀이하지 않기 위해 통일 한국은 정치, 군사, 경제, 문화 각 영역에서 우리 민족의 일을 스스로 결정할 수 있는 나라가 되어야 한다.

① 자유로운 민주 국가
② 정의로운 복지 국가
③ 자주적인 민족 국가
④ 이상적인 도덕 국가

20 통일 한국이 추구해야 할 모습으로 가장 적절한 것은?

① 구성원의 인간 존엄성과 자유를 평등하게 존중하고 보장한다.
② 다양한 통로의 사회 참여를 막아 사회 질서의 혼란을 미리 방지한다.
③ 국가 정책의 결정과 집행 과정에서 국민의 자유를 제한하고 억압한다.
④ 남한 지역을 더욱 발전하게 하고 북한 지역은 그대로 둠으로써 자연을 보호한다.

01 다음에 해당하는 국가의 기원에 관한 이론은?

> 인간은 본성적으로 다른 사람들과 어울려 살기를 원하고, 이에 따라 국가는 자연스럽게 만들어졌다.

① 국가정복설　　② 자연발생설
③ 왕권신수설　　④ 직업소명설

🔴🔴🔴 문제
03 을이 설명하는 이론은?

① 사회계약설　　② 국가정복설
③ 왕권신수설　　④ 직업소명설

02 다음 ㉠에 들어갈 사상가는?

> **사회계약설**
> • 사상가 : (　㉠　)
> • 내용 : 인간은 스스로의 생명과 재산을 보호하기 위하여 계약을 통해 국가를 형성하였다.

① 공자　　　　② 이이
③ 홉스　　　　④ 베이컨

04 바람직한 국가의 역할을 〈보기〉에서 고른 것은?

> ┤ 보기 ├
> ㄱ. 생명과 재산 보호
> ㄴ. 집단 간 갈등 강화
> ㄷ. 외적의 침입 방어
> ㄹ. 사회적 불평등 확립

① ㄱ, ㄴ　　　　② ㄱ, ㄷ
③ ㄴ, ㄹ　　　　④ ㄷ, ㄹ

05 그림과 같은 상황에서 요구되는 국가의 역할로 가장 적절한 것은?

화재 발생 상황   지진 발생 상황

① 경제 불평등 해소
② 국민의 안전 보장
③ 집단 간 갈등 조정
④ 문화의 다양성 보장

06 다음 내용과 가장 관계 깊은 국가의 역할은?

> 직장을 잃은 사람에게 실업 급여를 지급하고, 동시에 새 직업을 구할 수 있도록 상담과 교육을 실시한다.

① 적극적인 복지 정책 시행
② 안전한 삶을 위한 치안 유지
③ 홍수와 같은 자연재해의 예방
④ 외부의 침입으로부터 국민 보호

07 다음에서 공통적으로 나타나는 국가의 필요성은?

> • 영유아의 건강검진 및 예방접종을 무료로 실시한다.
> • 실업자 및 사회적 약자가 필요한 자격이나 능력을 갖출 수 있도록 지원한다.

① 사회 질서 교란
② 복지 혜택 제공
③ 전통 문화 계승
④ 외교 관계 확대

08 다음과 가장 관련 깊은 국가의 역할은?

> • 의무 교육
> • 의료 혜택
> • 저소득층 생활비 보조

① 복지 혜택 제공
② 국민 권리 축소
③ 개인적 자유 통제
④ 타국의 침입 방어

09 법을 지켜야 하는 도덕적 이유로 알맞지 <u>않은</u> 것은?

① 공동선 추구
② 사회 질서의 유지
③ 특권층의 이익 추구
④ 공동체 구성원의 의무

10 ㉠에 들어갈 용어로 가장 적절한 것은?

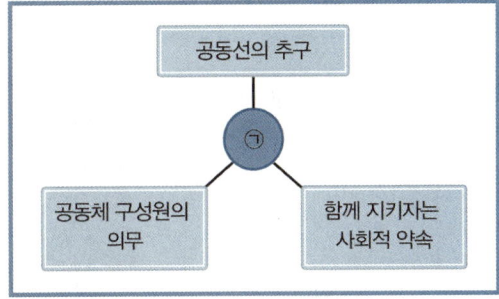

① 준법   ② 욕망
③ 명상   ④ 편견

11 시민 불복종의 정당화 조건으로 가장 적절한 것은?

① 폭력적인 방법을 사용하여야 한다.
② 공공의 이익을 위한 것이어야 한다.
③ 행동의 결과에 대해 책임지지 않아야 한다.
④ 정당한 공권력에 무조건 맞서는 것이어야 한다.

12 다음에서 설명하는 용어는?

> 공정한 사회를 이루는 데 반드시 필요한 것으로 사회 규칙이나 제도가 공평하고 차별이 없음을 의미한다.

① 부정부패   ② 자유방임
③ 사회 정의   ④ 경제적 불평등

13 ㉠에 들어갈 알맞은 말은?

> 주제 : 공정한 경쟁이 이루어지려면?
> 내용 : (㉠   )

① 절차를 무시해야 한다.
② 결과가 똑같아야 한다.
③ 기회가 공평해야 한다.
④ 약자를 배척해야 한다.

14 지나친 사익 추구의 문제점은?

① 타인에게 피해를 준다.
② 공동체의 발전에 기여한다.
③ 많은 사람이 이익을 얻는다.
④ 개인보다 공동체를 중시한다.

15 다음 대화에서 강조하는 덕목은?

> 갑 : 공직자가 가져야 할 덕목은 무엇일까?
> 을 : 공직자는 무엇보다도 자신의 탐욕을 절제하여 부당한 이득을 멀리해야 한다고 생각해.

① 타협   ② 경쟁
③ 협상   ④ 청렴

16 부패의 윤리적 문제점으로 옳은 것만을 〈보기〉에서 모두 고른 것은?

> **보기**
> ㄱ. 부패는 사회 통합과 발전을 저해한다.
> ㄴ. 부패는 타인의 권리와 이익을 침해한다.
> ㄷ. 부패는 개인의 청렴만으로 예방할 수 있다.

① ㄱ, ㄴ
② ㄱ, ㄷ
③ ㄴ, ㄷ
④ ㄱ, ㄴ, ㄷ

17 다음에서 설명하는 북한 사회의 특징은?

> '하나는 전체를 위하여, 전체는 하나를 위하여'라는 구호를 실천함.

① 개인주의
② 이기주의
③ 자유주의
④ 집단주의

18 북한 주민의 생활에 대한 설명으로 알맞은 것은?

① 집단주의적 생활 방식을 기반으로 하고 있다.
② 언론과 출판의 자유가 실제로 보장되고 있다.
③ 컴퓨터와 외국어 교육을 전혀 받지 못하고 있다.
④ 자본주의의 전면적인 도입으로 생활수준이 향상되고 있다.

19 통일의 당위성 관점에서 다음 학생을 설득하기 위한 근거로 적절하지 <u>않은</u> 것은?

나는 통일에 반대해.

① 통일 비용이 전혀 들지 않는다.
② 민족의 동질성을 회복할 수 있다.
③ 한반도에 평화를 정착시킬 수 있다.
④ 이산가족의 고통을 해소할 수 있다.

20 다음 내용과 관련된 남북 교류의 형태는?

> • '겨레말큰사전' 남북 공동 편찬 사업
> • 남북 합동으로 '윤이상 음악회'를 금강산에서 개최

① 정치적 교류
② 경제적 교류
③ 문화적 교류
④ 군사적 교류

21 통일 한국의 미래상으로 바람직하지 <u>않은</u> 것은?

① 자유로운 민주 국가
② 평화로운 복지 국가
③ 폐쇄적인 민족 국가
④ 수준 높은 문화 국가

쌍둥이 문제
22 통일 한국의 미래상으로 적절하지 <u>않은</u> 것은?

① 선진 복지국가

② 배타적 민족국가

③ 자유로운 민주국가

④ 수준 높은 문화국가

쌍둥이 문제
23 통일 한국의 바람직한 미래상이 <u>아닌</u> 것은?

① 민주적인 사회

② 행복한 복지 사회

③ 억압받는 독재 사회

④ 인권이 보장되는 사회

EBS 교육방송교재

중졸 검정고시  도덕

PART

06

자연·초월과의 관계

✪ 이 단원은 환경 친화적 삶과 과학 기술의 윤리적 사용을 통해 지속 가능한 미래를 지향하고, 도덕적 성찰을 통해 삶과 죽음의 의미와 마음의 평화를 추구하는 태도를 기르게 하려고 설정된 단원이다. 이를 위하여 바람직한 자연관에 대하여 탐구하고, 과학 기술을 윤리적으로 활용하는 마음가짐을 가져야 한다. 또한 삶의 소중함을 성찰함으로써 고통에 올바르게 대처하고 마음의 평화를 유지하면서 개인의 삶과 사회에 기여할 수 있는 희망을 이루기 위해 작은 일부터 실천하는 태도를 가지도록 한다.

01 자연관

- 자연에 대한 관점과 환경에 관한 가치관이 소비 생활에 미치는 영향을 이해한다.
- 일상생활 속에서 환경 친화적 삶을 실천하는 방법을 설명한다.

❯ 자연
식물, 동물 등의 생명체와 이를 둘러싸고 있는 산, 강, 바다와 같은 지리적·지질적 환경

❯ 자연을 대하는 인간의 태도 변화

과거	자연을 두려워하고 공경하며 자연의 법칙에 따라 살아야 한다고 여김.
근대 이후	자연을 인간의 이익을 위해 이용할 수 있는 대상으로 바라봄.

❯ 자연관
자연을 보는 인간의 관점

❯ 고전 속 인간 중심주의
"식물은 동물을 위해 존재하고, 동물은 인간을 위해 존재한다."
– 아리스토텔레스 –

❯ 본래적 가치
다른 것을 얻기 위한 수단이 아니라 그 자체로 목적이 되는 가치

---

1 인간과 자연의 관계

1. 자연으로부터 얻는 혜택과 자연의 소중함

(1) 살아가는 데 필요한 모든 것을 자연으로부터 얻는다.

(2) 자연 속에서 휴식을 취하며 여유와 활력을 얻는다.

(3) 자연은 인간 삶의 물질적·정신적 토대가 된다.

2. 환경 파괴의 원인과 그 영향

(1) 인간이 자신을 스스로 자연의 주인이라고 여긴다.

(2) 인간이 자연을 필요에 따라 개발·이용할 수 있는 대상으로 여긴다.

(3) 자연을 무분별하게 이용하고 개발한 결과 생태계가 파괴되고 인류에게 해로운 영향을 끼친다. **예** 지구온난화 등

3. 자연을 바라보는 두 가지 관점

(1) 인간 중심주의
 ① 자연의 도구적 가치 중시
 ② 지나치면 무분별한 개발과 환경 파괴로 이어진다.

(2) 생태 중심주의
 ① 자연의 본래적 가치 중시
 ② 지나치면 경제 발전과 환경 개발을 멈추어야 한다고 주장할 수 있다.

4. 인간과 자연의 바람직한 관계

(1) 생명 감수성을 길러 인간과 자연은 조화롭게 공존해야 한다.

(2) 자연과의 공존을 고려하여 발전을 이루어야 한다.

✏️ 실/전/맛/보/기

다음에서 설명하는 자연관은?

- 자연이 인간에게 도움과 혜택을 줄 때만 가치 있다고 본다.
- 자연은 인간을 위해 존재하고 인간은 자연을 정복의 대상으로 본다.

① 공생주의   ② 인간 중심주의
③ 생태 중심주의   ④ 환경친화주의

📝 스/피/드 Check

❶ 인간은 자연으로부터 의식주에 필요한 것을 얻어 왔다. ⃞O ⃞X

❷ 인간이 스스로 자연의 주인이라 여길 때, 인간은 자연의 본래적 가치를 중시한다. ⃞O ⃞X

❸ 지나친 인간 중심주의는 환경 파괴로 이어졌다. ⃞O ⃞X

❹ 생태 중심주의는 자연의 도구적 가치를 우선시한다. ⃞O ⃞X

---

2 환경에 대한 가치관과 소비 생활

1. 환경에 대한 가치관과 그에 따른 소비의 모습

(1) 환경에 관한 우리의 가치관에 따라 우리의 소비 생활 모습이 달라진다.

(2) 환경의 도구적 가치를 중시하면 물질주의적 소비 생활로 이어진다.

(3) 물질주의적 소비 생활 : 물질적 만족을 최고의 가치로 여기는 소비 생활

❯ 지속 가능한 발전
경제 성장과 환경 보전의 조화를 추구하는 발전으로 자신의 욕구와 다른 사람의 욕구, 현세대의 욕구와 미래 세대의 욕구의 조화를 추구하고자 하는 개념이다. 지속 가능한 발전의 사례로는 생태 관광과 생태 도시가 있다.
- 생태 관광 : 생태와 경관이 우수한 지역에서 생태계 보전과 지역 사회 발전에 이바지하는 지속 가능한 관광
- 생태 도시 : 도시의 기능을 다하면서도 동시에 인간과 자연이 함께 살아가는 것을 목표로 하는 도시

❯ 보전(保 지킬 보, 全 온전할 전)
온전하게 보호해서 유지한다.

❯ 자정 능력
생태계에 위해나 변화가 발생할 때 생태계가 그 변화에 적응하고 균형을 유지하여 영향을 줄일 수 있는 능력

❯ 로컬푸드 운동
자신이 사는 지역 인근의 무공해 농산물을 이용하자는 운동이다. 농산물 재배 과정에서 사용되는 독성 농약과 같은 환경 파괴 물질과 운송과정에서 화석 연료 사용으로 발생하는 온실가스를 최소화하는 것을 목적으로 삼는다.

실전 맛보기 해설 및 정답

인간 중심주의적 자연관은 인간은 자연보다 우월하므로 자연을 지배하고 이용할 수 있으며, 자연은 인간의 삶에 도움이 될 때 비로소 가치가 있다고 본다.   정답 ②

- - - - - - - - - - - - - - - - - - - -

스피드 Check 정답

❶ O   ❷ X   ❸ O
❹ X

2. 물질주의적 소비 생활에 따른 환경 문제

(1) 지구의 한정된 자원을 고갈시킨다.

(2) 지구 생태계의 자정 능력을 위협한다.

3. 환경 친화적 소비 생활의 중요성

(1) 환경 친화적 소비 생활의 의미 : 환경 보전을 중시하는 가치관에 따라 생태계의 지속 가능성을 고려하는 소비 생활

　　예 로컬푸드 운동, 에너지 효율 등급이 높은 제품 구매 등

(2) 환경 친화적 소비 생활이 중요한 이유
　① 인간이 자연과 더불어 행복하게 살아가는 데 필요하다.
　② 미래 세대의 행복한 삶을 보장하는 데 필요하다.
　③ 개인의 노력이 모이면 환경 친화적 기업, 환경 친화적 법과 제도가 늘어날 수 있다.

🖊 실/전/맛/보/기

환경친화적 소비의 모습으로 옳은 것은?

① 유행에 민감하게 반응한다.
② 인근 지역의 무공해 농산물을 이용한다.
③ 에너지 효율 등급이 낮은 상품을 구매한다.
④ 값이 저렴한 외국산 농산물 위주로 구매한다.

📝 스/피/드 Check

❶ 환경을 고려하는 가치관을 가진 사람은 환경을 오염시키는 물건의 소비를 최소화한다.　　◯ ✕

❷ 환경에 대해 어떤 가치관을 지니느냐에 따라 소비 생활이 달라질 수 있다.
　　◯ ✕

❸ 지구 생태계는 오염된 물이나 공기 등을 스스로 정화하는 능력이 없다.
　　◯ ✕

❹ 환경친화적 소비는 오늘날의 우리가 아니라 미래 세대의 행복한 삶을 위해서 필요하다.　　◯ ✕

실전 맛보기 해설 및 정답

로컬푸드 운동은 농산물 재배 과정에서 사용되는 독성 농약과 같은 환경 파괴 물질과 운송 과정에서 화석 연료 사용으로 발생하는 온실가스를 최소화하는 것을 목적으로 삼는다.　　정답 ②

- - - - - - - - - - - - - - - - - - -

스피드 Check 정답

❶ ◯　　❷ ◯　　❸ ✕
❹ ✕

3 환경친화적 삶을 위한 실천 방안

1. 일상생활에서 환경친화적 삶을 실천하는 방법

(1) 자원의 소비 줄이기

(2) 쓸모 있는 물건 재사용하기

(3) 자원 재활용하기

2. 환경친화적 삶의 실천이 중요한 이유

(1) 인간과 자연이 조화롭게 살아가기 위해 환경친화적 삶을 일상생활 속에서 실천하는 것이 중요하다.

(2) 개인의 작은 실천이 모여 환경 문제를 개선하는 열쇠가 된다.

3. 환경친화적 삶을 위한 사회적 노력

(1) 친환경 자동차 구매 혜택 제도, 그린카드 제도, 환경세 제도, 공공 자전거 대여 제도 등을 마련한다.

(2) 환경친화적 삶을 지원하고 환경에 긍정적 영향을 미친다.

4. 환경친화적 삶을 위한 국제적 노력

(1) 환경 문제는 전 세계적으로 관심을 기울이고 함께 해결해야 할 문제이다.

(2) 국제 협약을 맺고 이를 실천한다.

① 기후 변화 협약 : 온실가스의 방출을 제한하는 협약

② 몬트리올 의정서 : 오존층 보호를 위한 국제 협약

③ 바젤 협약 : 해로운 쓰레기가 무분별하게 국제적으로 이동하는 것을 규제하는 협약

④ 람사르 협약 : 다양한 생물의 서식지이며 오염 정화 기능을 지닌 습지를 보호하기 위한 협약

⑤ 생물 다양성 협약 : 다양한 생물 종을 보존하기 위해 국가 간 동식물 거래를 규제하고 생물 종 보존에 해가 되는 무역 행위를 규제하기로 약속한 협약

❍ 지속 가능한 발전을 위해 노력하는 사례

• 자가용 대신 대중교통이나 자전거를 이용하는 경우

• 학교, 공장, 병원 등에서 태양열 발전 시설을 설치하는 경우

• 생산자는 친환경 생산 기술을 개발하고, 소비자는 환경을 생각하며 소비하는 경우

• 태양의 빛, 땅속의 열, 바람, 파도의 힘, 식물 등을 이용한 신재생 에너지를 개발하는 경우

• 람사르 협약, 생물 다양성 협약 등 다양한 국제 협약을 통해 습지를 보호하고 생태계의 다양성을 유지하는 경우 등

❍ 환경친화적 물건의 특징

• 오래 쓸 수 있는 물건

• 고쳐 쓸 수 있는 물건

• 재활용할 수 있는 물건

• 부품을 갈아 끼워 성능을 향상할 수 있는 물건

❍ 환경 마크 제도

같은 종류의 다른 제품에 비해 생산·소비·폐기 과정에서 환경 오염을 줄이고 자원을 절약한 상품에 붙여 주는 환경친화적 상품 인증 제도

PART 06

(3) 캠페인 활동

　① 국제 연합과 환경 단체를 중심으로 환경에 대한 의식과 가치관을 개선하기 위해 노력한다.

　② 환경 기념일을 맞아 내복 입기, 가전제품 플러그 뽑기, 일회용품 안 쓰기, 대중교통 이용하기 등으로 참여할 수 있다.

✏️ 실/전/맛/보/기

환경 생태계를 살리는 실천 방법으로 옳지 <u>않은</u> 것은?

① 재활용품을 적극적으로 사용한다.

② 가까운 거리도 항상 차량으로 이동한다.

③ 자원 재활용을 위해 분리 배출을 실천한다.

④ 음식을 필요한 만큼 먹고 가급적 남기지 않는다.

✏️ 스/피/드 Check

❶ 일상생활 속에서 환경친화적 삶을 실천하는 방법에는 자원의 소비 줄이기가 있다. ⓞ ⓧ

❷ 자원 재활용하기는 일상생활 속에서 환경친화적 삶을 실천하는 방법이 아니다. ⓞ ⓧ

❸ 환경친화적 삶을 지원하는 사회적 노력으로 그린카드 제도, 환경세 제도, 친환경 자동차 구매 혜택 제도 등이 있다. ⓞ ⓧ

❹ 환경친화적인 삶을 위해 개인적·사회적·국제적 차원에서 다함께 노력해야 한다. ⓞ ⓧ

실전 맛보기 해설 및 정답

환경 생태계를 살리기 위해선 기후변화의 심각성을 알고 온실가스 배출량을 줄이는 실천을 해야 한다. 정답 ②

스피드 Check 정답

❶ ○　　❷ ×　　❸ ○

❹ ○

1 인간과 자연의 관계

❶ 인간은 자연으로부터 의식주에 필요한 것을 얻어 왔다. ⭕ ❌

❷ 인간이 자연을 무분별하게 개발한 결과 환경 문제가 발생하였다. ⭕ ❌

❸ 예로부터 인간은 자연의 혜택에 감사하며 살아왔다. ⭕ ❌

❹ 인간은 자신을 스스로 자연의 주인이라 여기며 자연의 본래적 가치를 중시하였다. ⭕ ❌

❺ 지나친 인간 중심주의는 환경 파괴로 이어졌다. ⭕ ❌

❻ 생태 중심주의는 자연의 도구적 가치를 우선시한다. ⭕ ❌

❼ 지나친 생태 중심주의는 경제 발전과 환경 개발을 멈추어야 한다는 주장으로 이어질 수 있다.
⭕ ❌

❽ 인간과 자연이 모두 평화롭게 공존하는 방안을 마련해야 한다. ⭕ ❌

2 환경에 대한 가치관과 소비 생활

❶ 환경에 관한 가치관은 우리의 소비 생활에 큰 영향을 끼친다. ⭕ ❌

❷ 일상생활에서 사용하는 물건들은 환경에 큰 영향을 미치지 않는다. ⭕ ❌

❸ 환경을 고려하는 가치관을 가진 사람은 환경을 오염시키는 물건의 소비를 최소화한다.
⭕ ❌

❹ 환경에 대해 어떤 가치관을 지니느냐에 따라 소비 생활이 달라질 수 있다. ⭕ ❌

❺ 지구 생태계는 오염된 물이나 공기 등을 스스로 정화하는 능력이 없다. ⭕ ❌

❻ 환경친화적 소비란 환경 보전을 중시하는 가치관에 따라 생태계의 지속 가능성을 고려하며 소비하는 것을 말한다. ⭕ ❌

❼ 환경에 관한 가치관과 소비 생활이 환경에 어떤 영향을 끼칠 것인지 고려하며 책임감 있게 행동해야 한다. ○✗

❽ 환경친화적 소비는 우리 자신은 물론 미래 세대의 행복한 삶을 위해 필요하다. ○✗

3 **환경친화적 삶을 위한 실천 방안**

❶ 인간과 자연이 조화롭게 살아가려면 환경친화적 삶을 일상생활 속에서 실천하는 것이 중요하다. ○✗

❷ 개인의 작은 실천이 모여 심각한 환경 문제를 개선할 수 있다. ○✗

❸ 일상생활 속에서 환경친화적 삶을 실천하는 방법에는 자원의 소비 줄이기가 있다. ○✗

❹ 자원 재활용하기는 일상생활 속에서 환경친화적 삶을 실천하는 방법이 아니다. ○✗

❺ 환경친화적 삶을 지원하는 사회적 노력으로 그린카드 제도, 환경세 제도, 친환경 자동차 구매 혜택 제도 등이 있다. ○✗

❻ 환경 문제는 개인적 노력만으로 극복할 수 있다. ○✗

❼ 환경 문제 해결을 위해 여러 나라가 힘을 모아 대응하고 있다. ○✗

❽ 환경친화적인 삶을 위해 개인적·사회적·국제적 차원에서 다 함께 노력해야 한다. ○✗

○✗ 형성 평가 정답

1 **인간과 자연의 관계**
❶ ○   ❷ ○   ❸ ○   ❹ ✗   ❺ ○   ❻ ✗   ❼ ○   ❽ ○

2 **환경에 대한 가치관과 소비 생활**
❶ ○   ❷ ✗   ❸ ○   ❹ ○   ❺ ✗   ❻ ○   ❼ ○   ❽ ○

3 **환경친화적 삶을 위한 실천 방안**
❶ ○   ❷ ○   ❸ ○   ❹ ✗   ❺ ○   ❻ ✗   ❼ ○   ❽ ○

02 과학과 윤리

- 과학 기술의 긍정적인 영향과 문제점을 설명한다.
- 과학 기술의 책임이 필요한 이유와 바람직한 활용 방안을 제시한다.

1 과학 기술의 긍정적인 혜택과 문제점

1. 과학 기술의 긍정적인 혜택

(1) 물질적 풍요와 편리함을 가져다준다.

(2) 인간의 건강 증진과 생명 연장에 이바지한다.

(3) 정보 통신 기술의 발달로 사람들 사이의 교류가 확대된다.

2. 과학 기술의 한계

(1) 과학 기술은 인류가 직면한 문제를 해결해 주기도 했지만 새로운 문제를 일으키기도 한다.

(2) 과학 기술만으로는 해결할 수 없는 여러 가지 문제들이 끊임없이 나타난다는 한계가 있다.

(3) 과학 기술에 관한 낙관적 믿음을 경계하고 과학 기술이 일으키는 문제들을 해결하기 위해 어떤 자세를 지녀야 할지 고민해 보아야 한다.

3. 과학 기술이 발달함에 따라 나타날 수 있는 문제점

(1) 인간 소외 현상 : 사람 사이의 직접적인 교류를 통해 즐거움을 느끼기보다 기기를 이용하며 시간을 보내는 일이 많아지면서 인간의 주체성을 잃어버리는 현상이 나타난다.

(2) 환경 파괴 : 대량 생산 및 무분별한 소비 때문에 환경 파괴가 점점 심각해지고 자연과 생태계, 인간 모두 고통받게 된다.

(3) 생명 경시 현상 : 생명을 연구 대상으로 하므로 생명의 인위적 조작 문제, 동물 실험의 윤리 문제, 유전자 변형 식품의 안전성 문제 등이 논란이 된다.

◉ 과학 기술의 긍정적 영향
- 과학적 사고방식을 통해 자연 현상에 대한 미신이나 편견 극복
- 풍요롭고 편리한 삶과 여가 확보
- 시간과 공간의 제약 극복
- 지식과 문화의 평등한 보급
- 질병 치료 및 신체의 한계 보완, 수명 연장

◉ 과학 기술 만능주의
- 과학 기술이 인류의 모든 문제를 해결해 줄 것이라고 믿는 태도
- 과학 기술에 관한 무비판적이고 맹목적인 신뢰

◉ 과학 기술 만능주의의 문제점
- 인간의 편의를 위해 만들어 낸 과학 기술에 지나치게 의존하게 된다.
- 인간의 주체성을 상실하는 문제가 발생할 수 있다.

◉ 인간 소외
인간성이 상실되어 인간다운 삶을 잃어버리는 일을 말한다. 기계 문명이나 거대화된 사회가 인간에게 부정적인 작용을 하는 데에서부터 생겨난다.

● 과학 기술에 책임이 필요한
이유
• 과학 기술이 가져올 결과를 예측
하기 어렵기 때문
• 과학 기술의 영향이 광범위하고
빠르게 전파되기 때문
• 생명 과학 기술의 경우, 생명에
피해를 주는 일이 생길 수 있기
때문

● 과학 기술을 책임 있게 활용하
는 자세
• 인간의 존엄성과 인권을 존중하
는 자세
• 동식물의 생명과 생태계를 보전
하는 자세
• 미래 세대를 고려하는 자세

(4) **인류의 평화와 안전 위협** : 대량 살상 무기와 핵무기의 사용, 원자력 발전소의 방사능 유출은 인류에게 재앙을 가져올 수 있다.

(5) **기술 차이로 인한 불평등 심화** : 새로운 기술의 보유 여부에 따라 개인 간에는 소득과 삶의 질에서 차이가 벌어지고, 국가 간 빈부 격차가 심화된다.

✏️ 실/전/맛/보/기

과학 기술의 발달에 대한 설명으로 가장 적절한 것은?

① 교통 수단의 발달로 교류가 축소되고 있다.
② 의학 기술의 발달로 인류의 수명이 연장되고 있다.
③ 정보 통신의 발달로 사생활이 철저히 보장되고 있다.
④ 유전 공학의 발달로 인류의 식량 문제가 완전히 해결되었다.

📝 스/피/드 Check

❶ 과학 기술의 발전 덕분에 우리는 물질적 풍요와 편리를 누리고 있다. ☐O☐X

❷ 정보 통신 매체의 발달은 인간이 활동하는 영역의 시공간적 제약을 덜어 주었다.
☐O☐X

❸ 인간의 생명을 대상으로 한 연구는 인간 생명의 존엄성을 훼손할 우려가 있다.
☐O☐X

❹ 과학 기술로 인류가 직면한 모든 문제를 해결할 수 있다. ☐O☐X

---

2 과학 기술에 책임이 필요한 이유

1. 통제하기 어려운 과학 기술의 영향력

실전 맛보기 해설 및 정답

과학 기술의 발달로 물질적 풍요
와 생명 연장, 편리한 삶 등의 긍정
적인 변화가 나타났다. 정답 ②

- -

스피드 Check 정답

❶ ○   ❷ ○   ❸ ○
❹ ×

(1) **과학 기술 결과의 예측 불가능성** : 오늘날 과학 기술은 그 결과의 영향력을 예측하기 어렵다.

　🔵 유전자 변형 생물체의 경우, 안전성이 검증되지 않았으며 생태계의 질서를 어지럽힐 수 있다.

(2) **과학 기술의 시공간적 파급력** : 과학 기술은 공간적으로 뿐만 아니라 시간상으로 파급력이 막대하다.

　🔵 원자력 사고나 방사능 유출은 시공간적으로 피해가 크다.

2. 과학 기술의 개발과 활용 과정에서 책임의 문제

(1) 개발자 · 연구자의 책임

① 과학 기술 개발의 목적이 타당한지 물을 수 있어야 한다.

② 정보를 조작하거나 왜곡하지 않아야 한다.

③ 과학 기술이 가져올 긍정적 또는 부정적 결과에 관한 고려가 필요하다.

(2) 사용자 · 사회적 책임

① 시민 개개인은 과학 기술을 활용할 때 반성과 성찰의 자세를 지녀야 한다.

② 사회적으로 윤리 위원회 활동이나 기술 영향 평가 제도와 같은 제도적 장치를 마련해야 한다.

③ 과학 기술을 인간 존엄성을 구현하고 삶의 질을 향상하는 데 이바지하는 방향으로 활용해야 한다.

✏️ 실/전/맛/보/기

과학 기술에 책임이 필요한 이유로 옳지 않은 것은?

① 과학 기술이 가져올 결과를 예측하기 어렵다.
② 과학 기술의 영향이 광범위하고 전파력이 빠르다.
③ 자연 현상에 대한 미신이나 편견을 극복할 수 있다.
④ 생명 과학 기술의 경우 생명에 피해를 주는 일이 생길 수 있다.

📝 스/피/드 Check

❶ 과학 기술의 윤리적 목적은 오직 자연을 탐구하여 객관적 진리를 발견하는 것뿐이다. ⓞ ⓧ

❷ 과학자가 자신의 실험을 위해 사람을 도구로 사용하는 것은 인간 존엄성을 해치는 행위이다. ⓞ ⓧ

❸ 우리는 인간 존엄성과 인권 향상을 위해 과학 기술을 활용해야 한다. ⓞ ⓧ

❹ 과학 기술의 발전은 현세대의 요구를 충족하되 미래 세대의 요구를 고려할 필요는 없다. ⓞ ⓧ

실전 맛보기 해설 및 정답

③은 과학 기술의 긍정적 영향에 해당한다. 정답 ③

- -

스피드 Check 정답

❶ × ❷ ○ ❸ ○
❹ ×

1 과학 기술의 긍정적인 혜택과 문제점

❶ 과학 기술의 발전 덕분에 우리는 물질적 풍요와 편리를 누리고 있다. ○ ✕

❷ 인간은 의료 기술과 신약을 이용하여 각종 질병을 치료하고 영원히 살 수 있게 되었다.
○ ✕

❸ 정보 통신 매체의 발달은 인간이 활동하는 영역의 시공간적 제약을 덜어 주었다. ○ ✕

❹ 인간의 생명을 대상으로 한 연구는 인간 생명의 존엄성을 훼손할 우려가 있다. ○ ✕

❺ 과학 기술에 지나치게 의존하다 보면 인간의 주체성을 상실하고 과학 기술의 노예가 될 수 있다.
○ ✕

❻ 과학 기술로 인류가 직면한 모든 문제를 해결할 수 있다. ○ ✕

2 과학 기술에 책임이 필요한 이유

❶ 과학 기술의 목적은 오직 자연을 탐구하여 객관적 진리를 발견하는 것뿐이다. Ⓞ Ⓧ

❷ 과학 기술은 사회적 영향이나 책임을 고려할 필요가 없다. Ⓞ Ⓧ

❸ 과학자가 자신의 실험을 위해 사람을 도구로 사용하는 것은 인간 존엄성을 해치는 행위이다.
Ⓞ Ⓧ

❹ 과학 기술을 잘못 활용하면 인류 전체에 되돌릴 수 없는 피해를 줄 수 있다. Ⓞ Ⓧ

❺ 과학 기술은 올바른 목적을 이루기 위해 바람직하게 활용해야 한다. Ⓞ Ⓧ

❻ 우리는 인간 존엄성과 인권 향상을 위해 과학 기술을 활용해야 한다. Ⓞ Ⓧ

❼ 인류의 빈곤과 질병을 해결하고 인간다운 삶을 누릴 수 있도록 과학 기술을 활용해야 한다.
Ⓞ Ⓧ

❽ 과학 기술의 발전은 현세대의 요구를 충족하되 미래 세대의 요구를 고려할 필요는 없다.
Ⓞ Ⓧ

ⓄⓍ 형성 평가 정답

1 과학 기술의 긍정적인 혜택과 문제점
❶ ○   ❷ ✕   ❸ ○   ❹ ○   ❺ ○   ❻ ✕

2 과학 기술에 책임이 필요한 이유
❶ ✕   ❷ ✕   ❸ ○   ❹ ○   ❺ ○   ❻ ○   ❼ ○   ❽ ✕

03 삶의 소중함

- 삶이 소중한 까닭을 설명하고, 죽음의 의미와 특성을 이해한다.
- 삶을 의미 있게 살아갈 방안을 계획하고 실천한다.

❯ 자비
남을 깊이 사랑하고 가엾게 여김. 또는 그렇게 여겨서 베푸는 혜택

❯ 슈바이처 박사
"생명은 그 자체로서 인간에게 신성한 것이다."

❯ 생명을 보호하기 위한 법
- 「식품 안전 기본법」: 국민이 건강하고 안전한 식생활을 할 수 있게 하는 것을 목적으로 한다.
- 「소방 기본법」: 국민의 생명·신체·재산을 보호해 공익과 복지 증진에 이바지하는 것을 목적으로 한다.
- 「산업 안전 보건법」: 산업 재해를 예방하고 쾌적한 작업 환경을 조성해 근로자의 안전과 보건에 이바지하는 것을 목적으로 한다.
- 「동물 보호법」: 동물의 생명을 보호하고 존중하는 것을 목적으로 한다.

1 삶을 소중하게 만들어 주는 것

1. 삶이 소중한 이유

(1) 삶의 소중함
 ① 생명은 누구에게나 하나밖에 없고, 무엇으로도 대체할 수 없으며, 한번 잃으면 돌이킬 수 없다. → 생명을 신중한 태도로 대하고 보호하려고 노력한다.
 ② 생명은 무한하지 않고 시간상으로 시작과 끝이 있다. → 영원하지 않은 삶을 후회 없이 살려고 노력해야 한다.
 ③ 생명은 소중하고, 생명을 바탕으로 한 삶 역시 소중하다.

(2) 동서양의 생명 존중 사상
 ① 불교 : 생명을 해치는 것이 가장 큰 죄이고 죽어 가는 생명을 살리는 것이 가장 큰 자비이다.
 ② 그리스도교 : 생명은 신이 준 것이므로 함부로 해서는 안 되는 소중한 것이다.
 ③ 슈바이처 : 살려고 하는 모든 생명을 존중해야 하고, 생명을 잘 살도록 해 주는 것이 선이며, 생명을 해치는 것이 악이다.
 ④ 생명을 존중하고 소중히 여기는 태도는 인간 사회의 기본적 도덕 원칙이다.

2. 소중한 삶을 위한 태도

(1) 삶에 대한 존중의 태도
 ① 나의 삶이 소중한 만큼 다른 사람의 삶도 소중하다. → 다른 사람의 삶도 존중해야 한다.
 ② 다른 사람들과 함께 행복한 삶을 누리는 데 필요하다.

(2) 삶에 대한 긍정적 태도

① 삶에서 어려운 시기를 이겨내고 다양한 경험을 할 기회로 삼을 수 있다.

② 혼자 극복하기 어려운 일이 있을 때에는 공공 기관이나 사회단체의 도움을 받을 수도 있다.

(3) 삶에 대한 적극적 태도

① 우리 안에 있는 무한한 가능성과 인간다움을 실현하는 데 필요하다.

② 자신의 능력을 개발하고 도덕성을 키워 자아실현의 꿈을 이룰 수 있다.

(4) 사회적 노력

① 생명 존중을 위한 사회적 풍토의 확립이 필요하다.

② 생명 보호를 위해 법과 제도의 강화가 필요하다.

✏️ **실/전/맛/보/기**

다음의 문제를 해결하기 위해 가장 올바른 자세는?

- 학교 성적 하락이나 집단 따돌림에 따른 자살 문제
- 청소년 음주와 흡연 및 약물 오남용 문제

① 갈등 회피   ② 생명 존중

③ 약물 의존   ④ 기술 존중

📝 **스/피/드 Check**

❶ 슈바이처 박사는 "생명은 그 자체로서 인간에게 신성한 것이다."라고 말하면서 생명은 그 자체로 소중한 것이라고 보았다.   ☑ ☒

❷ 자신이 하고 싶은 일들을 이루어 나가는 과정에서 삶의 소중함을 느낄 수 있다.   ☑ ☒

❸ 자신과 가까운 사람들과의 교류를 통해 삶의 소중함을 느낄 수 있다.   ☑ ☒

❹ 우리는 한 번뿐인 삶을 어떻게 살아가야 할 것인지 성찰하고, 올바른 삶을 살기 위해 노력해야 한다.   ☑ ☒

실전 맛보기 해설 및 정답

생명은 우리의 삶에서 가장 소중한 것이다. 생명은 한번 잃으면 되찾을 수 없고, 다른 것으로 대체할 수도 없기 때문이다.   정답 ②

스피드 Check 정답

❶ ○   ❷ ○   ❸ ○

❹ ○

동양에서 바라보는 죽음
- 유교 : 개인의 생명이 다하는 것일 뿐이고, 가족의 생명은 자손을 통해서 계속 이어진다.
- 도가 : 계절의 순환처럼 자연스러운 과정이므로 슬퍼할 것이 아니라고 여긴다.
- 불교 : 윤회설을 통해 인간이 죽으면 이 세상에서 지은 업에 따라서 다른 세계에서 다시 태어난다고 설명한다.

서양에서 바라보는 죽음
- 플라톤 : 영혼이 육체라는 감옥에서 해방되는 것이고, 육체가 죽은 후에도 영혼은 존재한다.
- 에피쿠로스 : 죽음이 찾아왔을 때는 이미 우리가 존재하지 않으므로 죽음을 두려워할 필요가 없다.
- 그리스도교 : 죽음은 끝이 아니고 인간은 사후에 부활해 천국에서 영원히 살 수 있다고 본다.

죽음에 대한 성찰이 필요한 이유
- 삶의 소중함을 깨닫고 주어진 삶을 성실하게 사는 계기가 된다.
- 가치 있는 삶을 살기 위해 노력하는 계기가 된다.
- 삶을 정리하고 사랑하는 사람들과 의미 있는 시간을 보내는 계기가 된다.

평정(平 평평할 평, 靜 고요할 정)
평안하고 고요하다.

실전 맛보기 해설 및 정답
제시된 도가와 플라톤이 공통으로 설명하고 있는 것은 죽음이다.
정답 ③

2 죽음에 대한 올바른 이해

1. 죽음의 의미
죽음이란 생명체의 모든 기능이 완전히 정지되어 원형대로 회복할 수 없는 상태를 의미한다.

2. 죽음의 특성
(1) 보편성·필연성 : 모든 사람은 죽는다.

(2) 예측 불가능성 : 언제 어디서 죽을지 모른다.

(3) 불가역성 : 생을 돌이킬 수 없다.

3. 죽음에 관한 도덕적 성찰의 필요성
(1) 삶의 유한성과 소중함을 깨달을 수 있다.
   ① 인간은 누구나 생을 마감할 수밖에 없는 유한한 존재이다.
   ② 삶의 유한성을 깨달으면 남은 삶이 더욱 소중해진다.

(2) 충실하고 올바르게 살아가겠다고 다짐한다. → 한 번뿐인 삶을 사는 동안 후회가 남지 않도록 지금 하는 일에 최선을 다해야 한다.

(3) 마음의 평정을 찾는 계기가 된다.
   ① 죽음을 삶의 자연스러운 과정으로 받아들일 때, 죽음에 대한 과도한 두려움에서 벗어나 인간의 생로병사를 초연하게 받아들일 수 있게 된다.
   ② 평정심 속에서 주어진 삶에 감사하며 살아간다.

실/전/맛/보/기

다음에서 공통으로 설명하는 것으로 옳은 것은?

- 도가 : 계절의 순환처럼 자연스러운 과정이므로 슬퍼할 것이 아니라고 여김.
- 플라톤 : 영혼이 육체라는 감옥에서 해방되는 것이고, 육체가 죽은 후에도 영혼은 존재함.

① 생명
② 이성
③ 죽음
④ 정의

- 스스로 선택하고 결정하며 행동하는 삶
- 의미 있는 삶을 추구하기 위해 노력하는 삶
- 타인을 소중히 여기고 배려하는 삶

❯ 이상(理 다스릴 리, 想 생각할 상)
생각할 수 있는 범위 안에서 가장 완전하다고 여겨지는 상태

📝 스/피/드 Check

❶ 죽음이란 생명체의 모든 기능이 완전히 정지되어 원형대로 회복할 수 없는 상태를 말한다. ⭕❌

❷ 인간은 유한한 존재이며, 그 근거로 누구나 죽는다는 것을 들 수 있다. ⭕❌

❸ 단 한 번뿐인 삶에서 후회가 남지 않도록 의미 있는 삶을 살기 위해 노력해야 한다. ⭕❌

❹ 죽음에 대한 생각은 오직 우리에게 고통만을 주기 때문에 평정심을 찾는 데 방해가 된다. ⭕❌

---

3 삶을 의미 있게 살아가는 방법

1. 의미 있는 삶의 추구

(1) 어떤 사람은 삶을 헛되이 보내기도 하지만 어떤 사람은 의미 있는 삶을 추구하기도 한다.

(2) 우리는 단 한 번뿐인 삶을 더욱 의미 있게 만들어 가도록 노력해야 한다.

(3) 인간은 자신의 유한성을 극복하기 위해 의미를 추구하는 존재이다.

(4) 자신의 삶에 의미를 부여하고 그것을 추구할 때 하루하루 의미 있는 삶을 살아갈 수 있게 된다.

2. 의미 있는 삶을 위한 구체적 노력

(1) 보람과 만족 추구하기 : 삶의 목표와 꿈을 실현하고자 꾸준히 노력하여 보람과 만족을 느끼고 의미 있게 살 수 있다.

(2) 현재의 삶에 충실하기
① 지금 이 순간은 앞으로 살아가는 동안에 두 번 다시 돌아오지 않는 소중한 시간이다.
② 지금 해야 할 일에 최선을 다하는 삶을 살아야 한다.

스피드 Check **정답**
❶ ⭕ ❷ ⭕ ❸ ⭕
❹ ❌

(3) 높은 이상을 추구하기

    ① 인간은 유한한 존재이지만 이러한 한계를 극복하려고 끊임없이 탐구하고 도전하는 존재이다.

    ② 인간은 학문적 탐구와 예술, 종교 활동 등을 통해 유한성을 극복하려고 노력해 왔다.

    ③ 더 높은 이상을 추구함으로써 의미 있는 삶을 살아갈 수 있다.

✎ 실/전/맛/보/기

삶의 유한성에 대처하는 자세로 가장 적절한 것은?

① 현재의 삶을 중요하게 여기지 않는다.
② 자신의 생명을 가볍게 여기고 함부로 대한다.
③ 삶을 더욱 의미 있게 가꾸기 위해 노력한다.
④ 자신을 부정적으로 바라보고 소극적으로 행동한다.

✐ 스/피/드 Check

❶ 인간은 자신의 유한성을 극복하기 위해 의미를 추구하지 않는 존재이다.
                                                             ☐O ☒X

❷ 인간은 유한한 존재이지만 이러한 한계를 극복하려고 높은 이상을 추구하는 존재이다.
                                                        ☐O ☒X

❸ 이상이란 인간이 생각할 수 없는 범위에서 머릿속에만 존재하는 상태이다.
                                                        ☐O ☒X

❹ 인간은 학문적 탐구와 예술, 종교 활동 등을 통해 유한성을 극복하려고 노력해 왔다.
                                                       ☐O ☒X

실전 맛보기 해설 및 정답

현재의 삶에 충실해야 한다. 지금 이 순간은 두 번 다시 돌아오지 않는 소중한 순간이다. 따라서 우리는 현재를 소중히 여기고 지금 해야 할일에 최선을 다하며 의미 있는 삶을 살아갈 수 있다.
정답 ③

- - - - - - - - - - - - - - - - -

스피드 Check 정답

❶ ×   ❷ ○   ❸ ×
❹ ○

1 삶을 소중하게 만들어 주는 것

❶ 어떤 것을 잃어버리고 나서야 평소에 누리던 즐거움과 삶의 소중함을 깨닫게 된다. [O] [X]

❷ 평범한 하루 속에서 삶의 소중함을 느끼는 일은 쉽다. [O] [X]

❸ 슈바이처 박사는 "생명은 그 자체로서 인간에게 신성한 것이다."라고 말하면서 생명은 그 자체로 소중한 것이라고 보았다. [O] [X]

❹ 살아 있음 그 자체가 우리의 삶을 소중하게 만든다. [O] [X]

❺ 부모님이나 친구와의 좋은 관계를 통해 삶의 소중함을 느낄 수 없다. [O] [X]

❻ 자신이 하고 싶은 일들을 이루어 나가는 과정에서 삶의 소중함을 느낄 수 있다. [O] [X]

❼ 자신과 가까운 사람들과의 교류를 통해 삶의 소중함을 느낄 수 있다. [O] [X]

❽ 우리는 한 번뿐인 삶을 어떻게 살아가야 할 것인지 성찰해 보고, 올바른 삶을 살기 위해 노력해야 한다. [O] [X]

2 죽음에 대한 올바른 이해

❶ 죽음이란 생명체의 모든 기능이 완전히 정지되어 원형대로 회복할 수 없는 상태를 말한다. [O] [X]

❷ 어떤 지위에 있든, 얼마나 많은 재산을 가졌든, 어떤 성취를 이루었든 간에 모든 사람은 죽음을 피할 수 없다. [O] [X]

❸ 우리는 언제 어디서 어떻게 죽음을 맞이하게 될지 알 수 있다. [O] [X]

❹ 우리는 언젠가 생을 마감해야 하고 죽은 다음에는 다시 살아날 수 없다. [O] [X]

❺ 인간은 누구나 늙고 병들어 생을 마감할 수밖에 없는 유한한 존재이다. [O] [X]

❻ 언젠가 자신이 죽는다는 사실을 깨닫고 현재의 삶에 대한 의욕을 버려야 한다. [O] [X]

❼ 단 한 번뿐인 삶에서 후회가 남지 않도록 의미 있는 삶을 살기 위해 노력해야 한다. Ⓞ Ⓧ

❽ 죽음에 대한 성찰은 우리에게 고통을 주기 때문에 평정심을 찾는 데 방해가 된다. Ⓞ Ⓧ

3 삶을 의미 있게 살아가는 방법

❶ 한 번뿐인 삶을 더욱 의미 있게 만들어 가도록 구체적으로 노력해야 한다. Ⓞ Ⓧ

❷ 인간은 자신의 유한성을 극복하기 위해 의미를 추구하지 않는 존재이다. Ⓞ Ⓧ

❸ 자신의 삶에 의미를 부여하고 그것을 추구할 때, 비로소 삶의 소중함을 느끼며 최선을 다해 살아
갈 수 있다. Ⓞ Ⓧ

❹ 인간은 유한한 존재이지만 이러한 한계를 극복하려고 높은 이상을 추구하는 존재이다.
Ⓞ Ⓧ

❺ 이상이란 인간이 생각할 수 없는 범위에서 머릿속에만 존재하는 상태이다. Ⓞ Ⓧ

❻ 인간은 학문적 탐구와 예술, 종교 활동 등을 통해 유한성을 극복하려고 노력해 왔다. Ⓞ Ⓧ

🔵❌ 형성 평가 정답

1 삶을 소중하게 만들어 주는 것
❶ ○ ❷ × ❸ ○ ❹ ○ ❺ × ❻ ○ ❼ ○ ❽ ○

2 죽음에 대한 올바른 이해
❶ ○ ❷ ○ ❸ × ❹ ○ ❺ ○ ❻ × ❼ ○ ❽ ×

3 삶을 의미 있게 살아가는 방법
❶ ○ ❷ × ❸ ○ ❹ ○ ❺ × ❻ ○

04 마음의 평화

- 고통의 의미를 알고 마음의 평화에 이르는 방법을 실천한다.
- 희망의 의미와 중요성을 설명할 수 있다.

1 고통에 올바르게 대처하는 자세

1. 고통의 의미

(1) 고통이란 일상생활 속에서 겪는 육체적 아픔이나 정신적 괴로움을 말한다.

(2) 우리는 고통을 달가워하지 않고, 고통을 피하고자 하지만 고통이 꼭 나쁜 것만은 아니다.

2. 고통의 가치

(1) 고통스러운 경험을 자기반성의 계기로 삼을 수 있다.

(2) 고통은 성장의 기회가 된다.

3. 고통에 현명하게 대처하는 자세

(1) 고통스러운 상황에서도 긍정적 마음을 지녀야 한다.

(2) 고통을 극복하고자 하는 도전의식을 지녀야 한다.

4. 고통 속에서도 우리가 희망할 수 있는 것

(1) 사람다운 삶 : 사람답게 살고자 하는 사람은 어떤 고통스러운 환경 속에서도 절망하지 않으며 인간의 존엄성과 품위를 지킬 수 있다.

(2) 마음의 평화 : 마음의 평화를 간직하며 고통을 어떻게 바라보고 다룰 것인지 스스로 결정할 수 있다.

---

❷ 고통의 의미와 종류

의미	몸과 마음이 느끼는 아픔과 괴로움
종류	• 육체적 고통 : 몸이 느끼는 아픔 • 정신적 고통 : 마음이 느끼는 괴로움 → 두 가지를 항상 구분할 수 있는 것은 아님.

❷ 고통의 역할
- 위험한 상황을 피할 수 있게 한다.
- 똑같은 고통을 다시 경험하지 않도록 주의하게 한다.
- 다른 사람의 고통에도 관심을 두게 한다.
- 고통을 이겨 내고자 노력하면서 성숙해질 수 있다.

❷ 고통에 올바르게 대처하는 방법
- 고통을 있는 그대로 바라보아야 한다.
- 불필요한 욕심과 집착을 줄여야 한다.
- 환경과 상황을 변화시키기 위해 노력해야 한다.
- 적극적인 자세로 고통을 마주해야 한다.
- 다른 사람의 고통에 관심을 가지고, 그들을 도와야 한다.

◆ 마음의 평화의 의미와 중요성

의미	고통이나 욕심, 분노, 질투 등의 감정이 잘 다스려져 평안하고 고요한 마음의 상태
중요성	마음을 다스리지 못하면 스스로 괴로움을 느끼게 되고, 쉽게 화를 낼 수 있으며, 부정적인 감정을 조절하지 못하여 자신뿐만 아니라 다른 사람까지 불행하게 만들 수도 있음.

◆ 마음의 평화를 얻는 방법

- 지나친 욕심을 버리고 절제하는 자세
- 자신의 모습을 있는 그대로 바라보고 긍정하는 자세
- 다른 사람의 실수나 잘못을 용서하는 자세

◆ 희망의 의미와 중요성

의미	아직 이루어지지 않은 무언가를 바라는 것
중요성	바람직한 가치를 담고 있는 희망을 추구하고, 이를 실현하기 위해 포기하지 않고 꾸준히 노력하면 나 자신과 사회에 기여할 수 있음.

실전 맛보기 해설 및 정답

고통을 통해 현재의 문제점을 인식하거나 그 고통을 줄이거나 이겨 내기 위해 노력하면서 좀 더 성숙한 삶을 살아갈 수 있게 된다.
정답 ④

스피드 Check 정답

❶ ×   ❷ ○   ❸ ×

❹ ○

✏️ 실/전/맛/보/기

다음을 통해 알 수 있는 고통의 의미로 적절한 것은?

- 고통은 잠시요, 즐거움은 영원하다.   – 실러(Schiller, J.) –
- 아, 이런 세상에서 두려워 말라, 그러면 곧 알게 되리라. 고통을 겪은 다음 강해지는 것이 얼마나 장엄한가를.   – 롱펠로(Longfellow, H.) –

① 누구나 고통을 피하고 싶어한다.
② 고통은 인간에게 불필요한 것이다.
③ 육체적 고통이 정신적 고통보다 힘들다.
④ 고통 극복 과정을 통해 인격이 성숙해질 수 있다.

📝 스피드 Check

❶ 고통은 언제나 우리에게 나쁜 것이다.   ☐O ☐X

❷ 고통스러운 경험을 자기반성의 계기로 삼을 수 있다.   ☐O ☐X

❸ 고통을 삶의 일부로 받아들이고 고통이 주는 부정적 측면을 찾기 위해 노력해야 한다.   ☐O ☐X

❹ 마음의 평화를 희망하는 가운데 고통을 어떻게 바라보고 다룰 것인지 스스로 결정할 수 있다.   ☐O ☐X

2 마음의 평화와 나의 희망

1. 부정적 감정 다스리기

(1) 슬픔, 화, 분노와 같은 부정적 감정에 휩쓸리면 마음의 평화가 깨지므로 자신의 감정을 잘 다스리는 일이 중요하다.

(2) 자신의 몸 상태, 상황, 반응을 객관적으로 관찰·검토·반성할 수 있다.

(3) 부정적 감정을 느낀 상황을 다르게 받아들일 수 없는지, 그리고 가장 긍정적 결과를 끌어낼 수 있는 반응은 무엇인지 성찰해야 한다.

2. 욕심과 집착에서 벗어나기

(1) 적절한 욕구는 꼭 필요하지만 지나친 욕심과 그에 대한 집착은 마음의 평화를 깨뜨린다.

(2) 헛된 욕심을 좇고 있지 않은지 되돌아보고 그것이 마음의 평화를 깨뜨리지 않도록 경계해야 한다.

3. 용서하고 사랑하는 마음 기르기

(1) 누군가 잘못을 저질렀을 때 이를 용서하지 못하고 미워하는 마음을 키우면 마음의 평화를 해치게 된다.

(2) 용서는 자신에게 상처를 준 사람에 대한 원한, 증오 등에서 벗어나 마음의 평화를 얻을 수 있게 해준다.

(3) 용서는 사랑을 실천하는 일이기도 하다.

✎ 실/전/맛/보/기

용서에 대한 설명으로 옳은 것만을 〈보기〉에서 모두 고른 것은?

> 보 기
>
> ㄱ. 용서는 폭력으로 보복하는 것이다.
> ㄴ. 용서는 마음의 평화를 줄 수 있는 것이다.
> ㄷ. 용서는 공동체의 화합에 기여하는 것이다.

① ㄱ, ㄴ   ② ㄱ, ㄷ
③ ㄴ, ㄷ   ④ ㄱ, ㄴ, ㄷ

✐ 스/피/드 Check

❶ 슬픔, 화, 분노와 같은 부정적 감정이 생길 때는 그것을 바로 터뜨려야 한다. ⓞⓧ

❷ 분노를 다스리지 못하면 자기 마음의 평화를 깨뜨릴 수 있고 주변 사람에게 상처를 줄 수도 있다. ⓞⓧ

❸ 적절한 욕구는 꼭 필요하지만, 지나친 욕심과 그에 대한 집착은 마음의 평화를 깨뜨릴 수 있다. ⓞⓧ

❹ 다른 이의 잘못을 용서하지 못하고 미워하는 마음을 키우면 마음의 평화를 해친다. ⓞⓧ

실전 맛보기 해설 및 정답

다른 사람을 싫어하고 미워하는 감정은 나의 마음을 고통스럽게 한다. 내가 지금 가지고 있는 미움, 분노 등은 용서를 통해서만 가라앉을 수 있다.   정답 ③

스피드 Check 정답

❶ ×   ❷ ○   ❸ ○
❹ ○

1 고통에 올바르게 대처하는 자세

❶ 고통은 언제나 우리에게 나쁜 것이다. Ⓞ Ⓧ

❷ 고통스러운 경험을 자기반성의 계기로 삼을 수 있다. Ⓞ Ⓧ

❸ 고통에 대처하는 과정을 거치고 나면 어느덧 성장한 자신을 발견할 수 있다. Ⓞ Ⓧ

❹ 고통을 삶의 일부로 받아들이고 고통이 주는 부정적 측면을 찾기 위해 노력해야 한다.

Ⓞ Ⓧ

❺ 도전 의식을 바탕으로 고통스러운 상황을 변화시키려고 노력하는 자세가 필요하다. Ⓞ Ⓧ

❻ 마음의 평화를 희망하는 가운데 고통을 어떻게 바라보고 다룰 것인지 스스로 결정할 수 있다.

Ⓞ Ⓧ

2 마음의 평화와 나의 희망

❶ 슬픔, 화, 분노와 같은 부정적 감정이 생길 때는 그것을 바로 터뜨려야 한다. Ⓞ Ⓧ

❷ 분노를 잘 다스리지 못하면 마음의 평화를 깨트릴 뿐 아니라 주변 사람들에게 상처를 줄 수 있다. Ⓞ Ⓧ

❸ 적절한 욕구는 꼭 필요하지만, 지나친 욕심과 그에 대한 집착은 마음의 평화를 깨트릴 수 있다. Ⓞ Ⓧ

❹ 누군가 잘못을 저질렀을 때 이를 용서하지 못하고 미워하는 마음을 키우면 마음의 평화를 해친다. Ⓞ Ⓧ

❺ 용서는 자신에게 상처를 준 사람에 대한 원한, 증오 등에서 벗어나 마음의 평화를 지닐 수 있게 해 준다. Ⓞ Ⓧ

❻ 용서와 사랑을 실천하면 고통에서 벗어나 마음의 평화를 얻을 수 있다. Ⓞ Ⓧ

ⓄⓍ **형성 평가 정답**

1 고통에 올바르게 대처하는 자세
❶ ✕   ❷ ○   ❸ ○   ❹ ✕   ❺ ○   ❻ ○

2 마음의 평화와 나의 희망
❶ ✕   ❷ ○   ❸ ○   ❹ ○   ❺ ○   ❻ ○

01 인간 중심주의적 자연관에 대한 설명으로 옳지 <u>않은</u> 것은?

① 자연과 인간은 지구 생태계를 이루며 살아간다고 본다.

② 자연을 인간의 욕구나 이익 또는 필요를 위한 수단으로 본다.

③ 산업화와 도시화 과정에서 일어난 환경 오염의 근본적인 원인이라고 할 수 있다.

④ 인간은 이성을 가진 존재로서 자연의 어떤 존재보다 우월하고 자연을 지배할 권리가 있다고 본다.

02 생태 중심주의적 자연관에 관한 설명으로 적절하지 <u>않은</u> 것은?

① 인간을 생태계 위기의 원인으로 본다.

② 인간과 자연을 서로 의존적인 관계로 본다.

③ 자연의 구성원들은 제각기 그 자체로 가치를 지닌다고 본다.

④ 자연은 인간의 욕구를 충족해 주는 하나의 도구에 불과하다고 본다.

03 ㉠에 들어갈 개념으로 가장 적절한 것은?

> (　㉠　)은/는 경제 성장과 환경 보전의 조화를 추구하는 것으로 자신의 욕구와 다른 사람의 욕구, 현세대의 욕구와 미래 세대의 욕구의 조화를 추구하고자 하는 개념이다.

① 생태 도시

② 자정 능력

③ 지속 가능한 발전

④ 생물 종 다양성 보존

04 환경을 고려하는 소비 생활로 가장 적절한 것은?

① 일회용 컵을 자주 사용한다.

② 에너지 효율 등급이 높은 제품을 구매한다.

③ 음식을 많이 주문해 다 먹지 못하고 남긴다.

④ 볼펜을 끝까지 사용하지 않고 새 볼펜을 구매한다.

05 ㉠에 들어갈 개념으로 가장 적절한 것은?

> (㉠)은/는 인근 지역의 무공해 농산물을 이용함으로써 농산물 재배 과정에서 사용되는 독성 농약과 같은 환경파괴 물질과 운송 과정에서 화석 연료 사용으로 발생하는 온실가스를 최소화하는 것을 목적으로 삼는다.

① 로컬푸드 운동
② 기술 영향 평가
③ 물질 만능 주의
④ 자연 애호 정신

06 과학 기술 만능주의의 태도로 적절하지 <u>않은</u> 것은?

① 과학 기술로 개발된 물품에 대해 무비판적이다.
② 과학 기술로 개발된 약은 우리의 모든 병을 없애 준다고 여긴다.
③ 과학 기술로 개발된 의료 기계는 모든 치료에 효과적이라고 여긴다.
④ 과학 기술로 개발된 제품이 나에게 주는 부정적인 결과는 없는지 따져 본다.

07 다음에서 설명하는 개념으로 가장 적절한 것은?

> 사람 사이의 직접적인 교류를 통해 즐거움을 느끼기보다 기기를 이용하며 시간을 보내는 일이 많아지면서 인간의 주체성을 잃어버리는 현상

① 인간 소외 현상
② 생명 경시 현상
③ 지구 온난화 현상
④ 문화의 이질화 현상

08 다음 글에서 알 수 있는 과학 기술의 특징으로 가장 적절한 것은?

> 유전자 변형 생물체(GMO)는 환경 변화에 강해 대량 생산을 할 수 있고 신선도가 오래 유지된다는 장점이 있지만, 아직 안전성이 검증되지 않았고 생태계의 질서를 어지럽힐 수 있다.

① 활용 범위가 매우 넓다.
② 발전 속도가 매우 빠르다.
③ 인간 소외 현상을 초래한다.
④ 결과의 영향력을 예측하기 어렵다.

09 과학 기술의 개발 과정에서 개발자와 연구자의 책임으로 적절하지 <u>않은</u> 것은?

① 과학 기술이 가져올 수 있는 부정적인 결과를 고려해야 한다.
② 과학 기술 개발에 앞서 목적이 타당한지 물을 수 있어야 한다.
③ 과학 기술을 개발하는 과정에서 정직하고 진실한 태도로 임해야 한다.
④ 윤리 위원회 활동이나 기술 영향 평가와 같은 제도적 장치를 마련해야 한다.

10 ㉠, ㉡에 들어갈 말을 바르게 짝지은 것은?

> 시민 개개인이 과학 기술을 올바르지 못하게 활용한다면 심각한 해악이 발생할 수 있다. 따라서 시민 개개인은 (㉠)와/과 (㉡)의 자세로 과학 기술을 사용해야 한다.

	㉠	㉡
①	반성	조작
②	반성	성찰
③	왜곡	조작
④	성찰	왜곡

11 삶이 소중한 이유로 적절하지 <u>않은</u> 것은?

① 생명은 하나밖에 없다.
② 생명은 유한하지 않다.
③ 생명은 그 무엇과도 바꿀 수 없다.
④ 생명은 다른 것으로 대체할 수 없다.

12 다음 글과 가장 관련이 깊은 사상가는?

> 살려고 하는 모든 생명을 존중하라고 하였고, 생명을 잘 살도록 해 주는 것이 선이고 생명을 해치는 것이 악이라고 하였다.

① 공자   ② 칸트
③ 슈바이처   ④ 소크라테스

13 삶을 대하는 태도로 바람직하지 <u>않은</u> 것은?

① 삶을 긍정적 태도로 바라본다.
② 삶에 대해 적극적 태도를 지닌다.
③ 다른 사람의 삶과 생명도 소중히 여긴다.
④ 다른 사람의 생명을 신체적으로만 괴롭히지 않으면 된다.

14 다음 글과 가장 관련이 깊은 사상가는?

> 죽음을 두려워할 필요가 없다고 보았다. 왜냐하면 우리가 살아있는 한 죽음은 우리와 상관이 없고, 죽음이 우리를 찾아왔을 때는 우리가 이미 존재하지 않기 때문이다.

① 맹자   ② 플라톤
③ 석가모니   ④ 에피쿠로스

15 죽음의 도덕적 의미에 관한 설명으로 적절하지 <u>않은</u> 것은?

① 자기 삶을 되돌아보게 한다.

② 자기중심적 사고를 심화한다.

③ 욕심과 이기심에서 벗어날 수 있게 한다.

④ 참된 자신의 모습과 인간다운 삶을 성찰하게 한다.

16 고통에 관한 설명으로 적절하지 <u>않은</u> 것은?

① 신중하게 행동하면 고통 없는 삶을 살 수 있다.

② 고통은 인간의 외부적 원인 때문에 발생하기도 한다.

③ 고통의 발생이 개인의 선택이나 의지와 무관한 경우도 있다.

④ 고통은 잘못된 관행이나 사회 제도 때문에 발생하기도 한다.

17 다음에서 알 수 있는 고통이 우리에게 주는 의미로 가장 적절한 것은?

> • 고통 없이는 얻는 것도 없다.
> • 평온한 바다는 결코 유능한 뱃사공을 만들수 없다.

① 고통은 인격을 성숙시킨다.

② 고통은 자신을 보호하는 장치이다.

③ 고통은 누구나 겪는 불가피한 것이다.

④ 고통은 다양한 원인으로 복잡하게 얽혀 있다.

18 고통을 대하는 태도로서 가장 적절한 것은?

① 모든 고통은 나쁜 것이므로 피하려고 한다.

② 각자 자신의 고통에만 관심을 기울여야 한다.

③ 고통을 이겨 내는 과정이 인간을 성숙하게 하는 계기가 될 수 있다고 여긴다.

④ 고통의 원인이 잘못된 사회 제도나 관행이라면 개인으로서 방법이 없으므로 받아들인다.

19 ㉠에 들어갈 말로 가장 적절한 것은?

> (㉠)(이)란 미래에는 지금보다 더 좋아지거나 좋은 일이 이루어질 것이라는 기대를 말한다.

① 생명　　　　　② 죽음
③ 희망　　　　　④ 행복

20 희망에 관한 설명으로 적절하지 <u>않은</u> 것은?

① 삶을 즐겁고 행복하게 해 준다.

② 반드시 실현되어야 의미가 있다.

③ 어려움을 극복해 내는 용기를 지니게 한다.

④ 더 좋은 세상을 만드는 데 중요한 힘이 된다.

01 다음 ㉠에 들어갈 용어로 적절한 것은?

> (㉠)은/는 미래 세대에게 필요한 환경을 훼손하지 않는 범위 내에서 현재 세대의 욕구를 충족하는 수준의 개발을 의미한다.

① 대량 소비
② 사막화 현상
③ 지속 가능한 발전
④ 지구 온난화 현상

02 바람직한 소비 생활의 자세로 적절하지 않은 것은?

① 충동구매를 하지 않는다.
② 계획을 세워 소비하고 지출한다.
③ 자신의 경제 수준을 고려하여 지출한다.
④ 자기 과시를 위해 불필요한 물건을 구입한다.

03 다음을 통해 실현하고자 하는 삶의 모습은?

> • 쓰레기종량제　　• 환경마크제도
> • 일회용품 규제　　• 탄소배출권거래제

① 환경친화적인 삶
② 생명경시적인 삶
③ 배타주의적인 삶
④ 소비지향적인 삶

04 환경친화적인 삶의 모습으로 적절하지 않은 것은?

① 음식물 쓰레기를 줄인다.
② 가까운 거리는 대중교통을 이용한다.
③ 시장을 볼 때 장바구니 사용을 생활화한다.
④ 재활용 가능한 쓰레기도 종량제 봉투에 버린다.

05 다음 대화에서 공통으로 강조하는 삶의 자세는?

① 충동구매
② 환경 보호
③ 소비 지향
④ 물질 만능

06 다음에서 예상되는 현대 사회의 윤리적 문제는?

> 최근 생명 과학 기술이 발달함에 따라 동물 복제가 가능해지면서 가까운 미래에는 장기 복제, 더 나아가 인간 복제도 가능해질 것이라고 예상되고 있다.

① 저작권 침해
② 문화의 이질화
③ 세대 간의 갈등
④ 인간 존엄성 훼손

07 생명과학 기술을 바람직한 방향으로 발전시키기 위한 노력으로 적절한 것은?

① 다른 생명체 및 생태계를 존중한다.
② 생화학 무기를 생산하는 데 활용한다.
③ 동물에게 고통을 주는 연구는 확대한다.
④ 상품화를 목적으로 유전자 연구 결과를 악용한다.

08 바람직한 과학 기술의 활용 방향을 〈보기〉에서 고른 것은?

┤ 보기 ├
ㄱ. 인류 복지 증진
ㄴ. 미래 세대에 대한 책임 강화
ㄷ. 무분별한 과학 지상주의 추구
ㄹ. 과학 기술의 사회적 역할 부정

① ㄱ, ㄴ　　　② ㄱ, ㄷ
③ ㄴ, ㄹ　　　④ ㄷ, ㄹ

09 다음에서 설명하는 현상은?

· 생명을 가볍게 여기는 사회적 현상
· 살인, 자살, 장기 매매 등과 같은 문제 발생

① 외모 지상주의
② 물질 만능주의
③ 생명 경시 풍조
④ 학벌 중심주의

10 의미 있는 삶을 살아가기 위한 자세를 〈보기〉에서 고른 것은?

┤ 보기 ├
ㄱ. 정신적 가치와 이상을 추구한다.
ㄴ. 나에게 주어진 삶의 과제를 등한시한다.
ㄷ. 도덕적인 행동을 통해 다른 사람에게 감동을 준다.
ㄹ. 순간적인 쾌락과 향락에만 관심을 갖고 살아간다.

① ㄱ, ㄴ　　　② ㄱ, ㄷ
③ ㄴ, ㄹ　　　④ ㄷ, ㄹ

11 삶의 유한성을 극복하기 위한 노력으로 바람직한 것은?

① 도덕을 통해 편견을 조장하는 것
② 학문을 통해 참된 진리를 추구하는 것
③ 예술을 통해 인간의 가치를 훼손하는 것
④ 종교를 통해 이기적 욕망을 충족하는 것

쌍둥이 문제
12 유한한 삶을 의미 있게 살기 위한 자세로 적절한 것은?

① 하루하루 헛되이 살아간다.
② 할 수 있는 일이 없다고 좌절한다.
③ 언제 죽을지 몰라 불안하게 살아간다.
④ 주어진 삶에 감사하고, 삶을 소중히 여긴다.

13 ㉠에 들어갈 내용으로 적절한 것은?

> 불교에서는 고통에서 벗어나기 위해서 모든 것이 변한다는 사실을 깨닫고 (㉠)을/를 버려야 한다고 주장했다.

① 용기 　　② 지혜
③ 집착 　　④ 학식

15 마음의 평화를 얻기 위한 태도로 가장 적절한 것은?

① 비관적인 태도를 가져야 한다.
② 원한과 증오심을 유지해야 한다.
③ 감정과 욕구를 잘 조절해야 한다.
④ 타인의 실수를 용서하지 말아야 한다.

14 용서의 필요성으로 적절하지 <u>않은</u> 것은?

① 마음의 평화를 얻을 수 있다.
② 다른 사람과의 관계를 단절할 수 있다.
③ 갈등과 복수가 되풀이되는 것을 막을 수 있다.
④ 소통하고 화합하는 인간관계를 형성할 수 있다.

실전모의고사

01 다음에서 설명하는 인간의 특성은?

> 인간은 자신의 행동에 대해 옳고 그름을 판단하며, 인간다운 삶을 추구하는 존재이다.

① 도구적 존재
② 동물적 존재
③ 윤리적 존재
④ 유희적 존재

02 ㉠에 들어갈 알맞은 말은?

> 인간의 본성에 관한 입장 중 (㉠)은 사람이 선하게 행동하거나 악하게 행동하는 것은 자신의 선택과 환경에 의해 달라질 수 있다고 본다.

① 성선설(性善說)
② 성악설(性惡說)
③ 사회계약설(社會契約說)
④ 성무선악설(性無善惡說)

03 B가 도덕적 행동을 하기 위해 필요한 요소가 아닌 것은?

> A : 수업 시간에 왜 자꾸 떠드니?
> B : 수업 시간에 떠들어도 선생님께 들키지만 않으면 되잖아.

① 도덕적 지식
② 도덕적 무관심
③ 도덕적 실천 동기
④ 도덕적 사고 능력

04 다음에서 설명하는 것은?

> 자신의 삶이나 행동을 반성하는 것과 더불어 자신과 자신의 주변 환경에 대하여 깊이 생각하면서 살피는 것이다.

① 성찰   ② 정의
③ 문화   ④ 우정

05 도덕 판단으로 알맞은 것은?

① 물은 0℃에서 언다.
② 봄이 되면 꽃이 핀다.
③ 거짓말을 해서는 안 된다.
④ 대한민국은 삼면이 바다인 반도 국가이다.

06 밑줄 친 말에 대한 설명으로 적절하지 <u>않은</u> 것은?

> '나는 누구인가?'라는 질문을 하고 그 대답을 찾으려는 노력을 통해 <u>자아 정체성</u>을 형성할 수 있다.

① 자존감을 갖게 해 준다.
② 태어날 때부터 정해진다.
③ 삶의 방향을 결정짓는 바탕이 된다.
④ 삶을 반성하는 과정에서 형성되기도 한다.

07 다음 설명에 해당하는 것은?

> • 자신을 있는 그대로 받아들이고 소중히 여기는 것
> • 스스로 자신감을 가지고 적극적으로 인생을 살게 하는 것

① 자기 존중   ② 타인 존중
③ 가족 사랑   ④ 이웃 사랑

08 도덕적 자아상의 확립 방법이 <u>아닌</u> 것은?

① 자아 성찰
② 물질적 가치에 집착
③ 도덕적 모범 선정
④ 자신의 미래 모습 설계

09 진정한 행복의 의미에 대한 설명으로 옳지 <u>않은</u> 것은?

① 자아실현을 통해 행복을 이루어야 한다.
② 도덕적 삶을 통해 행복을 이루어야 한다.
③ 진정한 행복은 감각적 즐거움을 추구하는 것이다.
④ 다른 사람이 행복한 삶을 살 수 있도록 도와야 한다.

10 다음에서 공통으로 설명하는 것은?

> • 우리의 삶과 관련된 모든 것을 배우고 익히는 것
> • 인격을 갈고닦아 완성해 가는 수양의 과정
> • 인간으로서 갖추어야 할 품성을 기르는 것

① 본능   ② 휴식
③ 놀이   ④ 공부

11 다음에서 설명하는 가족 간의 도리로 옳은 것은?

> • 예로부터 모든 행동의 근본으로 중요하게 여김.
> • 부모님의 마음을 헤아리고 정성을 다해 모시는 것

① 효   ② 합리주의
③ 풍류 사상   ④ 평화 애호 정신

12 (가), (나)에 들어갈 알맞은 덕목은?

> 가정에서의 세대 간 대화와 소통의 방법
> - (가) : 공경하는 마음으로 상대방의 이야기를 들어 주는 것
> - (나) : 상대방의 입장을 자신의 입장보다 우선하여 생각하고 그의 어려움을 돕는 것

	(가)	(나)
①	배려	경청
②	경청	욕구
③	경청	배려
④	욕구	배려

13 다음과 가장 관련이 깊은 인간관계는?

> - 금란지교(金蘭之交)
> - 붕우유신(朋友有信)

① 형제 ② 부부
③ 친구 ④ 부모와 자식

14 바람직한 성 윤리에 해당하지 <u>않는</u> 것은?

① 사랑 ② 존중
③ 모험 ④ 책임

15 다음에서 설명하는 용어는?

> 한 사회 집단의 사람들이 원만한 인간관계를 유지하기 위해 오랫동안 지켜온 습관적인 행위 규범을 말한다. 보통 인사, 말씨와 표정, 옷차림과 태도, 각종 의례 등으로 나타난다.

① 진리 ② 예절
③ 양심 ④ 명상

16 다음 설명에 해당하는 상부상조의 전통은?

> 노동력이 부족할 때 수시로 이웃 사람끼리 도움을 주고받는 일대일의 노동 교환 방식이다.

① 계 ② 두레
③ 향약 ④ 품앗이

17 판서 내용의 ㉠~㉣ 중 옳은 것을 고른 것은?

> - 주제 : 이웃 간의 바람직한 갈등 해결 방법
>   ㉠ 배려와 양보의 실천
>   ㉡ 이웃에 대한 무관심
>   ㉢ 대화와 타협의 노력
>   ㉣ 자기 가족의 이익만 추구

① ㉠, ㉡ ② ㉠, ㉢
③ ㉡, ㉣ ④ ㉢, ㉣

18 다음에서 설명하는 인권의 특성은?

> 인권은 인종, 성별, 종교, 사회적 신분과 관계 없이 모든 인간이 누려야 하는 권리이다.

① 보편성   ② 차등성
③ 강제성   ④ 폐쇄성

19 사회적 약자를 보호해야 하는 이유로 옳지 <u>않은</u> 것은?

① 사회적 약자도 존엄한 인간이다.
② 누구나 사회적 약자가 될 수 있다.
③ 사회적 약자도 우리 사회의 동등한 구성원 이다.
④ 시혜적 차원의 사회적 약자 보호는 인권 친화적 사회로 나아가는 방향이다.

20 양성평등의 실현을 위한 방안으로 적절하지 <u>않</u> 은 것은?

① 잘못된 성차별 문화 개선
② 학교에서 양성평등 교육 강화
③ 남성 중심의 가부장적 문화 계승
④ 성차별 극복을 위한 법과 제도의 개선

21 다문화 사회의 시민으로서 필요한 자세로 적절 하지 <u>않은</u> 것은?

① 다른 민족과 문화를 배척
② 편견을 없애는 사회 분위기 조성
③ 다문화 가정을 열린 마음으로 포용
④ 국내 이주 여성을 위한 교육 재능 기부

22 세계 평화를 위협하는 원인으로 적절하지 <u>않은</u> 것은?

① 환경 파괴
② 전쟁과 테러
③ 기아와 빈곤
④ 반전·반핵 운동

23 다음과 관련된 사이버 공간의 특성으로 옳은 것은?

> 가상 공간은 현실의 자신이 누구인지 밝히지 않아도 되기 때문에 현실 공간에서보다 더 자 유롭게 자신의 의견을 표현할 수 있다.

① 개방성   ② 익명성
③ 자율성   ④ 무제약성

24 다양한 사회적 갈등이 발생하는 원인에 해당하는 것만을 〈보기〉에서 모두 고른 것은?

┤ 보기 ├

ㄱ. 역지사지의 자세

ㄴ. 경제적 이해관계 대립

ㄷ. 신념이나 가치관의 충돌

ㄹ. 상대방에 대한 왜곡된 정보

① ㄱ, ㄴ

② ㄷ, ㄹ

③ ㄱ, ㄴ, ㄹ

④ ㄴ, ㄷ, ㄹ

25 다음 내용이 공통적으로 강조하는 가장 적절한 덕목은?

- 옳고 그름에 대한 기준
- 사회적 재화의 정당한 분배 기준
- 사회 제도가 갖추어야 할 기본적인 덕목

① 절제　　　　② 정의

③ 책임　　　　④ 협력

01 다음에서 설명하는 사람의 특성은?

> 인간은 자신의 행동에 대해 옳고 그름을 판단하며, 인간다운 삶을 추구하는 존재이다.

① 문화적 존재　　② 윤리적 존재

③ 이성적 존재　　④ 사회적 존재

02 사람의 본성에 대한 다음과 같은 입장을 가진 사상가는?

> • 사람의 본성이 본래 선하다고 보는 입장
> • 지나친 욕구나 환경에 의해 악한 행위를 할 수 있다.

① 맹자　　　　② 순자

③ 고자　　　　④ 장자

03 ㉠에 공통으로 들어갈 개념으로 옳은 것은?

> • (㉠)은/는 내 마음의 재판관이다.
> 　　　　　　　　　　　　　　　 – 칸트 –
> • 모든 사람에게는 자신만의 재판관인 (㉠)이/가 있다. 그러므로 항상 (㉠)의 소리에 귀를 기울이라.　　– 톨스토이 –

① 욕구　　　　② 자유

③ 준법　　　　④ 양심

04 도연이의 행위에 대한 평가로 가장 적절한 것은?

> 도연이는 '무단 횡단을 하는 것은 옳지 않다.'는 것을 알고 있지만, 등교 길에 횡단보도가 너무 멀리 있고 오가는 차가 없자 무단 횡단을 하였다.

① 도덕적 지식과 도덕적 행위가 일치하였다.

② 도덕적 지식은 부족했지만 도덕적 행위를 하였다.

③ 도덕적 지식은 있지만 도덕적 행위로 이어지지 못했다.

④ 도덕적 행위를 먼저하고 나서 도덕적 사고를 했어야 한다.

05 도덕 판단 과정을 순서대로 바르게 나열한 것은?

> (가) 호랑이를 동물원에 가두는 것은 옳지 않다.
> (나) 새끼 호랑이 두 마리가 있다.
> (다) 새끼 호랑이가 귀엽다.

	사실 판단	가치 판단	도덕 판단
①	(가)	(다)	(나)
②	(나)	(다)	(가)
③	(다)	(가)	(나)
④	(다)	(나)	(가)

06 다음과 같은 태도에 필요한 사고는?

> - 어떤 도덕적 주제를 적극적으로 분석하고 검토하려는 노력
> - 상대방에 대한 열린 자세와 자신에 대한 반성의 태도
> - 성급한 일반화의 오류를 극복하려는 노력

① 신화적 사고　　② 비판적 사고
③ 타율적 사고　　④ 진취적 사고

07 다음 내용과 같이 주장한 사상가는?

> - "너 자신을 알라."
> - "반성하지 않는 삶은 살 가치가 없다."

① 공자　　　　　② 칸트
③ 석가모니　　　④ 소크라테스

08 자아 정체성에 대한 설명으로 옳지 <u>않은</u> 것은?

① 자기 자신을 존중할 수 있다.
② 주로 성인기에 형성되어 완성된다.
③ 자신의 삶에 대한 책임감을 느낄 수 있다.
④ 사회 전체에 도움을 주는 성숙한 사회적 존재로 성장할 수 있다.

09 다음 중 그 자체로 목적이 되는 궁극적인 가치는?

① 본래적 가치　　② 도구적 가치
③ 수단적 가치　　④ 조건적 가치

10 ㉠에 공통으로 들어갈 개념은?

> - (㉠)은/는 고통에서 벗어나 평온한 마음을 가질 때 얻어진다.　– 에피쿠로스 –
> - (㉠)은/는 자기가 가진 가능성을 충분하게 실현할 때 얻어진다.
> 　　　　　　　　　　– 아리스토텔레스 –

① 자아　　　　　② 성찰
③ 행복　　　　　④ 가치

11 다음에서 설명하는 가족 간의 도리로 옳은 것은?

> 형은 동생을 사랑하고 동생은 형을 공손하게 대하여 서로 존중하는 것

① 우애(友愛)　　② 자애(慈愛)
③ 효도(孝道)　　④ 애국(愛國)

12 다음과 관련된 적절한 덕목은?

> - 죽마고우(竹馬故友)
> - 관포지교(管鮑之交)
> - 백아절현(伯牙絕絃)
> - 금란지교(金蘭之交)

① 효도　　　　　② 우정
③ 절제　　　　　④ 중용

13 청소년이 이성 교제를 할 때 지녀야 할 바람직한 자세는?

① 신중하고 책임감 있는 자세로 행동한다.
② 고정된 성역할에 따라 상대방을 판단한다.
③ 학업보다 이성 친구의 관심을 중요시한다.
④ 이성 친구를 성적 호기심의 대상으로 생각한다.

14 다음 설명하는 상부상조(相扶相助)의 전통은?

> 서로 돕는 삶을 실천하기 위해 우리 마을에는 향촌 자치 규약이 있지.

① 계   ② 두레
③ 향약   ④ 품앗이

15 봉사의 4가지 특성으로 옳지 <u>않은</u> 것은?

① 수동성   ② 이타성
③ 지속성   ④ 무대가성

16 다음 중 인권의 특징에 해당하지 <u>않는</u> 것은?

① 보편성   ② 폐쇄성
③ 천부성   ④ 불가침성

17 양성평등에 대한 관점으로 옳은 것은?

① 여성은 집안일을 잘 해야 한다.
② 남자는 남자답지 못하게 울면 안 된다.
③ 자녀 양육은 부부가 함께 노력해야 한다.
④ 부모님 제사는 반드시 아들이 모셔야 한다.

18 다음 설명에 해당하는 개념은?

> 다른 문화를 우월하다고 여기고 그 문화를 기준으로 삼아 자기 문화를 바라보고 평가하는 태도

① 문화 보편주의
② 문화 절대주의
③ 문화 상대주의
④ 문화 사대주의

19 환경 문제를 해결하기 위한 노력 중 성격이 <u>다른</u> 하나는?

① 분리수거를 철저히 한다.
② 대중교통을 많이 이용한다.
③ 국제 협약을 통해 공동 대응한다.
④ 에너지 효율이 높은 제품을 구입한다.

20 갈등에 대한 설명으로 옳지 <u>않은</u> 것은?

① 주로 민주주의가 정착되지 않는 국가에서 발생한다.
② 서로 다른 가치관을 인정하지 않을 때 나타날 수 있다.
③ 한 개인의 내면에서 일어나는 심리적 갈등은 내적 갈등이라고 한다.
④ 개인 사이 혹은 개인과 집단 사이 혹은 집단 사이에 갈등이 나타날 수 있다.

21 다음에서 설명하는 평화적 갈등 해결 방법으로 옳은 것은?

> 제삼자가 갈등 당사자들 각자의 견해를 듣고 중립적 해결책을 제시하는 것

① 조정　　　　② 중재
③ 협상　　　　④ 다수결의 원칙

22 ㉠에 들어갈 내용으로 적절하지 <u>않은</u> 것은?

> • 주제 : 학교 폭력
> ▶ 의미 : 학교 내외에서 학생을 대상으로 발생한 폭행, 따돌림 등에 의하여 신체적 및 정신적 피해를 수반하는 모든 행위
> ▶ 예방 방법 : (　　　　㉠　　　　)

① 친구를 인격적으로 존중한다.
② 친구 간의 기본 예의를 지킨다.
③ 친구가 괴롭힘을 당할 때 방관한다.
④ 친구를 이해하고 배려하도록 노력한다.

23 준법을 통한 공익의 증진으로 옳지 <u>않은</u> 것은?

① 사회 질서를 유지할 수 있음.
② 개인의 자유와 권리가 보장됨.
③ 소수 계층의 이익이 극대화됨.
④ 정의로운 사회를 구현할 수 있음.

24 다음 대화에서 강조하는 덕목은?

> 갑 : 부패를 예방하는 방법에는 무엇이 있을까요?
> 을 : 성품과 행실을 바르게 하고 재물을 탐하는 마음을 없애야 합니다.

① 타협　　　　② 경쟁
③ 협상　　　　④ 청렴

25 다음에서 설명하는 관점으로 옳은 것은?

> • 자연의 본래적 가치를 중시
> • 지나치면 경제 발전과 환경 개발을 부정함.

① 인간 중심주의
② 생태 중심주의
③ 물질 만능 주의
④ 과학 기술 만능 주의

PART

08

2025년 기출문제

도덕 2025년 제1회 기출문제

정답 및 해설 24p

01 ㉠에 들어갈 용어로 적절한 것은?

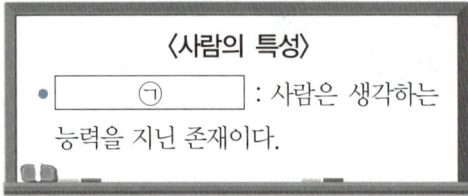

〈사람의 특성〉

• [㉠] : 사람은 생각하는 능력을 지닌 존재이다.

① 본능적 존재 ② 이성적 존재

③ 이기적 존재 ④ 쾌락적 존재

02 다음 중 도덕적 성찰이 필요한 이유로 적절하지 않은 것은?

① 훌륭한 인격을 갖추기 위해서이다.

② 잘못을 줄이고 더욱 성장하기 위해서이다.

③ 충동적인 욕구를 실현할 수 있기 때문이다.

④ 사람은 누구나 불완전한 존재이기 때문이다.

03 다음 중 교사의 질문에 적절한 대답을 한 학생은?

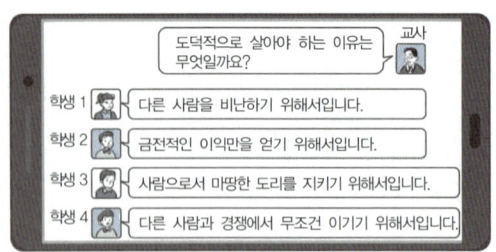

교사: 도덕적으로 살아야 하는 이유는 무엇일까요?

학생 1: 다른 사람을 비난하기 위해서입니다.

학생 2: 금전적인 이익만을 얻기 위해서입니다.

학생 3: 사람으로서 마땅한 도리를 지키기 위해서입니다.

학생 4: 다른 사람과 경쟁에서 무조건 이기기 위해서입니다.

① 학생 1 ② 학생 2

③ 학생 3 ④ 학생 4

04 정신적 가치에 해당하는 것을 〈보기〉에서 고른 것은?

┤ 보기 ├

ㄱ. 사랑   ㄴ. 재물

ㄷ. 주택   ㄹ. 평화

① ㄱ, ㄴ ② ㄱ, ㄹ

③ ㄴ, ㄷ ④ ㄷ, ㄹ

05 다음 중 바람직한 이웃 관계를 맺기 위한 방법으로 가장 적절한 것은?

① 이웃을 마주치면 무시하며 지나친다.

② 갈등이 생길 때마다 경찰에 신고한다.

③ 이웃의 사생활에 적극적으로 간섭한다.

④ 이웃에게 관심을 갖고 작은 일에도 배려한다.

06 다음 퀴즈에 대한 정답으로 옳은 것은?

어려움이 닥쳤을 때 좌절하지 않고, 오히려 도약의 발판으로 삼아 더 높이 도전하는 마음의 힘을 무엇이라고 할까요?

① 개성 ② 절제

③ 공동체 의식 ④ 회복 탄력성

07 (가)에 들어갈 개념으로 옳은 것은?

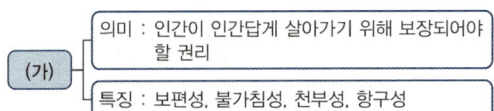

	의미 : 인간이 인간답게 살아가기 위해 보장되어야 할 권리
(가)	특징 : 보편성, 불가침성, 천부성, 항구성

① 감사   ② 관용

③ 인권   ④ 협동

08 화목한 가정을 이루기 위한 방법으로 옳은 것을 〈보기〉에서 고른 것은?

┤ 보기 ├
ㄱ. 기본 예절 갖추기
ㄴ. 강압적으로 의사 전달하기
ㄷ. 각자의 역할과 책임 다하기
ㄹ. 갈등이 발생하면 소통을 항상 회피하기

① ㄱ, ㄴ   ② ㄱ, ㄷ

③ ㄴ, ㄹ   ④ ㄷ, ㄹ

09 ㉠에 들어갈 내용으로 적절하지 <u>않은</u> 것은?

진정한 친구는 어떤 모습일까?

㉠

① 어려움을 당할 때 돕는 친구야.

② 기본적인 예의를 지켜 주는 친구야.

③ 다른 사람에게 내 험담을 하는 친구야.

④ 잘못에 대해 진심 어린 충고를 해 주는 친구야.

10 다음 중 양성평등을 실현하기 위한 노력으로 가장 적절한 것은?

① 학교에서 성별에 따라 역할을 차별한다.

② 전통적인 성 역할에 대한 고정 관념을 따른다.

③ 성차별이 나타나는 사회 구조에 비판적 관점을 갖는다.

④ 대중 매체에 등장하는 성차별적 표현을 그대로 사용한다.

11 표에서 평화적인 갈등 해결 방법에만 '✔' 표시한 학생은?

갈등 해결 방법 \ 학생	A	B	C	D
• 강압적인 힘과 폭력			✔	✔
• 감정을 앞세워 비난하기		✔	✔	
• 대화를 통한 양보와 타협	✔	✔		
• 상대방의 입장 생각해 보기	✔			✔

① A   ② B

③ C   ④ D

12 다음 사례에서 공통으로 나타나는 도덕 문제는?

- 뇌물 수수
- 부정 청탁
- 공직자의 권력 남용

① 부패 행위   ② 세대 갈등

③ 종교 갈등   ④ 환경 파괴

PART 08

13 ㉠에 들어갈 개념에 대한 설명으로 옳은 것은?

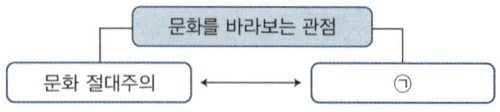

① 하나의 기준으로 문화를 평가한다.
② 자기 문화만 가장 우수하다고 여긴다.
③ 문화가 발생한 역사적 맥락을 이해하고자 한다.
④ 타 문화를 동경하여 자신의 문화를 업신여긴다.

14 다음 중 세계 시민으로서의 자세로 적절하지 않은 것은?

15 사이버 공간에서 발생할 수 있는 도덕 문제에 해당하는 것만을 〈보기〉에서 모두 고른 것은?

┤ 보기 ├
ㄱ. 층간 소음
ㄴ. 개인 정보 유출
ㄷ. 불법 사이트 운영
ㄹ. 악성 프로그램 유포

① ㄱ, ㄴ
② ㄱ, ㄷ
③ ㄱ, ㄴ, ㄹ
④ ㄴ, ㄷ, ㄹ

16 다음 중 도덕적 신념의 조건으로 적절하지 않은 것은?

① 물질적 욕심만을 추구해야 한다.
② 보편적 도덕 원리에 부합해야 한다.
③ 타인에게 좋은 영향을 미쳐야 한다.
④ 신념이 올바른지 끊임없이 점검해야 한다.

17 폭력이 비도덕적인 이유를 올바르게 작성한 모둠이 옳게 짝지어진 것은?

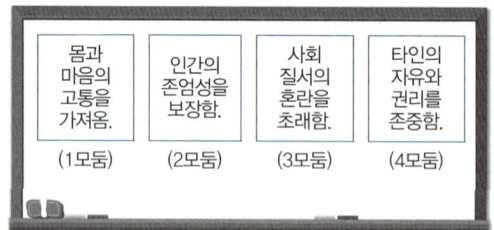

몸과 마음의 고통을 가져옴.	인간의 존엄성을 보장함.	사회 질서의 혼란을 초래함.	타인의 자유와 권리를 존중함.
(1모둠)	(2모둠)	(3모둠)	(4모둠)

① 1모둠, 2모둠
② 1모둠, 3모둠
③ 2모둠, 4모둠
④ 3모둠, 4모둠

18 학생의 서술형 평가 답안이다. 밑줄 친 ㉠~㉣ 중 옳은 것은?

문제 : 정의로운 국가가 갖추어야 할 조건을 서술하시오.

〈학생 답안〉
　정의로운 국가는 ㉠ 영토 확장을 위해 전쟁을 해야 하고, ㉡ 소수 인종에 대해 차별 대우를 해야 한다. 그리고 ㉢ 개인의 자유를 억압하고 국가의 이익을 가장 앞세워야 하며, ㉣ 사회적 약자를 배려하는 제도를 마련해야 한다.

① ㉠
② ㉡
③ ㉢
④ ㉣

19 다음 중 의미 있는 삶을 위해 필요한 가치가 아닌 것은?

① 교만
② 나눔
③ 도전
④ 배려

20 (가)에 들어갈 검색어로 옳은 것은?

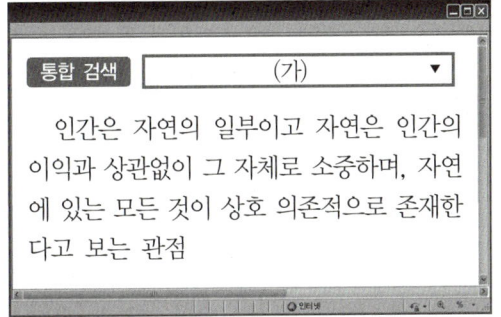

인간은 자연의 일부이고 자연은 인간의 이익과 상관없이 그 자체로 소중하며, 자연에 있는 모든 것이 상호 의존적으로 존재한다고 보는 관점

① 결과 중심주의   ② 물질 중심주의
③ 생태 중심주의   ④ 인간 중심주의

21 다음에서 설명하는 개념은?

- 남북의 분단 상태가 지속되는 동안 발생하는 비용
- 안보 비용, 전쟁 가능성에 대한 공포 등

① 개발 비용   ② 분단 비용
③ 통일 비용   ④ 통일 편익

22 ㉠에 들어갈 용어로 적절한 것은?

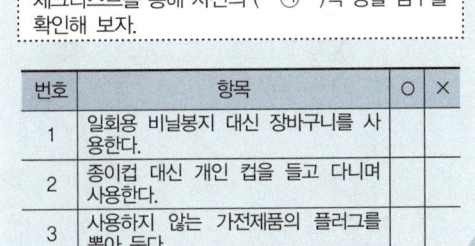

체크리스트를 통해 자신의 (㉠)적 생활 점수를 확인해 보자.

번호	항목	○	×
1	일회용 비닐봉지 대신 장바구니를 사용한다.		
2	종이컵 대신 개인 컵을 들고 다니며 사용한다.		
3	사용하지 않는 가전제품의 플러그를 뽑아 둔다.		

① 예술   ② 종교
③ 쾌락   ④ 환경 친화

23 다음에서 과학자에게 강조되는 덕목은?

과학 기술은 우리 삶의 모든 영역에 큰 영향을 미친다. 따라서 과학자는 과학 기술이 미치는 사회적 영향력에 주의해야 하며, 과학 기술의 잘못된 활용으로 발생하는 사회적 문제에 경각심을 가져야 한다.

① 독단   ② 방관
③ 은폐   ④ 책임

24 다음 중 고통에 대처하기 위한 자세로 적절한 것은?

① 주변 사람들을 탓하며 자책한다.
② 자신의 삶을 비관적으로 바라본다.
③ 고통을 극복할 수 있는 용기를 지녀야 한다.
④ 수단과 방법을 가리지 않고 고통을 없애야 한다.

25 ㉠에 들어갈 내용으로 적절하지 <u>않은</u> 것은?

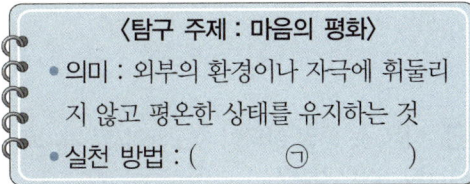

〈탐구 주제 : 마음의 평화〉
- 의미 : 외부의 환경이나 자극에 휘둘리지 않고 평온한 상태를 유지하는 것
- 실천 방법 : (㉠)

① 독서   ② 명상
③ 산책   ④ 폭행

도덕

2025년 제2회 기출문제

정답 및 해설 27p

01 다음은 서술형 평가 문제와 학생 답안이다. 밑줄 친 ㉠~㉣ 중 적절하지 <u>않은</u> 것은?

> 문제 : 사람의 특성에 대해 서술하시오.
>
> 〈학생 답안〉
> 사람은 ㉠ 생각하는 능력을 지닌 이성적 존재이며, ㉡ 욕구와 충동을 조절하며 옳은 것을 선택할 수 있는 도덕적 존재이다. 또한 ㉢ 필요한 도구를 만들어 사용하는 도구적 존재이며, ㉣ 다른 사람과 동떨어져 고립되어 살아가는 사회적 존재이다.

① ㉠
② ㉡
③ ㉢
④ ㉣

02 다음에서 소개하는 인물은?

> ◆ 도덕 인물 카드 ◆
> • 유교의 대표적 사상가
> • 사람은 누구나 타인을 측은히 여기는 선한 마음을 가지고 태어난다고 주장함.

① 맹자
② 순자
③ 장자
④ 석가모니

03 다음 중 통일 한국이 추구해야 할 가치로 적절하지 <u>않은</u> 것은?

① 인권
② 자유
③ 혐오
④ 정의

04 다음에서 도덕적인 행동을 하기 위해 A에게 필요한 것은?

> A가 친구의 컵을 실수로 깨뜨렸다. A는 거짓말을 하지 말아야 한다는 것을 알고 있었지만, 누가 컵을 깨뜨렸냐는 친구의 물음에 솔직하게 답하지 못했다.

① 고정관념
② 생명 존중
③ 책임 전가
④ 도덕적 실천 의지

05 다음 대화에서 교사가 사용한 도덕 원리 검토 방법은?

> 제가 그 아이에게 욕을 한 이유는 친한 친구 사이이기 때문입니다.

> 그 친구도 너와 친하다는 이유로 너에게 욕을 해도 괜찮을까?

학생

교사

① 반증 사례 검사
② 사실 판단 검토
③ 역할 교환 검사
④ 정보의 출처 평가

06 다음에서 설명하고 있는 사이버 공간의 특징은?

> 사이버 공간은 누구에게나 열려 있는 공간으로 자신이 원하는 정보에 쉽게 접근할 수 있으며, 다양한 정보나 의견을 주고받을 수 있다.

① 개방성   ② 대면성
③ 제약성   ④ 폐쇄성

07 ㉠에 들어갈 용어로 가장 적절한 것은?

> 〈   ㉠   〉
> - 의미 : 인간의 정신 활동을 통해 얻는 가치
> - 예시 : 사랑, 지혜, 아름다움 등

① 도구적 가치   ② 물질적 가치
③ 수단적 가치   ④ 정신적 가치

08 다음 중 죽음에 대한 도덕적 성찰의 필요성으로 가장 적절한 것은?

① 삶을 허비하기 위함이다.
② 삶의 무한함을 알기 위함이다.
③ 삶의 소중함을 깨닫기 위함이다.
④ 두려움과 고통 속에서 살아가기 위함이다.

09 (가), (나)에 해당하는 덕목으로 옳게 짝지어진 것은?

> - (가) : 부모가 자녀에게 베푸는 헌신적인 사랑
> - (나) : 형제자매가 서로 아끼고 정답게 지내는 것

	(가)	(나)
①	자애	우애
②	자애	경로
③	경로	효도
④	우애	효도

10 봉사 활동에 참여하는 바람직한 태도로 옳은 것을 〈보기〉에서 고른 것은?

> ┤ 보기 ├
> ㄱ. 금전적인 대가를 요구하지 않아야 한다.
> ㄴ. 이웃에 대한 사랑을 기반으로 실시해야 한다.
> ㄷ. 공공의 이익보다 자신의 이익만을 추구해야 한다.
> ㄹ. 자발적으로 하는 것이 아니라 남이 시킬 때 해야 한다.

① ㄱ, ㄴ   ② ㄱ, ㄹ
③ ㄴ, ㄷ   ④ ㄷ, ㄹ

11 다음에서 강조하는 덕목으로 가장 적절한 것은?

> - 자네가 행복할 때 자네 못지않게 그것을 기뻐해 줄 누군가가 있다면 얼마나 더 기쁘겠는가?   − 키케로 −
> - 선행은 친구를 향한 것일 때 가장 탁월하고 칭찬받을 만하다. 친구와 함께 가면 생각도 행동도 더욱 강해진다.
>   − 아리스토텔레스 −

① 경쟁   ② 우정
③ 복종   ④ 위선

12 표에서 폭력을 예방하는 방법으로 옳은 것만을 모두 '✔' 표시한 학생은?

방법＼학생	A	B	C	D
• 타인에게 공감하는 능력 키우기		✔		✔
• 폭력 예방 교육에 적극적으로 참여하기		✔	✔	✔
• 강압적으로 문제를 해결하는 습관 기르기	✔		✔	✔

① A   ② B
③ C   ④ D

13 ㉠에 들어갈 용어로 가장 적절한 것은?

> 북한은 경계의 대상이면서 다른 한편으로는 교류하고 협력해야 하는 대상이다. 그러므로 북한을 올바르게 이해하기 위해서는 북한에 대한 (㉠)인 시각을 가져야 한다.

① 균형적   ② 배타적
③ 일방적   ④ 편향적

14 바람직한 시민의 태도로 옳은 것을 〈보기〉에서 고른 것은?

> ┤ 보기 ├
> ㄱ. 타인의 권리를 경시하는 태도
> ㄴ. 국가 공동체를 소중히 여기는 태도
> ㄷ. 다른 민족과 국가를 배척하는 태도
> ㄹ. 국가의 정책 결정 과정에 자발적으로 참여하는 태도

① ㄱ, ㄴ   ② ㄱ, ㄷ
③ ㄴ, ㄹ   ④ ㄷ, ㄹ

15 ㉠에 들어갈 말로 가장 적절한 것은?

정의로운 사회는 왜 필요할까요?

(㉠) 필요합니다.

① 비도덕적 공동체를 형성하기 위해
② 불합리한 사회 제도를 만들기 위해
③ 사회 구성원의 인간다운 삶을 보장하기 위해
④ 일부 구성원에게만 유리한 사회를 만들기 위해

16 다음 설명에 해당하는 용어는?

- 국민의 인간다운 삶을 보장하기 위해 국가가 적극적인 역할을 해야 한다는 국가관
- 의료나 교육 등 다양한 복지를 제공해야 한다는 국가관

① 무정부 국가관
② 소극적 국가관
③ 적극적 국가관
④ 폐쇄적 국가관

17 ㉠에 들어갈 용어로 가장 적절한 것은?

갈등을 (㉠)적으로 해결하면 어떤 점이 좋을까? 서로가 만족할 수 있는 해결책을 찾을 수 있고, 서로를 이해하고 존중하는 기회가 될 수 있다.

① 독단
② 억압
③ 차별
④ 평화

18 다음 중 인권의 특징으로 적절하지 <u>않은</u> 것은?

① 보편성
② 일회성
③ 천부성
④ 불가침성

19 (가)와 (나)에 해당하는 내용으로 가장 적절한 것은?

현대 과학 기술의 발전에는 (가) 긍정적인 측면과 아울러 (나) 부정적인 측면도 있다.

① (가) : 자연환경을 훼손한다.
② (가) : 건강한 삶과 생명 연장에 기여한다.
③ (나) : 교통의 발달로 생활권이 확대된다.
④ (나) : 생활을 풍요롭고 편리하게 해 준다.

20 ⊙에 공통으로 들어갈 용어로 가장 적절한 것은?

> • (⊙)이란 일반적으로 즐거움이나 만족감을 느끼는 상태를 말한다.
> • 진정한 (⊙)을 위해서는 좋은 습관이 필요하다.

① 불안　　　　② 비판
③ 탐욕　　　　④ 행복

21 다음 중 바람직한 성 윤리에 대한 설명으로 가장 적절한 것은?

① 성적 욕구가 곧 사랑이라고 생각한다.
② 성에 대한 상대방의 의사를 존중하고 배려한다.
③ 성에 대한 자신의 의사를 일방적으로 강요한다.
④ 행위의 결과를 고려하지 않고 성적 욕구를 충족한다.

22 다음 퀴즈에 대한 정답으로 옳은 것은?

> 자신에게 잘못한 사람을 향한 분노와 같은 감정을 버리고, 그 사람을 너그럽게 대하는 것을 무엇이라고 할까요?

① 미움　　　　② 용서
③ 질투　　　　④ 충동

23 다음 문제를 해결하기 위해 필요한 태도로 가장 적절한 것은?

> 〈 세계 시민이 겪는 도덕 문제 〉
> • 식량 부족으로 인한 빈곤과 기아
> • 기후 위기나 전쟁 등으로 인한 난민 증가

① 방관　　　　② 불신
③ 무관심　　　④ 인류애

24 다음 중 자아에 대한 설명으로 가장 적절한 것은?

① 내가 보는 타인의 모습을 자아라고 한다.
② 자아는 개인적인 특징, 능력, 성격과 무관하다.
③ 자아는 영원히 변할 수 없고 고정되어 있는 것이다.
④ 나를 알아가는 과정에서 확인하는 자신의 모습이다.

25 교사의 질문에 적절한 대답을 한 학생은?

> 다양한 문화를 바라보는 바람직한 태도는 무엇일까요? 교사

학생 1 〈 보편 규범에 근거하여 문화를 성찰해야 합니다. 〉
학생 2 〈 다양한 문화가 지닌 고유한 의미를 무시해야 합니다. 〉
학생 3 〈 우리 문화보다 다른 문화를 열등하게 여겨야 합니다. 〉
학생 4 〈 문화 사대주의 관점에서 다른 문화를 바라보아야 합니다. 〉

① 학생 1　　　② 학생 2
③ 학생 3　　　④ 학생 4

EBS
교육방송교재

검스타트
검정고시
중졸 도덕

2026
최신판

정답 및 해설

도덕 정답 및 해설

PART 01 자신과의 관계

적중예상문제
p.41~45

01	①	02	③	03	②	04	④	05	④
06	④	07	③	08	③	09	②	10	③
11	③	12	②	13	③	14	②	15	②
16	①	17	②	18	②	19	④	20	④

01 정답 ①
사람은 스스로 옳은 것을 선택할 수 있는 도덕적 존재이다. 다른 존재와 달리 사람만이 자신의 행동을 스스로 선택하고 반성할 수 있다.

02 정답 ③
양심은 우리가 자발적으로 바람직한 행동을 하도록 이끌고, 잘못했을 때에는 죄책감과 부끄러움을 느끼게 한다.

03 정답 ②
제시문은 사람의 본성이 본래 선하다는 맹자의 성선설의 입장이다.

04 정답 ④
사람다운 삶이란 사람으로서 마땅히 해야 하는 것을 알고, 해서는 안 되는 것을 하지 않는 삶을 의미한다. 동물은 본능에 따라 살아가지만, 사람은 자신의 본능을 억제하고 조절할 수 있는 능력을 갖추고 있다.

05 정답 ④
도덕적 행동이 항상 개인에게 유리한 결과를 가져오지는 않지만 자율적으로 도덕을 지키고자 노력해야 한다.

06 정답 ④
훌륭한 삶을 사는 사람은 자신의 본능을 억제하고 조절하는 노력을 통해 다른 사람들과 더불어 사는 삶을 지향하는 사람으로 모든 감정과 욕구를 제거하는 것은 아니다.

07 정답 ③
제시문의 라스콜니코프는 무엇이 도덕적 행동인지 몰라서 도덕적 행동을 실천하지 못한 사례이다.

08 정답 ③
제시문의 ㉠은 도덕적 민감성, ㉡은 도덕적 상상력에 대한 설명이다.

09 정답 ②
①·③·④ 가치 판단 혹은 도덕 판단, ② 사실 판단이다.

10 정답 ③
제시문은 모든 사람이 갑의 도덕 원리에 따라 행동할 때 나타날 결과를 생각해 보도록 하는 보편화 결과 검사를 사용하였다.

11 정답 ③
제시문은 자아와 자아 정체성에 대한 설명으로 ㉠은 자아, ㉡은 자아 정체성을 의미한다.

12 정답 ②
제시문은 자신이 속한 공동체에서 자신이 맡은 역할과 의무를 파악할 수 있는 사회적 존재로서의 자아를 설명하고 있다.

13 정답 ③

ㄱ. 자아 정체성을 형성하는 과정은 우리가 살아가는 동안 계속되며, 올바른 자아 정체성 역시 어느 날 갑자기 만들어지는 것이 아니다.

14 정답 ②

도덕적 신념은 모든 사람에게 똑같이 적용할 수 있는 객관적이고 타당한 것이어야 하며, 타인에게 도움이 되는 것이어야 한다.

15 정답 ②

제시문은 사랑, 보람 등과 같이 정신적인 만족을 줄 수 있는 정신적 가치에 대한 설명이다.

16 정답 ①

본래적 가치는 그 자체로 소중하고 목적이 되는 가치를 말한다.

17 정답 ②

우리가 훌륭한 인격을 갖추고, 올바른 삶의 목적을 세우며, 삶의 의미를 찾기 위해서는 도덕 공부가 필요하다.

18 정답 ②

우리가 행복하기 위해서는 객관적 조건과 주관적 조건이 모두 적절히 충족되어야 한다.

19 정답 ④

제시문은 아리스토텔레스의 행복에 대한 주장이다.

20 정답 ④

우리는 자신의 정서를 이해함으로써 충동을 조절하고 불안을 관리할 수 있다. 그리고 자신의 정서를 잘 다스리고 안정적으로 표현할 수 있어야 자신감을 갖고 삶의 목표를 추구할 수 있다.

기출문제 체크

p.46~51

01	②	02	①	03	④	04	④	05	①
06	②	07	②	08	①	09	①	10	①
11	②	12	①	13	②	14	③	15	③
16	②	17	④	18	②	19	③	20	①
21	③	22	②	23	②	24	③	25	②
26	①	27	①	28	①	29	④	30	③

01 정답 ②

인간은 자신의 행동에 대해 옳고 그름을 판단하며, 인간다운 삶을 추구하는 윤리적 존재에 대한 설명이다.

02 정답 ①

사람은 불리한 신체적 조건을 극복하기 위해 도구를 만들어 사용하는 도구적 존재이다.

03 정답 ④

인간은 자신이 속한 사회에서 다른 사람들과 더불어 살아가는 사회적 존재이다.

04 정답 ④

제시문은 사람의 본성이 선하거나 악한 것으로 정해져 있지 않다고 보는 고자의 성무선악설에 대한 설명이다.

05 정답 ①

사람의 본성이 본래 선하다는 맹자의 성선설의 입장이다.

06 정답 ②

제시문은 사람의 본성이 본래 악하다는 순자의 성악설에 대한 설명이다.

07 정답 ②

'생명을 존중해야 한다.', '거짓말을 해서는 안 된다.' 등과 같이 우리가 살면서 마땅히 그렇게 해야 하는 것과 해서는 안 되는 것을 일컬어 당위라고 한다.

08 정답 ①

'~ 해야 한다', '~ 해서는 안 된다'로 표현되는 당위에 대한 설명이다.

09 정답 ①

ㄷ. 지키지 않을 경우 강제적 처벌이 뒤따르는 것은 법에 대한 설명이다. 도덕은 지키지 않을 경우 양심의 가책이나 비난을 받을 수 있다.

10 정답 ①

제시문의 ㉠에 공통으로 들어갈 말은 도덕이다.

11 정답 ②

제시문의 밑줄 친 부분은 남의 물건을 탐내는 것이 옳지 않다는 양심의 판단에 따라 부끄러움을 느꼈기 때문이다.

12 정답 ①

양심이란 도덕적으로 옳은 것과 그른 것, 선한 것과 악한 것을 구별해 주는 마음의 작용이다.

13 정답 ②

(   )에 공통으로 들어갈 말은 양심에 해당한다.

14 정답 ③

위 상황은 힘이 센 친구가 나쁜 행동을 하는 것이 옳지 않다고 생각했지만, 용기가 부족해서 나서지 못하고 모르는 척했다.

15 정답 ③

도덕적 문제 상황에서 자신의 행동이 나와 다른 사람에게 어떤 영향을 미칠지 상상해 볼 수 있는 능력을 도덕적 상상력이라고 한다.

16 정답 ②

도덕적 상상력의 구성 요소로는 어떤 상황을 도덕적 문제로 민감하게 받아들일 수 있는 마음의 상태인 도덕적 민감성, 상대방의 감정을 함께 느끼고 이해할 수 있는 능력인 공감, 나의 행동이 어떤 결과를 가져올 수 있는지 다양하게 생각해 보는 행위의 결과 예측이 있다.

17 정답 ④

제시문은 상대방의 감정을 함께 느끼고 이해할 수 있는 능력인 공감에 대한 설명이다.

18 정답 ③

역지사지의 자세로 서로의 입장을 바꾸어 생각해 본다면, 상대방의 처지를 이해하고 그의 입장에 공감함으로써 도덕적으로 행동할 수 있다.

19 정답 ③

㉠의 '법을 어기는 행동은 옳지 않다.'라는 것은 도덕 원리를 의미한다.

20 정답 ①

"남에게 피해를 주는 것은 옳지 않다."는 도덕 원리를 바탕으로 "새치기는 옳지 않다."는 도덕적 추론을 하였다.

21 정답 ③

도덕 판단은 가치 판단 중에서 어떤 사람의 인격이나 행위에 대해 도덕적인 관점에서 판단을 내리는 것이다.

22 정답 ②

도덕적 인물들이 어떠한 가치를 추구하였고, 어떠한 신념을 가지고 그 가치를 실현하였는지를 살펴보면서 많은 것을 배울 수 있다.

23 정답 ③

한 사람, 한 사람의 도덕적 성찰을 토대로 우리 사회의 도덕적 문제들을 고쳐 나갈 수 있고, 이러한 노력이 모여 결국 우리 사회 전체가 정의로워질 수 있다.

24 정답 ③

일기를 쓰면서 자신의 일과를 되돌아보고, 잘못한 점을 반성하여 반복하지 않도록 다짐함으로써 자신을 도덕적으로 성찰할 수 있다.

25 정답 ②

제시문은 그 자체가 목적이 되고 그보다 더 높은 목적을 찾을 수 없는 궁극적 가치로 본래적 가치에 대한 설명이다.

26 정답 ①

물건이나 돈은 다른 사람과 나누면 그 가치가 줄어들지만, 사랑이나 우정과 같은 가치는 많은 사람과 나누어도 그 크기나 본질이 변하지 않는다. 따라서 물질적 가치보다는 정신적 가치를 추구해야 한다.

27 정답 ①

자아 정체성이 올바르게 형성되면 자기 스스로를 존중할 수 있고, 다른 사람들 역시 소중한 존재이며 나와 같이 존중해야 한다는 사실도 알게 된다.

28 정답 ①

도덕적 신념이란 도덕적으로 옳다고 여기는 생각에 대한 확고한 믿음과 그 믿음을 실현하려는 강한 의지를 말한다.

29 정답 ④

도덕적인 삶을 살아가는 이들은 다른 사람들을 존중하고, 서로를 도와주고 격려하면서 함께 어울려 행복하게 살아갈 수 있다.

30 정답 ③

일반적으로 공부는 새로운 지식을 쌓거나 기술을 익히는 과정을 말한다.

PART 02 타인과의 관계 (1)

적중예상문제
p.80~83

01	④	02	②	03	①	04	③	05	②
06	①	07	④	08	③	09	③	10	①
11	①	12	④	13	②	14	①	15	③
16	④	17	①	18	③	19	②	20	④

01 정답 ④

가정에서는 사회 구성원으로서 필요한 기초적인 지식과 태도를 배울 수 있다.

02 정답 ②

제시문은 입양 가정에 대한 설명이다.

03 정답 ①

(가)는 형제자매의 도리인 우애, (나)는 부모에 대한 자녀의 도리인 효를 의미한다.

04 정답 ③

부모님을 사랑하는 마음으로 몸과 마음의 정성을 다해 부모를 공경할 때, 진정한 효를 실천했다고 할 수 있다.

05 정답 ②

역지사지 : 상대편의 처지나 입장에서 먼저 생각해 보고 이해하라는 뜻

06 정답 ①

진정한 친구는 신뢰할 수 있는 친구이다. 어떠한 상황에서도 나를 이해하고 믿어 주며, 속 깊은 고민을 터놓고 대화할 수 있는 친구야말로 진정한 우정을 나눌 수 있는 친구이다.

07 정답 ④

우정은 친구 사이에서 나누는 정신적 유대감이나 정(情)을 의미한다.
ㄹ. 새로운 가족 관계를 형성하는 것은 아니다.

08 정답 ③

환난상휼 : 향약의 4대 덕목 중 하나로 '어려운 일은 서로
돕는다.'라는 뜻

09 정답 ③

진정한 친구라면 친구가 올바른 행동을 하기를 바라는
자신의 진심을 잘 전달하여, 친구가 차분하게 그 조언을
받아들일 수 있도록 해야 한다.

10 정답 ①

친구의 잘못을 감싸 주는 것이 진정한 우정을 맺는 방법이
될 수 없다. 친구의 잘못에 대한 자신의 생각을 충고하여
바른길로 이끌어야 한다.

11 정답 ①

특정한 이성을 좋아하는 마음은 사랑이다.

12 정답 ④

제시문은 성적 욕구의 충족을 통해 즐거움을 주는 측면
의 쾌락적 가치를 의미한다.

13 정답 ②

사랑은 상대를 아끼고 소중히 여기는 마음이면서, 더 나아
가 상대를 향한 배려, 존중, 책임, 헌신 등의 가치를 모두
포함하는 마음이다.

14 정답 ①

청소년기의 이성 교제는 어른으로 성장하는 과정에서 겪
게 되는 자연스러운 경험이다. 하지만 모든 청소년이 같은
시기에 이성 교제를 하는 것은 아니다.

15 정답 ③

바른 이성 교제는 자신의 삶에 충실함으로써 서로 성장하
는 관계가 되도록 노력하고 이성 친구에게 나와의 관계만
을 강조하지 않는 태도가 필요하다.

16 정답 ④

제시문은 품앗이에 대한 설명이다.

17 정답 ①

오늘날 이웃이란 단순히 지역적으로 가깝게 사는 사람들
만이 아니라, 직접적·간접적 교류를 나누며 더불어 사는
사람들을 모두 이르는 말이라고 할 수 있다.

18 정답 ③

이웃 간의 무관심과 다툼은 신문이나 텔레비전 뉴스를
통해 알려질 정도로 커다란 사회 문제가 되기도 한다. 하지
만 지나친 관심으로 사생활을 침해하는 것은 바람직한
태도가 아니다.

19 정답 ②

제시문은 봉사의 4가지 특성 중 이타성에 대한 설명이다.

20 정답 ④

ㄱ. 봉사는 '도와준다.'라는 마음이 아니라 '함께한다.'라
　는 마음을 바탕으로 해야 한다.
ㄴ. 봉사는 강요하는 것은 옳지 않다.

기출문제 체크

p.84~87

01	③	02	④	03	①	04	③	05	①
06	②	07	①	08	④	09	②	10	③
11	①	12	②	13	③	14	②	15	①
16	④	17	③	18	③	19	①	20	④

01 정답 ③
가정에서의 역할 분담은 가족 구성원이 처한 상황과 능력에 맞게 상호 협조의 마음을 바탕으로 이루어져야 한다.

02 정답 ④
취미나 봉사 활동 등 다양한 활동을 함께하면서 가족이 소통할 수 있는 기회를 자주 가지는 것이 중요하다.

03 정답 ①
㉠은 부모의 도리로 자애, ㉡은 자녀의 도리인 효를 의미한다.

04 정답 ③
대화와 소통을 통해 가족 구성원들은 서로의 마음을 이해할 수 있고, 가족 간 유대감을 형성하여 갈등을 예방하고 해결할 수 있다.

05 정답 ①
가족 간에 충분히 대화하고 소통해야 한다. 서로의 이야기에 귀를 기울이다 보면 서로를 더 깊이 이해할 수 있고, 배려하는 마음과 사랑하는 마음을 키울 수 있기 때문이다.

06 정답 ②
• 교우이신 : 믿음으로써 벗을 사귄다.
• 붕우유신 : 벗 사이에 지켜야할 도리는 믿음에 있다.

07 정답 ①
바람직한 친구의 관계에는 선의의 경쟁, 협력, 서로에 대한 조언, 배려하는 관계, 믿음 등이 필요하다.

08 정답 ④
서로 예의를 지키지 않으면 상대방의 입장을 고려하지 않고 자신의 마음대로 행동하여 갈등이 발생할 수 있다.

09 정답 ②
ㄴ·ㄹ 이성 교제의 부정적인 영향에 대한 설명이다.

10 정답 ③
아무리 친밀하거나 사랑하는 사이라고 하더라도 서로를 구속하지 않고 각자의 삶을 존중하는 관계, 각자가 바라는 삶을 살아갈 수 있도록 해 주는 관계가 바람직한 관계이다.

11 정답 ①
청소년기에는 올바른 성 윤리를 바탕으로 서로 존중하고 책임감을 지니는 관계를 만들 수 있다.

12 정답 ②
배려와 소통은 이웃 간 발생하는 문제점을 해결하기 위한 노력에 해당한다.

13 정답 ③
제시문은 향약에 대한 설명이다. 향약은 조선 시대에 만들어진 향촌의 가치 규약으로, 좋은 행실을 권장하고 어려운 일을 함께하며 잘못된 일을 스스로 규제할 수 있었다.

14 정답 ②
제시문은 우리 조상들의 상부상조의 전통을 의미한다.

15 정답 ①
• 작심삼일 : 결심한 마음이 사흘을 가지 못하고 곧 느슨하게 풀어짐.
• 일편단심 : 한결같은 참된 정성
• 고진감래 : 고생 끝에 낙이 온다.

16 정답 ④

우리 이웃 중에는 혼자의 힘으로 해결하기 어려운 상황에 놓인 사람이 많다. 이러한 이웃을 향한 관심과 배려를 더욱 적극적으로 실천하는 방법의 하나가 바로 '봉사'이다.

17 정답 ③

봉사 시 유의점으로 봉사는 '도와준다.'라는 마음이 아니라 '함께한다.'라는 마음을 바탕으로 해야 하고, 대가를 바라지 말고 자발적으로 해야 하며 시간과 노력을 들여 지속적으로 해야 한다.

18 정답 ③

봉사 받는 사람을 존중해야 한다. 성의 없이 활동하거나, 은혜를 베푼다는 식의 태도는 상대방의 자존감을 해칠 수 있다.

19 정답 ①

봉사를 할 때는 어떠한 대가도 바라지 않으며, 한두 번 하는 것에 그치지 않고 꾸준히 하는 것이 좋다.

20 정답 ④

진정한 의미에서의 봉사는 다른 사람을 위하는 마음에 자발적으로 활동하는 것이어야 한다.

PART 03 사회 · 공동체와의 관계 (1)

적중예상문제

p.109~112

01	④	02	②	03	①	04	②	05	②
06	①	07	②	08	③	09	④	10	②
11	③	12	④	13	④	14	①	15	②
16	①	17	④	18	①	19	②	20	②

01 정답 ④

인간 존엄성이란 인간이기 때문에 지니는 절대적 가치로, 모든 인간은 인간이라는 이유만으로 존엄하게 대우받아야 한다는 것을 의미한다. 모든 인간은 그 존재만으로도 소중하고, 어떤 경우에라도 수단으로 이용되어서는 안 된다.

02 정답 ②

인권이란 누구나 인간으로서의 존엄성을 누리기 위해 마땅히 보장받아야 할 권리로 나이에 따라 차별받지 않는다.

03 정답 ①

제시문은 천부 인권에 대한 설명이다.

04 정답 ②

②는 개인적 차원의 노력이다.

05 정답 ②

제시문의 ㉠은 성 역할, ㉡은 성차별에 대한 설명이다.

06 정답 ①

성차별과 출생률은 관련이 없다.

07 정답 ②

①·③ 법적·제도적 차원의 노력이고, ④ 지양해야 할 태도이다.

08 정답 ③

문화 다양성은 때로는 서로 다른 문화 간에 갈등이 발생하는 원인이 되기도 한다. 그러나 우리는 다양한 문화를 접함으로써 풍부한 경험을 하여 더 나은 삶의 방식을 배울 수 있으며, 우리의 삶을 더욱 풍요롭게 만들 수 있다.

09 정답 ④

서로 다른 문화적 배경을 가진 사람들이 함께 어울려 살아가는 사회를 다문화 사회라고 한다.

10 정답 ②

자기 문화를 낮게 평가하고, 다른 문화를 더 우수한 것으로 여겨 그것을 동경하는 태도를 문화 사대주의라고 한다.

11 정답 ③

문화 상대주의는 문화의 우열을 판단하는 절대적인 기준을 인정하지 않는다. 각 사회의 문화는 그 사회의 특수한 상황 속에서 형성되어 온 것이므로, 그 사회 구성원들에게 나름의 의미와 가치가 있다고 보기 때문이다.

12 정답 ④

모든 문화가 나름의 가치를 지니고 있지만, 사람들이 누구나 받아들일 수 있는 보편적인 가치나 도덕적인 기준을 벗어나는 문화는 정당화할 수 없다.

13 정답 ④

다문화 사회의 갈등이 지나치면 사회적 혼란이 발생할 수 있지만, 갈등을 잘 해결하면 그 사회의 문화가 더 다양해지고 발전할 수 있다.

14 정답 ①

문화적 관용은 다른 문화를 무조건 거부하거나 틀렸다고 생각하지 않고 그 문화의 고유한 가치를 인정하며 문화적 차이를 존중하는 것이다.

15 정답 ②

오늘날 전 세계의 여러 나라는 정치, 경제, 문화 등 다양한 영역에서 서로 의존하고 있다. 교통과 통신이 발달하면서 사람, 물건, 정보, 자본 등의 흐름이 자유로워지고 세계는 하나로 연결되었다. 이런 변화를 세계화라고 한다.

16 정답 ①

제시문은 하늘을 공경하고 인간을 사랑하는 경천애인에 대한 설명이다.

17 정답 ④

문화 다양성이 나타나는 이유는 인간 집단마다 살아가는 환경과 그에 적응하는 방식이 다르기 때문이다. 이것은 도덕 문제가 아닌 자연스러운 현상이다.

18 정답 ①

전쟁, 가난, 차별 등 여러 가지 이유로 인권을 침해당하는 사람이 세계 곳곳에 많다. 우리는 국가, 종교, 인종, 성별 등에 관계없이 인간이라면 누구나 인간 존엄성과 인권을 지닌다는 것을 명심해야 한다.

19 정답 ②

지구 공동체의 문제는 어떤 특정한 지역의 노력만으로 해결할 수 있는 것이 아니라 지구적 차원의 노력이 필요한 문제이다. 따라서 우리는 세계가 서로 연결되어 있다는 인식을 바탕으로, 다른 나라들과 지구 공동체의 문제를 해결하기 위해 협력해야 한다.

20 정답 ②

편견과 차별은 인간의 존엄성과 인권을 무시하고 침해하는 행동으로 세계 시민이 지양해야 할 태도이다.

01	④	02	②	03	①	04	②	05	④
06	①	07	④	08	②	09	①	10	④
11	④	12	④	13	④	14	①	15	②
16	④	17	③	18	①	19	③	20	④
21	④								

01 정답 ④
제시문은 누구나 인간으로서의 존엄성을 누리기 위해 마땅히 보장받아야 할 권리인 인권을 의미한다.

02 정답 ②
인간 존엄성이란 인간이기 때문에 지니는 절대적 가치로, 모든 인간은 인간이라는 이유만으로 존엄하게 대우받아야 한다는 것을 의미한다.

03 정답 ①
제시문은 인권이란 어떤 이유와 관계없이 누구나 동등하게 누려야 하는 권리라는 보편성의 특성을 의미한다.

04 정답 ②
홍익인간은 '널리 인간 세상을 이롭게 한다.'라는 뜻이며 윤리적으로는 순수한 인간애와 평등 의식을 담고 있다.

05 정답 ④
1948년 국제 연합(UN) 총회에서는 「세계 인권 선언」을 채택하여 세계의 모든 사람이 당연히 누려야 할 '인권'이 무엇인지 규정하였고, 이후 국가뿐만 아니라 모든 인류가 인권 보장에 대한 인식을 공유해야 한다는 생각이 퍼졌다.

06 정답 ①
오늘날 대부분 국가에서는 국민들의 인권을 헌법으로 보장하고, 인권을 보호하기 위해 다양한 법과 제도를 마련하고 있다.

07 정답 ④
북한 이탈 주민은 배타적인 시선으로 바라보는 사람들 때문에 소외감을 느끼거나 부당한 대우를 받기도 한다.

08 정답 ②
우리가 사회적 약자를 진정으로 배려하기 위해서는 그들이 겪는 차별과 고통을 인권 문제로 민감하게 여기는 태도를 가져야 한다. 그리고 우리는 사회적 약자에 대한 편견을 버리고 그들을 인격적으로 존중해야 한다.

09 정답 ①
제시된 육아 휴직제, 성 차별 금지제, 호주제의 폐지는 양성평등을 실현하기 위한 사회 제도적 차원의 노력이다.

10 정답 ④
성 역할에 대한 고정 관념이나 편견은 성차별로 이어질 수 있다.

11 정답 ④
제시문은 성 역할의 고정 관념에서 벗어나 양성 평등적 사회 분위기가 정착해가고 있음을 의미한다.

12 정답 ④
양성평등은 성 역할 고정 관념에서 벗어나는 일로부터 시작된다. 성 역할 고정 관념을 벗어날 때, 성차별에서도 벗어날 수 있기 때문이다.

13 정답 ④
④ 양성평등을 실현하기 위해서는 편견이나 고정 관념과 같은 개인의 의식뿐만 아니라 불합리한 사회 제도를 개선하고 문화적 측면의 노력 또한 필요하다.

14 정답 ①
문화는 인간이 서로 다른 환경과 역사적 배경 속에서 적응하고 극복해 나가는 과정에서 다양하게 형성되었다.

15 정답 ②

자기 문화를 낮게 평가하고, 다른 문화를 더 우수한 것으로 여겨 그것을 동경하는 태도를 문화 사대주의라고 한다.

16 정답 ④

우리는 문화 상대주의적 태도를 지님으로써 각각의 문화가 갖는 고유성을 인정하고, 이를 통해 우리와 다른 문화를 가진 사람들과 조화롭게 어울려 살아갈 수 있다.

17 정답 ③

우리는 서로의 문화를 존중하면서, 구성원 모두의 공동체의식을 드높일 수 있는 바람직한 다문화 공동체로 나아가기 위한 길을 모색하고 실현해야 한다.

18 정답 ①

아무리 그 사회의 고유한 문화라고 하더라도, 그것이 인권이나 자유, 평등 등 인류의 보편적 가치를 침해하는 것이라면 존중해서는 안 된다.

19 정답 ③

우리 사회에서는 자기 문화만을 고집하거나 다른 문화를 이해하지 못해 갈등하는 모습이 나타나기도 한다. 이러한 모습은 우리 사회가 바람직한 다문화 공동체로 나아가기 위해 반성하고 개선해 나가야 할 부분이다.

20 정답 ④

세계 시민 의식을 바탕으로 지구 공동체의 문제를 해결하려고 노력할 때, 우리는 지구촌 사람들과 함께 협력하면서 행복하게 살 수 있을 것이다.

21 정답 ④

우리는 세계 시민으로서 지구 공동체 문제들에 적극적인 관심을 갖고 이를 해결하기 위해 노력해야 한다.

PART 04 타인과의 관계 (2)

적중예상문제 p.138~141

01	③	02	③	03	③	04	③	05	③
06	②	07	④	08	④	09	④	10	③
11	②	12	③	13	①	14	②	15	①
16	③	17	①	18	④	19	②	20	③

01 정답 ③

정보 통신 기술의 발달로 우리는 시장에 가지 않고 물건을 사거나 처음 가 본 곳에서 빠르게 길을 찾을 수 있고, 쉽게 원하는 정보를 찾거나 다양한 인간관계를 맺을 수 있다. 이처럼 정보화 시대에는 인간 삶의 질이 높아졌다. 하지만 이와 함께 다양한 도덕 문제가 발생하고 있다.

02 정답 ③

다른 사람이 만든 정보를 사용할 때에는 미리 허락을 받거나 정당한 대가를 치러야 하고, 무료이거나 대가를 치른 정보라도 원작자나 출처를 밝히고 사용해야 한다.

03 정답 ③

잊힐 권리란 사이버 공간에 게시된 자신과 관련한 정보를 삭제해 달라고 요구할 수 있는 권리를 말한다. 잊힐 권리를 인정할 경우 불법적인 자료가 아니더라도, 단지 사이버 공간에서 자신과 관련된, 공개를 원하지 않는 정보를 발견하면 이를 지워 달라고 요청할 수 있다.

04 정답 ③

가상 공간은 현실의 자신이 누구인지 밝히지 않아도 되는 익명성이 있다. 가상 공간에서는 자신의 신분이나 정체성을 드러내지 않고 활동할 수 있으므로 현실 공간에서보다 더 자유롭게 자신의 의견을 표현할 수 있다.

05 정답 ③

정보화 시대를 살아가는 우리는 가상 공간에서도 현실 공간에서처럼 자신이 한 말과 행동에 대해서 반드시 도덕적 책임을 져야 한다.

06 정답 ②

표절은 다른 사람이 만든 정보를 마치 자신이 만든 것처럼 출처를 밝히지 않고 사용하는 것으로 바람직한 자세가 아니다.

07 정답 ④

정보 통신 매체를 지나치게 많이 사용하면 건강상의 문제가 생기거나 현실에서의 인간관계를 소홀히 하는 문제가 발생할 수 있다. 따라서 절제하는 자세가 필요하다.

08 정답 ④

내적 갈등은 한 개인의 내면에서 일어나는 심리적 갈등을 의미한다.

09 정답 ④

사람들은 각자 살아온 환경이 다르므로 서로 다른 신념과 가치관을 지닌다. 이런 점을 고려하지 못하고 자신의 신념과 가치관만이 옳다고 주장하면 갈등이 생기기도 한다. 세대 갈등이나 종교 갈등, 문화 갈등 등은 신념과 가치관의 차이에서 비롯된다.

10 정답 ③

갈등을 평화적으로 해결하기 위해 상대방의 의견을 수용하고 경청하는 과정을 통해 우리는 자연스레 다른 사람을 존중하고 배려하는 태도를 기를 수 있다. 이를 바탕으로 사회도 더욱 발전할 수 있다.

11 정답 ②

제시된 속담은 어려운 일이나 힘든 일을 잘 해결하였을 때 성장하고 발전할 수 있다는 의미이다.

12 정답 ③

갈등이 발생했을 때, 이성보다 분노나 화 등과 같은 순간적인 감정을 앞세우면 폭력으로 이어질 가능성이 크며 갈등이 더욱 악화될 수 있다.

13 정답 ①

협상은 당사자들이 양보와 타협을 통해 이해관계를 조절하여 원만한 합의를 이끌어 내는 방법이다.

14 정답 ②

㉠ 조정, ㉡ 중재에 대한 설명이다.

15 정답 ①

신체적 폭력과 같은 직접적인 공격 행위가 아니더라도, 상대방의 인격과 존엄성을 훼손하는 행동은 폭력이 될 수 있다.

16 정답 ③

제시된 폭력의 종류는 금품 갈취에 해당한다.

17 정답 ①

② 신체적 폭력, ③ 사이버 폭력, ④ 성 폭력

18 정답 ④

상대방의 말과 행동을 폭력으로 느꼈다면 자신의 거부 의사를 정확하게 표현해야 한다. 그래도 상대방이 폭력을 멈추지 않는다면 주변의 친구들이나 부모님, 선생님께 알리고 도움을 요청해야 한다.

19 정답 ②

인간은 자신의 감정을 절제할 줄 알아야 한다. 특히 폭력적인 말과 행동으로 나타나기 쉬운 감정인 분노를 잘 다스려야 한다.

20 정답 ③

궁극적인 평화는 직접적 폭력뿐만 아니라 간접적 폭력까지 모두 사라진 상태로, 모든 사람이 자유·평등·정의 등의 원리에 따라 사람답게 살아갈 수 있는 적극적 평화를 추구하는 것이다.

기출문제 체크

p.142~144

01	④	02	①	03	③	04	②	05	④
06	②	07	①	08	③	09	①	10	④
11	①	12	②	13	①				

01 정답 ④

사이버 공간은 자기 자신의 정체를 드러내지 않고 활동을 할 수 있는 익명성(匿名性)을 지닌다. 이러한 특성으로 사이버 공간에서는 자유로운 의견 제시와 의사소통을 할 수 있지만, 이를 악용하여 무책임한 행동을 하는 사례가 발생한다.

02 정답 ①

가상 공간에서는 현실의 자신이 누구인지 밝히지 않아도 되는 익명성으로 인해 다양한 문제가 발생할 수 있다.

03 정답 ③

정보화 시대에는 사이버 중독 문제를 겪기도 하는데, 이것은 인터넷 정보 이용자가 지나치게 컴퓨터에 접속하여 일상생활에서 사회적, 정신적, 육체적 및 금전적으로 심각한 지장을 받고 있는 중독 상태를 포괄적으로 가리킨다.

04 정답 ②

사이버 공간에서 필요한 도덕적 의무에는 인간 존중, 책임 의식, 해악 금지, 정의 추구 등이 있다.

05 정답 ④

인터넷은 기본적으로 자율적인 공간이다. 따라서 무조건적인 규칙 준수의 의미를 띠는 의무 의식보다는 각자의 자율에 따라 행동하되 행동의 책임을 인식하는 책임 의식이 강조된다.

06 정답 ②

사이버 공간도 현실의 사람이 활동하는 공간이므로 우리는 사이버 공간에서도 자신의 행동에 도덕적 책임을 져야 한다.

07 정답 ①

갈등 당사자들이 감정을 앞세우거나 자기 주장만 고집하면 갈등을 원만하게 해결하기 어렵다.

08 정답 ③

을은 자신이 맡은 역할에 대한 책임 의식이 부족하여 갑과 갈등이 발생하였다.

09 정답 ①

협상은 당사자들이 양보와 타협을 통해 이해관계를 조절하여 원만한 합의를 이끌어 내는 방법이다.

10 정답 ④

갈등을 평화적으로 해결하기 위해 상대방의 의견을 수용하고 경청하는 과정을 통해 우리는 자연스레 다른 사람을 존중하고 배려하는 태도를 기를 수 있다.

11 정답 ①

폭력은 다른 사람에게 신체적·정신적 피해를 주고 인격을 훼손하여 인간 존엄성을 해치며, 사회 혼란을 일으켜 평화로운 삶을 위협한다.

12 정답 ②

집단 따돌림은 대표적인 학교 폭력의 사례로 피해 학생의 인권을 침해하여 인간답게 살아갈 권리를 빼앗는 비도덕적 행위이다.

13 정답 ①

㉠ 소극적 평화, ㉡ 적극적 평화에 대한 설명이다.

적중예상문제									p.175~178
01	④	02	②	03	②	04	③	05	③
06	③	07	③	08	④	09	④	10	④
11	④	12	①	13	②	14	④	15	④
16	③	17	②	18	④	19	③	20	①

01 정답 ④

아리스토텔레스는 인간은 본래 사회적 본성을 타고나기 때문에 가정과 사회를 구성하고 이를 바탕으로 국가가 탄생하였다고 주장하였다.

02 정답 ②

소극적 국가관은 국가가 경제 활동이나 개인의 생활에 개입을 최소화하면 개인의 자유가 최대한 보장된다는 장점이 있다.

03 정답 ②

시민은 자신의 권리가 무엇인지 분명하게 알고 바르게 행사해야 하며, 자신의 권리가 소중한 만큼 다른 사람의 권리도 존중해야 한다.

04 정답 ③

법은 개인의 자유와 권리를 보호하고 사회 질서를 유지하며, 정의를 실현하는 데 핵심적인 역할을 하는 규범이다.

05 정답 ③

시민 불복종이란 정의롭지 못한 법을 폐지하거나 바꾸기 위해 공개적이고 평화적인 방법으로 법을 위반하는 행위를 말하는데, 최후의 수단으로 선택해야 한다.

06 정답 ③

정의란 삶을 바르게 하는 도리 또는 사회를 구성하고 유지하는 공정한 도리를 뜻한다. 현대 사회는 구성원들의 직업, 가치관, 신념 등이 매우 다양하므로 사회를 유지하는 공정한 도리로서 정의가 강조된다.

07 정답 ③

인간의 존엄성에 기초한 기본적인 권리를 모든 구성원에게 평등하게 보장하는 것은 사회 정의를 실현하기 위한 첫 번째 조건이다.

08 정답 ④

킹 목사는 구성원들이 인종에 따라 차별당하지 않는 정의로운 사회를 실현하고자 하였다. 이러한 정의로운 사회를 추구하는 까닭은 모든 구성원에게 인간다운 삶을 보장하기 위해서이다.

09 정답 ④

공정한 경쟁이라면 비록 경쟁의 패자라도 인간다운 삶을 유지할 수 있고, 새로운 경쟁에 참여할 기회를 보장받을 수 있어야 한다.

10 정답 ④

부패는 공직자들뿐만 아니라 일반 국민도 일상생활 속에서 관련될 수 있는 문제이다. 또한 개인적인 부패도 문제이지만, 부패가 구조적으로 발생하면 더 큰 사회 문제가 된다.

11 정답 ④

갑은 북한을 협력의 대상으로, 을은 경계의 대상으로 바라보고 있다. 남한과 북한은 정치적 · 군사적으로 대결하며 적대 관계를 지속하고 있다.

12 정답 ①

북한을 무조건 긍정적으로 또는 부정적으로 보는 자세를 지양하고 사실에 근거해 바라보는 시각을 지닐 때 협력의 대상이면서 경계의 대상이기도 한 북한의 이중성을 바르게 인식할 수 있다.

13 정답 ②

북한 사회는 개개인보다 사회와 집단을 더 우선해서 생각하는 집단주의를 바탕으로 하고 있어 북한 주민들은 평생 조직 생활을 해야 한다. 하지만 경제난 이후 북한 주민들의 개인주의나 가족주의 성향이 강해지고 있다.

14 정답 ④

제시된 내용은 북한 주민들의 자유가 많이 침해되고 있는 상황으로 기본적인 자유를 누릴 수 없다는 점에서 인권이나 인간 존엄성이 보장되지 않고 있다.

15 정답 ④

우리 정부가 다양한 지원 정책을 펼치고 있지만, 북한 이탈 주민 중에는 어려움을 겪는 경우가 많다.

16 정답 ③

통일이 되면 현재 지출하는 분단 비용을 통일 비용으로 사용할 수 있다. 그리고 남북의 자원과 기술을 합해 새로운 성장의 원동력을 만들어 낼 수 있다.

17 정답 ②

제시문은 분단이 유지가 되면 지속적으로 소모되는 분단 비용에 대한 설명이다.

18 정답 ④

통일이 되면 자유롭고 관용적이며 다원화된 문화의 확산을 기대해 볼 수 있다.

19 정답 ③

국가의 힘이 약하면 외세에 의해 분단될 수도 있고 원하지 않는 간섭을 받을 수도 있다. 그러므로 통일 한국은 정치적·군사적 측면과 아울러 경제적·문화적 측면에서도 우리 민족의 일을 자주적으로 결정할 수 있는 국가가 되어야 한다.

20 정답 ①

통일 한국은 인간 존엄성을 보장하는 나라여야 한다. 인권, 자유, 평등 같은 보편적 가치를 지향함으로써 남북한 주민의 인간 존엄성을 보장하는 통일 한국을 만들어 가야 한다.

기출문제 체크

p.179~183

01	②	02	③	03	①	04	②	05	②
06	①	07	②	08	①	09	③	10	①
11	②	12	③	13	③	14	①	15	④
16	①	17	④	18	①	19	①	20	③
21	③	22	②	23	③				

01 정답 ②

자연발생설은 국가가 자연스럽게 만들어졌다는 주장이다. 아리스토텔레스에 따르면, 인간은 본래 혼자 고립되어 살아갈 수 없는 사회적 본성을 타고난다. 이런 본성 때문에 가정이 생겨나고 사회가 구성되며, 이를 바탕으로 국가가 이루어졌다고 보았다.

02 정답 ③

사회계약설은 개인이 계약을 맺으면서 국가가 만들어졌다는 주장이다. 홉스에 따르면 일정한 질서와 조직이 없는 자연 상태에서 개인은 불안정하고 위험하다. 이 상태를 극복하고자 개인들이 국가를 만들어 자신의 자연권을 국가에 넘기기로 계약을 맺음으로써 국가가 생겨났다고 보았다.

03 정답 ①

제시된 대화에서 을은 홉스의 사회계약설에 대한 설명을 하고 있다.

04 정답 ②

국가는 집단 간의 갈등을 완화하고 사회적 불평등을 줄여 나가야 한다.

05 정답 ②

국가는 전쟁이나 테러, 자연재해 같은 재난 상황에서 국민의 생명을 지켜야 한다. 이러한 안전한 환경에서 구성원들은 최소한의 인간다운 삶을 누리며 자신이 원하는 삶을 살아갈 수 있다.

06 정답 ①

정의로운 국가는 국민이 인간다운 삶을 살 수 있도록 인권을 보장하고, 사회적 약자도 최소한의 인간다운 생활을 누릴 수 있도록 복지를 제공해야 한다.

07 정답 ②

정의로운 국가에선 사회적 약자를 포함한 모든 구성원이 기본적인 생활을 유지할 수 있도록 복지를 보장받을 수 있다.

08 정답 ①

국가가 국민의 행복을 위해 적극적인 역할을 해야 한다는 관점을 적극적 국가관이라고 한다. 이와 비슷한 의미를 가진 이론으로는 복지 국가론 또는 큰 정부론 등이 있다.

09 정답 ③

준법은 나와 다른 사람의 이익을 보호하고 사회 질서를 유지하는 데 도움을 준다. 즉, 법을 지키는 것은 공익을 실현하는 일이다.

10 정답 ①

우리는 준법을 통해 개인의 자유와 권리를 보장하고 사회 질서를 유지하며 정의로운 사회를 구현할 수 있다. 따라서 준법은 공익을 증진하는 일이며 모든 사람이 행복하게 살아갈 터전을 만드는 일이다. 준법은 정의로운 국가를 만들기 위해 시민이 지켜야 할 도덕적 의무라고 할 수 있다.

11 정답 ②

국가의 정의롭지 못한 법이나 정책을 바꾸기 위해 이를 공개적이고 평화적인 방법으로 위반하는 행위를 '시민 불복종'이라고 한다.

12 정답 ③

사회 정의는 사회를 공평하고 올바르게 구성하는 공정성의 원리로, 옳고 그름을 평가하는 기준이다.

13 정답 ③

공정한 경쟁이 이루어지기 위해서는 기회가 균등하게 보장되어야 한다. 이를 위해서는 우선, 경쟁에 참여할 수 있는 기회를 부당한 이유로 제한해서는 안 된다.

14 정답 ①

사람은 누구나 많은 이익을 얻길 원하지만, 공익을 해치면서까지 자신과 주변의 이익을 우선한다면 타인에게 피해를 주게 된다.

15 정답 ④

제시된 대화는 성품과 행실이 깨끗하고 맑으며, 재물을 탐하는 마음이 없는 청렴에 대한 설명이다.

16 정답 ①

ㄷ. 부패의 예방은 개인의 청렴 의식과 제도적 차원의 노력뿐만 아니라 개인과 각종 시민 단체의 활발한 부패 행위 감시 활동이 필요하다.

17 정답 ④

북한 주민은 '하나는 전체를 위하여 전체는 하나를 위하여'라는 구호 아래 개인보다 집단의 목표를 우선시한다.

18 정답 ①

북한 주민들은 어릴 때부터 집단주의 원칙에 따른 교육을 받으며, 학교생활 외에도 조선소년단과 같은 단체에 가입해 집단으로 생활한다.

19 정답 ①

많은 통일 비용이 필요하지만 남한과 북한이 분단 상태로 인해 부담하고 있는 분단 비용을 사회의 다양한 분야에 투자할 수 있게 될 것이다.

20 정답 ③

제시된 교류의 형태는 문화적 교류이다.

21 정답 ③

통일 한국의 미래상은 경제가 발전한 복지국가, 문화적·도덕적으로 성숙한 국가, 국제적 위상이 높아진 국가 등을 의미한다.

22 정답 ②

통일 한국은 개방적이고 진취적인 문화를 지향해야 한다. 폐쇄적이고 획일적인 문화로는 다문화·세계화 시대에 문화의 발전을 이루기 어렵다.

23 정답 ③

억압받는 독재 사회는 민주적인 사회라고 볼 수 없다.

PART 06 자연·초월과의 관계

적중예상문제 p.210~213

01	①	02	④	03	③	04	②	05	①
06	④	07	①	08	④	09	④	10	②
11	②	12	③	13	④	14	④	15	②
16	①	17	①	18	③	19	③	20	②

01 정답 ①

① 인간을 비롯한 자연의 모든 존재는 고유한 가치를 지니고, 서로 영향을 주고받으며 의존하는 관계라고 보는 생태 중심주의적 자연관이다.

02 정답 ④

자연을 인간의 욕구를 충족해 주는 도구로 여기는 것은 인간 중심주의적 자연관에 대한 설명이다.

03 정답 ③

제시문은 지속 가능한 발전에 대한 설명이다.

04 정답 ②

에너지 소비를 줄이고자 에너지 효율 등급이 높은 제품을 사용하는 것도 환경을 고려한 소비이다.

05 정답 ①

우리가 먹는 음식이 환경에 미칠 수 있는 영향을 고려하는 로컬푸드(local food) 운동이 환경친화적 소비 생활의 대표적인 예이다.

06 정답 ④

④ 과학 기술에 관한 반성적 태도에 해당한다.

07 정답 ①

제시문은 인간 소외 현상에 대한 설명이다.

08 정답 ④

유전자 변형 생물체(GMO)는 병충해와 환경 변화에 강해 대량 생산을 할 수 있고 신선도가 오래 유지된다는 장점이 있지만, 아직 안전성이 검증되지 않았고 생태계의 질서를 어지럽힐 수 있다.

09 정답 ④

사회적으로는 연구 개발 단계에서 윤리 위원회 활동이나 기술 영향 평가제도와 같은 제도적 장치를 마련해야 한다.

10 정답 ②

시민 개개인이 과학 기술을 올바르지 못하게 활용한다면 심각한 사회적 해악이 발생할 수 있다. 따라서 시민 개개인은 반성과 성찰의 자세로 과학 기술을 사용해야 한다.

11 정답 ②

생명은 누구에게나 하나밖에 없고, 다른 무엇으로 대체할 수 없으며, 한번 잃으면 돌이킬 수 없다. 그러므로 우리는 생명을 신중한 태도로 대하고 보호하려고 노력해야 한다.

12 정답 ③

슈바이처는 살려고 하는 모든 생명을 존중하라고 하였고, 생명을 잘 살도록 해 주는 것이 선이고 생명을 해치는 것이 악이라고 하였다.

13 정답 ④

우리는 자신과 다른 사람의 생명을 보호하고 생명의 가치를 잘 구현할 수 있도록 생명을 존중하고 아끼는 사회적 풍토를 확립해야 한다.

14 정답 ④

제시문은 죽음에 대한 에피쿠로스의 입장이다.

15 정답 ②

인간은 죽을 수밖에 없는 존재라는 사실을 의식할 때 욕심과 이기심에서 벗어날 수 있다. 그리고 모든 생명은 결국 죽는 존재라는 것을 깨달으면 다른 생명에게도 사랑과 관용을 베풀 수 있다. 또한 죽음을 생각해 볼 때 자기 삶을 되돌아보고 잘못을 뉘우치며 참된 자신의 모습과 인간다운 삶을 성찰할 수 있다.

16 정답 ①

인간의 삶에는 늘 고통이 존재한다. 어떤 누구도 살아가면서 고통을 완전히 피하기는 어렵다.

17 정답 ①

고통을 겪을 당시에는 힘들고 괴롭지만, 이를 이겨 내는 과정에서 우리는 인격적으로 성숙할 수 있다.

18 정답 ③

인간이라면 누구나 고통을 피하고 싶어 하지만 고통은 아무도 피할 수 없다. 그러므로 우리는 고통을 이겨 내고자 노력하는 태도를 지녀야 한다.

19 정답 ③

희망이란 미래에는 지금보다 더 좋아지거나 좋은 일이 이루어질 것이라는 기대를 말한다.

20 정답 ②

풍족한 환경에서도 가슴에 희망이 없으면 삶에서 즐거움을 느끼기 어렵다. 반면에 어려운 환경에서도 희망을 품으면 행복할 수 있고 사회 발전을 이끌어 갈 수 있다. 그러므로 우리는 항상 희망을 품고 살아가야 한다.

기출문제 체크

p.214~216

01	③	02	④	03	①	04	④	05	②
06	④	07	①	08	①	09	③	10	②
11	②	12	④	13	③	14	②	15	③

01 정답 ③

제시문은 지속 가능한 발전에 대한 설명이다.

02 정답 ④

물질에 대한 과도한 욕망으로 필요하지 않은 물건을 사고 금방 버리는 소비는 지구 생태계 전체가 사용해야 하는 자원을 고갈시키는 결과를 가져올 수 있다.

03 정답 ①

제시된 내용은 생태계와 미래 세대에 대한 책임감을 가지고 일상 생활에서 환경친화적인 삶을 실천하는 방법이다.

04 정답 ④

쓰레기를 줄이고 자원을 절약하기 위해 재활용을 적극적으로 실천해야 한다.

05 정답 ②

제시된 대화는 모두 환경친화적인 삶을 실천하는 방법들로 환경 보호와 관련이 깊다.

06 정답 ④

유전자 조작·복제와 같이 생명체를 다루는 생명 공학 기술은 실험 과정에서 생명을 함부로 조작하여 생명의 존엄성을 훼손할 가능성이 있다.

07 정답 ①

생명 과학 기술의 발달은 우리에게 많은 혜택을 주었지만, 생명을 연구 대상으로 하기에 많은 논란을 불러일으킨다. 예를 들어, 생명의 인위적 조작 문제, 동물 실험의 윤리 문제, 유전자 변형 식품의 안전성 문제 등이 논란이 되고 있다.

08 정답 ①

과학 기술을 반성하고 성찰하지 않으면 과학 기술에 지나치게 의존하게 되고, 과학 기술의 노예가 되어 인간의 주체성을 상실하는 문제가 발생할 수 있다.

09 정답 ③

제시된 내용은 생명을 소중하게 여기지 않는 생명 경시에 대한 설명으로 죽음에 대한 성찰을 통해 우리는 삶의 소중함과 감사함을 깨닫고, 자신의 삶을 풍요롭게 하는 계기를 마련할 수 있다.

10 정답 ②

의미 있는 삶을 살아가기 위해서는 자신에게 주어진 삶의 과제를 적극적으로 실천하며, 도덕적 가치를 추구하면서 선하고 정의로운 것을 따르기 위해 노력해야 한다.

11 정답 ②

사람들은 정신적 가치를 추구하면서 의미 있는 삶을 살고자 노력한다. 학문과 같은 지적 가치를 탐구한 결과 다양한 학문이 발전하였고 세계를 한층 더 깊이 이해할 수 있게 되었다.

12 정답 ④

인간은 삶이 언젠가 반드시 끝난다는 것을 알기 때문에 자신의 삶을 소중하게 여기고, 앞으로의 삶을 어떻게 살아야 할지 고민하게 된다.

13 정답 ③

욕심이 지나치면 집착하게 되어 몸과 마음이 고통을 받고, 마음의 평화를 유지하기 어려워진다.

14 정답 ②

다른 사람의 실수나 잘못을 이해하고 용서하지 못하면 나의 마음이 어지러워진다. 용서하지 못하기 때문에 사과를 받고 난 이후에도 고통스러운 마음이 지속되는 것이다.

15 정답 ③

지나친 욕심과 집착은 마음의 평화를 방해하는 요인이 되므로, 절제하는 자세가 필요하다.

PART 07 실전모의고사

제1회 정답

p.218~222

01	③	02	④	03	②	04	①	05	③
06	②	07	①	08	②	09	③	10	④
11	①	12	③	13	③	14	③	15	②
16	④	17	②	18	①	19	④	20	③
21	①	22	④	23	②	24	④	25	②

01 정답 ③

제시문은 사람의 특성 중 윤리적 존재에 대한 설명이다.

02 정답 ④

제시문은 사람의 본성이 선하거나 악한 것으로 정해져 있지 않다고 보는 고자의 입장이다.

03 정답 ②

도덕적 사고가 실천으로 이어지지 않는 이유에는 무관심, 이기심, 용기 부족 등이 있다. 따라서 B가 도덕적 행동을 하기 위해 필요한 요소로 도덕적 무관심은 해당하지 않는다.

04 정답 ①

도덕적 성찰이란 도덕적 관점에서 자신의 삶을 바라보고 바람직한 삶을 살기 위한 구체적인 방법을 찾는 것을 의미한다.

05 정답 ③

도덕 판단은 가치 판단 중에서 어떤 사람의 인격이나 행위, 도덕적 상황 등에 관하여 도덕적 관점에서 내리는 판단이다.

06 정답 ②

올바른 자아 정체성은 태어날 때부터 정해지는 것이 아니고 갑자기 형성되는 것도 아니기 때문에 꾸준히 노력해야 한다.

07 정답 ①

자아 정체성이 올바르게 형성되면 자기 자신을 존중할 수 있고, 타인도 존중해야 한다는 것을 알게 된다.

08 정답 ②

물질적 가치를 정신적 가치보다 지나치게 우선하면 도덕적 문제가 일어날 수 있다.

09 정답 ③

진정한 행복은 감각적인 즐거움처럼 일시적으로 나타났다가 사라지는 것이 아니라 지속적이어야 한다.

10 정답 ④

제시문은 공부에 대한 설명이다.

11 정답 ①

효(孝)는 자녀가 부모의 은혜에 보답하는 것과 정성을 다해 부모를 공경하는 것이다.

12 정답 ③

(가)는 경청, (나)는 배려에 대한 설명이다.
가정에서의 세대 간 대화와 소통의 방법에는 경청과 공감, 존중과 배려, 솔직한 자세와 꾸준한 노력 등이 있다.

13 정답 ③

제시문은 우정과 관련된 사자성어이다.
- **지란지교**(芝蘭之交) : 지초(芝草)와 난초(蘭草)의 교제라는 뜻으로, 벗 사이의 맑고도 고귀한 사귐을 이르는 말
- **붕우유신**(朋友有信) : 벗 사이에 지켜야 할 도리는 믿음에 있다는 말

14 정답 ③

성 윤리란, 성과 관련된 바람직한 행위 기준으로 인간의 존엄성을 유지하는 요인이 된다. 바람직한 성 윤리에는 사랑, 존중, 책임 등이 있다.

15 정답 ②

예절이란, 존중과 배려를 바탕으로 상대를 인정하고 단정한 옷차림과 올바른 언어 사용 등의 태도를 말한다.

16 정답 ④

품앗이는 일손이 부족할 때 이웃에게 도움을 요청하고 일로써 갚아주는 것이다.
- **계** : 친목을 꾀하면서 주로 경제적인 도움을 받는 모임
- **두레** : 마을 단위의 공동 노동 조직
- **향약** : 조선 시대의 향촌 자치 규약

17 정답 ②

ⓛ과 ⓔ의 태도는 바람직한 갈등 해결 방법이 아니다.

18 정답 ①

인권의 보편성은 어떤 이유와 관계없이 누구나 동등하게 누려야 하는 권리라는 의미이다.

19 정답 ④

사회적 약자의 보호는 시혜적 접근이 아닌 공감과 배려의 마음의 함양을 통해 이루어져야 한다.

20 정답 ③

양성평등을 실천하기 위해서 성 역할 고정 관념을 벗어날 때 성차별에서도 비로소 벗어나서 성별의 구분 없이 누구나 하고 싶은 일, 잘할 수 있는 일을 할 수 있다.

21 정답 ①

다문화 사회에서는 자기 문화만을 고집하거나 다른 문화를 이해하지 못해 갈등이 발생하고 있다.

22 정답 ④

반전 · 반핵 운동은 평화를 사랑하고 화합과 공존을 소중하게 여기는 마음에서 이루어진다.

23 정답 ②

제시문은 사이버 공간의 특성 중 익명성에 대한 설명이다.

24 정답 ④

ㄱ. 평화적 갈등 해결을 위해 필요한 도덕적 자세이다.

25 정답 ②

사회 정의는 사회를 공평하고 올바르게 구성하는 공정성의 원리로, 옳고 그름을 평가하는 기준이 된다.

01	②	02	①	03	④	04	③	05	②
06	②	07	④	08	②	09	①	10	③
11	①	12	②	13	①	14	③	15	①
16	②	17	③	18	④	19	③	20	①
21	②	22	③	23	③	24	④	25	②

01 정답 ②
제시문은 사람의 특성 중 윤리적 존재에 대한 설명이다.

02 정답 ①
맹자는 사람은 모두 '남에게 차마 어찌하지 못하는 마음'인 측은지심을 가지고 있다고 보았다.

03 정답 ④
양심은 도덕적으로 올바른 행동을 하도록 하는 마음의 명령으로 '내 마음의 재판관', '바른 삶을 인도해 주는 나침반과 같은 표현으로도 설명한다.

04 정답 ③
도연이는 '무단 횡단을 하는 것은 옳지 않다.'라는 도덕적 지식은 있었지만 도덕적 행위로 이어지지 못하였다.

05 정답 ②
(나)는 사실 판단, (다)는 가치 판단, (가)는 도덕 판단이다.

06 정답 ②
비판적 사고란 어떤 주장이나 판단을 그대로 받아들이지 않고 그 근거와 사고 과정의 타당성을 합리적으로 검토하는 것을 말한다.

07 정답 ④
제시문은 성찰에 대한 소크라테스의 입장이다.

08 정답 ②
자아 정체성은 자신의 목표, 역할, 가치관 등에 대해 인식하고 명확히 한 상태로 주로 청소년기에 형성된다.

09 정답 ①
본래적 가치란 그 자체로 목적으로 추구되는 가치로 아리스토텔레스는 '행복'을 본래적 가치라고 주장하였다.

10 정답 ③
행복은 모든 사람이 한결같이 원하는 삶의 목적으로 즐거움이나 만족감을 느끼는 상태를 의미한다.

11 정답 ①
제시문은 형제간의 도리인 우애(友愛)에 대한 설명이다.

12 정답 ②
제시문은 모두 우정과 관련된 사자성어이다.
• 죽마고우(竹馬故友) : 대나무 말을 함께 탄 친구라는 뜻으로, 어린 시절부터 함께한 친구
• 관포지교(管鮑之交) : 관중과 포숙의 사귐, 즉 영원히 변치 않는 참된 우정
• 백아절현(伯牙絕絃) : 백아가 거문고 줄을 끊었다는 뜻으로, 자기를 알아 주는 절친한 벗의 죽음을 슬퍼한다는 말
• 금란지교(金蘭之交) : 쇠처럼 단단하고 난처럼 향기로운 친구 사이

13 정답 ①
이성 친구와 바람직한 관계를 맺기 위해선 예절을 지키는 자세, 균형과 조화의 자세, 신중하고 책임감 있는 자세 등이 필요하다.

14 정답 ③
향약은 조선 시대의 향촌 자치 규약으로 자연스럽게 공동체 의식을 느끼고, 이웃 간의 예절과 웃어른에 대한 공경을 배울 수 있었다.

15 정답 ①
봉사의 4가지 특성
- **자발성** : 자신의 판단 아래 스스로 보고 듣고 생각하고 판단해서 실천에 옮기는 것
- **이타성** : 자원봉사의 동기나 과정, 결과에 있어 자원봉사자 자신의 이익이나 명예를 먼저 생각하지 않고 도움 대상자를 먼저 생각하는 것
- **무대가성** : 자원봉사를 하면서 일어나는 여러 가지 소요 경비를 자원봉사 활동에 참여하는 자원봉사자가 스스로 부담하는 것
- **지속성** : 일회성이나 일시적인 활동으로 끝나지 않고 일정 기간 동안 계속하는 것

16 정답 ②
인권의 특징에는 보편적 가치, 천부 인권, 불가침의 권리 등이 있다.

17 정답 ③
양성평등은 여성과 남성 모두의 권리, 의무, 자격 등이 차별 없이 고르고 한결 같은 상태를 의미한다.

18 정답 ④
제시문은 자신의 문화를 낮게 평가하고, 다른 문화를 우수한 것으로 여겨 그것을 동경하는 태도인 문화 사대주의이다.

19 정답 ③
①·②·④ 개인적 차원의 노력, ③ 국제적 차원의 노력에 해당한다.

20 정답 ①
갈등은 서로 충돌하고 대립하여 화합하지 못하는 상태로 자연스럽고 보편적인 현상이다.

21 정답 ②
제시문은 중재에 대한 설명이다.

22 정답 ③
학교 폭력이 발생했을 때 폭력을 방관하지 말아야 하며, 피해자 지원과 가해자 선도를 위한 사회적·제도적 노력이 필요하다.

23 정답 ③
소수 계층의 이익이 극대화되는 것은 정의롭지 못한 사회 현상이다.

24 정답 ④
부패를 예방하는 방법에는 청렴 의식을 바탕으로 부패 행위를 하지 않는 개인적 노력과 부패 행위를 엄중히 처벌하는 법과 제도를 마련하는 제도적 차원의 노력이 필요하다.

25 정답 ②
자연을 바라보는 두 가지 관점에는 인간 중심주의와 생태 중심주의가 있다. 제시문은 생태 중심주의에 대한 설명이다.

2025년 제1회

p.228~231

01	②	02	③	03	③	04	②	05	④
06	④	07	③	08	②	09	③	10	③
11	①	12	①	13	③	14	①	15	④
16	①	17	②	18	④	19	①	20	③
21	②	22	④	23	④	24	③	25	④

01 정답 ②
사람은 생각할 수 있는 능력을 가지고 있는 이성적 존재이다. 사람은 이성을 통해 어떤 문제의 옳고 그름을 스스로 판단할 수 있다.

02 정답 ③
도덕적 성찰을 통해 자신의 말과 행동, 그리고 내면에 대해 더 자세히 알게 되고, 앞으로 어떻게 도덕적으로 살아야 할지 알 수 있게 된다.

03 정답 ③
도덕적으로 사는 것은 사람답게 사는 것이고, 이것은 우리를 행복한 삶으로 이끈다. 도덕적으로 살아감으로써 우리는 자신이 살아가는 의미를 찾을 수 있다.

04 정답 ②
사랑, 보람과 같이 정신적인 만족을 줄 수 있는 가치는 정신적 가치에 해당한다. 정신적 가치는 눈에 보이지 않지만 우리가 의미 있는 삶을 사는 데 중요한 역할을 하며, 학문, 종교, 예술, 도덕 등과 관련되어 있다. ㄴ의 재물, ㄷ의 주택은 물질적 가치에 해당한다.

05 정답 ④
바람직한 이웃 관계를 맺기 위해서는 이웃을 배려하는 자세를 가져야 한다. 이웃에게 관심을 가지고 양보하는 자세와 기본예절을 지켜야 한다.

06 정답 ④
회복 탄력성은 자신에게 닥치는 온갖 역경과 어려움을 오히려 도약의 발판으로 삼는 힘이다.

> **오답피하기**
> ② 절제 : 정도에 넘지 아니하도록 알맞게 조절하여 제한함.

07 정답 ③
인권은 사람이 사람답게 사는 데 필요한 권리로, 인권이 보장되어야 모든 국민이 인간으로서 존엄한 삶을 살 수 있다.

> **오답피하기**
> ② 관용 : 남의 잘못 따위를 너그럽게 받아들이거나 용서함.

08 정답 ②
화목한 가정을 이루기 위해서는 각자의 역할과 책임에 충실해야 한다. 또한 가족 구성원들과 함께 충분한 시간을 공유하고 추억을 쌓기 위해 노력해야 하며, 충분한 의사소통을 해야 한다.

> **오답피하기**
> ㄹ. 갈등을 부정적인 것으로만 생각하지 말고, 바람직하게 갈등을 해결하려는 자세를 갖추어야 한다.

09 정답 ③
진정한 친구는 나와 마음을 깊게 나눌 수 있는 사람이고, 선의의 경쟁을 통해 서로 성장할 수 있는 친구이다. 또한, 협력을 통해 서로를 격려하고 상대방의 부족한 점을 채워줄 수 있는 친구이다.

10 정답 ③
성 역할에 대한 고정 관념과 성차별은 개인의 자유권과 평등권 그리고 행복 추구권을 침해한다. 양성평등은 남녀 간의 차이를 무시하고 똑같이 대우하는 절대적 평등이 아니라, 양성 간의 차이를 인정하되 차별은 하지 않는 것을 의미한다.

11 정답 ①
갈등을 평화적으로 해결하기 위해 필요한 태도
• 감정을 조절하고 상황을 이성적으로 판단하는 태도
• 역지사지의 태도
• 합의된 결과를 수용하고 따르는 태도

12 정답 ①
부패는 개인이나 집단, 정치, 사상, 의식 따위가 도덕적으로 타락한 것을 의미한다.

> **| 참고 |** 부패의 종류
> • **뇌물** : 공적인 일을 자신에게 더 유리하게 진행하게 하려고 제공하는 이익
> • **횡령** : 공적인 재산을 사사롭게 사용하는 것
> • **배임** : 자신의 책임을 다하지 않음으로써 누군가가 이익을 취하게 하는 것

13 정답 ③
문화 상대주의는 그 문화가 생기게 된 배경이나 원인을 그 사회의 관점에서 이해하려는 태도를 말한다. 문화 절대주의에는 자문화 중심주의와 문화 사대주의가 있다.

> **오답피하기**
> ② 자문화 중심주의에 대한 설명이다.
> ④ 문화 사대주의에 대한 설명이다.

14 정답 ①
세계 시민이란 더불어 사는 지구촌을 만들기 위해 공동체 의식을 바탕으로 다양한 지구촌의 문제에 관심을 가지고, 그 문제를 해결하기 위해 적극적으로 행동하는 사람을 의미한다.

15 정답 ④
가상 공간 역시 사람들이 모여 함께 살아가는 공간이므로, 현실 공간에서처럼 여러 가지 도덕 문제가 발생할 수 있다.

> **| 참고 |** 정보화 시대의 도덕 문제
> • 사생활 침해
> • 인터넷 중독
> • 사이버 폭력
> • 지적 재산권 침해
> • 해킹이나 컴퓨터 바이러스 유포
> • 정보 격차

16 정답 ①
도덕적 신념은 생명 존중, 자유, 평등, 정의 등의 보편적 가치와 일치하는 신념이어야 한다. 또한, 도덕적 신념은 사회에 기여할 수 있는 신념이어야 한다.

17 정답 ②
폭력이 비도덕적인 이유
• 피해자에게 신체적·정신적 고통을 주기 때문
• 폭력의 악순환이 계속되기 때문
• 인간의 존엄성을 훼손하기 때문
• 사회적으로 갈등을 심화하기 때문

18 정답 ④
정의로운 국가는 인간의 존엄성을 존중하고 보편적 가치를 추구하며 정의로운 사회 제도를 갖춘 국가이다.

19 정답 ①
의미 있는 삶의 모습
• 스스로 선택하고 결정하며 행동하는 삶
• 의미 있는 삶을 추구하기 위해 노력하는 삶
• 타인을 소중히 여기고 배려하는 삶

20 정답 ③

생태 중심주의 자연관은 인간과 동식물, 나아가 산과 바다 같은 무생물도 모두 자연의 일부이며 그 자체로 소중하다고 보는 관점이다.

오답 피하기

④ 인간 중심주의적 자연관은 인간은 자연보다 우월하므로 자연을 지배하고 이용할 수 있으며, 자연은 인간의 삶에 도움이 될 때 비로소 가치가 있다고 본다.

21 정답 ②

남북의 분단이 지속되는 과정에서 발생하는 모든 비용을 분단 비용이라고 한다.

오답 피하기

③ 통일 비용은 통일에 따라 발생하는 모든 비용을 의미한다. 투자 비용의 성격으로 한시적으로 발생한다.

④ 통일 편익은 통일로 얻어지는 모든 보상과 혜택을 의미하며, 통일 비용보다 크고 영구적으로 발생한다.

22 정답 ④

환경 친화적 삶을 실천할 때 비로소 우리가 풍요롭게 살아가기 위한 발전을 이루면서 미래 세대 또한 삶의 터전을 보장받을 수 있다.

23 정답 ④

과학 기술에 책임이 필요한 이유

• 과학 기술이 가져올 결과를 예측하기 어렵기 때문
• 과학 기술의 영향이 광범위하고 빠르게 전파되기 때문
• 생명 과학 기술의 경우, 생명에 피해를 주는 일이 생길 수 있기 때문

24 정답 ③

고통에 올바르게 대처하는 방법

• 고통을 있는 그대로 바라보아야 함.
• 불필요한 욕심과 집착을 줄여야 함.
• 환경과 상황을 변화시키기 위해 노력해야 함.
• 적극적인 자세로 고통을 마주해야 함.
• 다른 사람의 고통에 관심을 가지고, 그들을 도와야 함.

25 정답 ④

고통이나 욕심, 분노, 질투 등의 감정이 잘 다스려져 어떠한 상황에도 평안하고 고요한 마음을 평정심이라고 한다. 독서, 명상, 산책 등을 통해 평정심을 갖춘다면, 우리는 마음의 평화를 얻을 수 있다.

2025년 제2회

p.232~236

01	④	02	①	03	③	04	④	05	③
06	①	07	④	08	③	09	①	10	①
11	②	12	②	13	①	14	③	15	③
16	③	17	④	18	②	19	②	20	④
21	②	22	②	23	④	24	④	25	①

01 정답 ④

사람은 사회적 존재로서, 본능적으로 타인과 관계를 맺고 상호작용하며 살아간다. 이는 개인의 정서적·심리적 건강, 자아 인식, 그리고 사회적 조화에 필수적인 특성이다.

02 정답 ①

문제에 제시된 인물의 사상적 특징을 파악하여 동양 사상가 중 누구인지 판단하는 문제이다. 맹자의 성선설은 인간 본성이 선하다는 철학적 주장으로, 교육과 환경의 영향을 통해 선함을 기를 수 있다고 강조한다. 이는 춘추전국 시대의 정치적 혼란과 도덕적 타락 속에서 민중의 고통을 위로하고, 어진 정치를 촉구하는 맥락에서 탄생하였다.

03 정답 ③

통일 한국이 추구해야 할 가치는 인권, 자유, 정의와 같은 보편적 가치이다. 혐오는 다른 집단에 대한 부정적 감정과 차별을 의미하므로, 통일 한국이 추구해야 할 가치로 적절하지 않다.

• 통일 관련 문제는 인권, 평화, 공존, 화해, 협력, 민주주의, 자유 등의 긍정적 가치를 중심으로 생각하면 된다.

04 정답 ④

A는 거짓말을 하지 말아야 한다는 도덕적 지식은 알고 있으나, 실제 상황에서 실천하지 못하였다. 따라서 A에게는 도덕적 지식을 실천으로 옮기는 '도덕적 실천 의지'가 필요하다.

• 도덕적 행동의 요소로 '도덕적 지식', '도덕적 판단력', '도덕적 감정', '도덕적 실천 의지'가 있음을 기억해야 한다. 알고 있지만 실천하지 못하는 경우는 '도덕적 실천 의지'의 부족을 의미한다.

05 정답 ③

역할 교환 검사는 자신과 타인의 입장을 바꿔서 생각해보는 방법이다. 이를 통해 자신의 도덕 원리가 보편타당한지 검토할 수 있다.

• 도덕 원리 검토 방법에는 보편화 결과 검사, 역할 교환 검사, 반증 사례 검사, 사실 판단 검토, 정보의 출처 평가 등이 있다. 특히, 보편화 결과 검사와 역할 교환 검사 방법의 특징을 정확히 이해해야 한다.

06 정답 ①

사이버 공간은 누구에게나 열려 있고, 원하는 정보에 쉽게 접근할 수 있으며, 다양한 정보나 의견을 주고받을 수 있다는 특징이 있다. 이는 사이버 공간의 '개방성'을 설명한 것이다.

• 사이버 공간의 특징으로 개방성, 익명성, 즉시성, 비대면성 등이 있다. 각 특징의 긍정적 측면과 부정적 측면을 함께 이해해두면 좋다.

07 정답 ④

정신적 가치는 물질적 가치와 대비되는 개념으로, 사랑·우정·행복·정의 등 눈에 보이지 않는 가치를 의미한다.

08 정답 ③

문제는 죽음이라는 중요한 주제에 대한 도덕적 성찰의 진정한 의미를 묻고 있다. 우리가 죽음을 성찰하는 것은 결코 삶을 포기하거나 두려워하기 위함이 아니다. 오히려 죽음이 언젠가 찾아올 유한한 것임을 인지함으로써, 현재 우리가 살아가고 있는 삶의 매 순간이 얼마나 소중하고 값진지를 깊이 깨닫게 되는 것이 가장 핵심적인 목적이다.

09 정답 ①

(가)는 부모가 자녀를 사랑하는 마음, 즉 '자애(慈愛)'를 의미한다. 부모님의 헌신적인 사랑은 '자애'라는 덕목으로 표현된다. (나)는 형제자매 간의 사랑과 화목함을 나타내는 것으로, 이를 '우애(友愛)'라고 한다. 따라서 두 설명에 가장 적합한 덕목은 ①번 '자애 - 우애'이다.

• **자애(慈愛)**: 윗사람, 특히 부모가 아랫사람, 특히 자녀에게 베푸는 사랑과 인자함.

- 우애(友愛) : 친구나 형제자매처럼 서로 친하게 지내며 아끼고 사랑하는 마음
- 경로(敬老) : 노인을 공경하는 것
- 효도(孝道) : 부모를 잘 섬기고 봉양하는 도리

10 정답 ①

봉사 활동은 이웃 사랑을 실천하고 더불어 사는 사회를 만드는 데 기여하는 순수한 활동이다. '봉사'라는 말 자체가 대가를 바라지 않는다는 의미를 내포하고 있다. 따라서 ㄱ과 ㄴ은 봉사 활동의 본질적인 태도이다. 반면 ㄷ은 자신의 이익을 우선시하는 것이므로 공공의 이익을 추구하는 봉사와는 거리가 멀고, ㄹ은 자발성이 아닌 타율적인 행동이므로 바람직한 봉사 태도가 아니다.

11 정답 ②

두 인용문 모두 '함께 기뻐해 줄 누군가', '친구를 향한 선행', '친구와 함께 가면' 등의 표현을 통해 서로 돕고, 이해하며, 지지해 주는 관계를 강조하고 있다. 이러한 관계 속에서 빛나는 덕목은 바로 '우정'이다. 우정은 개인의 삶을 더욱 풍요롭게 하고, 더 큰 기쁨과 힘을 가져다준다.

12 정답 ②

〈폭력을 예방하기 위한 바람직한 방법〉
- 타인의 입장을 이해하고 공감하는 능력 키우기 : 갈등을 대화로 해결하고 폭력을 행사하지 않기 위한 기본 전제이다.
- 자신의 감정을 평화롭게 표현하고 조절하기 : 분노나 좌절감 등 부정적인 감정을 폭력으로 표출하지 않도록 스스로 통제하는 연습이 필요하다.
- 생명 존중 및 인권 교육 강화 : 모든 생명과 인간은 존엄하다는 인식을 함양하여 어떠한 형태의 폭력도 정당화될 수 없음을 깨닫게 한다.
- 공동체 구성원으로서의 책임감 함양 : 서로를 존중하고 배려하며 공동의 안전을 위해 노력하는 태도가 중요하다.
- 적극적인 신고 및 도움 요청 : 폭력을 목격하거나 당했을 때 혼자 감당하지 않고 전문가나 어른에게 알리고 도움을 청하는 용기가 필요하다.

13 정답 ①

북한에 대한 바람직한 시각은 '경계'와 '협력'이라는 두 가지 측면을 동시에 고려해야 한다는 내용이다. 한쪽으로 치우치지 않고, 여러 측면을 종합적으로 판단하며 상황에 따라 적절한 태도를 취하는 것을 우리는 '균형적'이라고 표현한다. '배타적', '일방적', '편향적' 시각은 어느 한쪽에만 치우쳐 다른 측면을 고려하지 않는 부정적인 태도이다.

14 정답 ③

바람직한 시민은 공동체의 구성원으로서 권리뿐만 아니라 책임과 의무를 다해야 한다. ㄱ. 타인의 권리 경시는 이기적인 태도이며, ㄷ. 다른 민족과 국가를 배척하는 태도는 세계 시민 의식에 어긋난다. 반면, ㄴ. 국가 공동체를 소중히 여기고, ㄹ. 국가의 정책 결정 과정에 자발적으로 참여하여 자신의 의견을 개진하는 것은 민주 시민으로서 매우 중요한 덕목이다.

15 정답 ③

이 문제는 사회 정의가 왜 필요한지를 묻고 있다. 사회 정의는 특정 계층이나 집단이 아닌, 모든 사회 구성원이 인간으로서 존엄성을 지키며 행복하게 살아갈 수 있는 '인간다운 삶'을 보장하는 것을 목적으로 한다. 비도덕적 공동체, 불합리한 제도, 일부에게만 유리한 사회는 사회 정의와는 반대되는 개념이다.

16 정답 ③

국가가 국민의 삶에 개입하여 의료, 교육, 복지 등 다양한 분야에서 적극적인 역할을 해야 한다고 보는 관점은 '적극적 국가관'이다. 반면, '소극적 국가관'은 국가의 역할을 최소화하고 개인의 자유와 책임을 강조한다. '무정부 국가관'은 국가 자체가 필요 없다고 보는 것이며, '폐쇄적 국가관'은 다른 국가와의 교류를 거부하는 개념이다.
- 국가관은 '적극적'과 '소극적'으로 크게 구분되는데, 지문에서 '복지', '제공', '개입', '인간다운 삶 보장' 등의 키워드가 나오면 적극적 국가관을, '최소한', '자유', '간섭하지 않음' 등의 키워드가 나오면 소극적 국가관을 떠올리면 된다.

17 정답 ④

갈등 해결 방식은 매우 중요하다. 문제에서 갈등 해결의 결과로 '서로가 만족', '서로를 이해하고 존중'이라는 긍정적인 결과가 제시되었다. 이러한 결과를 가져올 수 있는 갈등 해결 방식은 바로 '평화적' 해결이다. '독단', '억압', '차별'은 갈등을 악화시키거나 일방적인 희생을 강요하는 부정적인 방식이다.

18 정답 ②

인권은 한 번 주어지고 사라지는 '일회성'의 특징을 가지지 않는다. 오히려 태어날 때부터 죽을 때까지 계속해서 보장되어야 하는 지속적인 권리이다.
• 인권의 특징은 '천부인권', '보편성', '불가침성', '항구성(지속성)', '양도 불가능성' 등이 있다. '일회성'이나 '선별성', '제한성' 등은 인권의 특징이 아님을 명심해야 한다.

19 정답 ②

① '자연환경 훼손'은 과학 기술의 '부정적 측면'이다.
② '건강한 삶과 생명 연장에 기여'는 과학 기술의 대표적인 '긍정적 측면'이다.
③ '교통 발달로 생활권 확대'는 과학 기술의 '긍정적 측면'이다.
④ '생활을 풍요롭고 편리하게 해 줌'은 과학 기술의 '긍정적 측면'이다.
따라서 (가) 긍정적인 측면에 해당하며 가장 적절한 내용은 ②이다.

20 정답 ④

'즐거움이나 만족감'은 '행복'을 정의하는 핵심적인 표현이다. 또한 '진정한 행복을 위해서는 좋은 습관이 필요하다'는 말은 행복이 단순히 외부적인 조건뿐만 아니라 내면의 노력과 습관 형성을 통해 얻어질 수 있음을 보여준다. '불안', '비판', '탐욕'은 모두 행복과 거리가 먼 부정적인 개념이다.

21 정답 ②

바람직한 성 윤리의 핵심은 '책임'과 '존중'이다. 특히 상대방의 의사를 존중하고 배려하는 것은 성적 자기 결정권을 포함한 기본적인 인권 존중의 태도이다. 성적 욕구와 사랑을 동일시하거나(①), 자신의 의사를 강요하고(③), 결과는 고려하지 않는 것(④)은 모두 바람직하지 못한 성 윤리에 해당한다.

22 정답 ②

용서는 타인의 잘못이나 허물을 너그러이 이해하고 비난하거나 벌하지 않는 태도를 의미한다. 이는 미움, 질투, 충동과 같은 부정적인 감정에서 벗어나 상처를 치유하고 관계를 회복하는 데 중요한 역할을 한다. 용서는 피해자가 가해자에게 베푸는 행위이며, 자신을 위한 것이기도 하다.

23 정답 ④

'인류애(人類愛)'는 모든 인류에 대한 보편적인 사랑과 동정심을 의미한다. 만약 이 문제가 사회적 약자, 국제 문제, 빈곤, 환경 문제 등 인류 전체의 행복과 관련된 것이라면 '인류애'를 바탕으로 문제를 해결하려는 태도가 가장 중요하고 바람직하다.

24 정답 ④

'자아(自我)'는 곧 '나 자신'을 의미한다. 자아는 고정된 것이 아니라, 자신을 탐색하고 다양한 경험을 통해 성장하면서 끊임없이 변화하고 발전하는 모습이다. 내가 보는 타인의 모습은 '타자'이며, 자아는 개인의 특징, 능력, 성격과 밀접하게 관련되어 있다. 따라서 ④ 나를 알아가는 과정에서 확인하는 자신의 모습이라는 설명이 가장 적절하다.

25 정답 ①

다양한 문화를 바라보는 바람직한 태도는 보편 규범에 근거하여 문화를 성찰하는 문화 상대주의적 태도이다. 문화의 우열을 구분하며 특정한 기준으로 상대 문화를 평가하는 문화 절대주의 태도는 바람직하지 않다.

memo